心理资本
视角下志愿行为可持续性发展机制研究

徐礼平 著

中山大学出版社
·广州·

版权所有 翻印必究

图书在版编目（CIP）数据

心理资本视角下志愿行为可持续性发展机制研究/徐礼平著. —广州：中山大学出版社，2021.12

ISBN 978-7-306-07354-9

Ⅰ. ①心… Ⅱ. ①徐… Ⅲ. ①志愿—社会服务—研究—中国 Ⅳ. ①D669.3

中国版本图书馆 CIP 数据核字（2021）第 251525 号

出 版 人：	王天琪
策划编辑：	李先萍
责任编辑：	井思源
封面设计：	曾　斌
责任校对：	周昌华
责任技编：	靳晓虹
出版发行：	中山大学出版社
电　　话：	编辑部 020-84110283，84113349，84111997，84110779，84110776
	发行部 020-84111998，84111981，84111160
地　　址：	广州市新港西路 135 号
邮　　编：	510275　传　真：020-84036565
网　　址：	http://www.zsup.com.cn　E-mail: zdcbs@mail.sysu.edu.cn
印 刷 者：	广东虎彩云印刷有限公司
规　　格：	787mm×1092mm　1/16　14.5 印张　271 千字
版次印次：	2021 年 12 月第 1 版　2021 年 12 月第 1 次印刷
定　　价：	45.00 元

如发现本书因印装质量影响阅读，请与出版社发行部联系调换

本书为国家社科基金青年项目"心理资本视角下志愿行为可持续性发展机制研究"(项目号:17CGL039)的研究成果。

前　言

党的十八大报告指出,"要深化群众性精神文明创建活动,广泛开展志愿服务,推动学雷锋活动、学习宣传道德模范常态化"。党的十九大报告又指出,"要推进诚信建设和志愿服务制度化,强化社会责任意识、规则意识、奉献意识","愿意做志愿服务工作的人数已经成为一个公民社会健康状况的晴雨表"。当前,我国已实现31个省(自治区、直辖市)志愿服务组织区域全覆盖,志愿者人数超过1亿。如此庞大的群体,虽然面对服务管理机制不够完善、法律保障机制不够到位等问题,但依然在蓬勃发展。那么,志愿行为的发生机制是什么,以及何以能保证个体志愿行为的可持续性？这已日益成为社会各界关心和关注的热点议题。

党的十八大以来,习近平总书记对志愿服务的地位作用、使命任务、措施要求等作了一系列重要指示,这赋予了志愿者在社会管理中的新角色和新使命。对文献进行梳理发现,有关应急志愿者的研究集中在风险管理、制度优化、法律保障以及激励机制等方面;同时,对志愿服务的研究主要考察动机与功能、激励与管理、价值与精神、文化与动员等方面。从志愿者积极心理品质入手开展志愿服务的研究还不多见,尤其是通过考察应急志愿者的心理资本进而提升其志愿服务可持续性的研究未见报告。事实上,志愿服务的核心要素是人,人的心理状态或心理品质对其志愿行为的产生和发展至关重要,甚至起决定性作用。为此,本研究以"心理资本"为研究视角,聚焦志愿者这一帮扶他人、奉献社会、不求回报的特殊群体,弥补了以往心理资本研究对象缺乏志愿者群体的不足;拓展了志愿行为可持续性发展机制研究的分析角度,以期为我国志愿行为可持续性发展开辟一个新的研究视角。同时,本研究对于促进志愿行为的再次发生,形成良性循环和可持续性发展,进而完善新时代社会治理和公共服务而言,具有重要意义和一定价值。

本研究基于资源保存理论、自我决定理论、社会交换理论等,通过采用质性研究和量化研究相结合的混合设计方法,从动态和静态互补的视角系统地考察了志愿者心理资本影响因素及其对志愿行为可持续的影响机制。具体而言,本研究主要包括两大部分,涉及四项内容,其逻辑关系是:首先,采用扎根理论研究方法探讨志愿者心理资本的结构维度及其对志愿行为可持续的影响,同时采用个案研究方法深入分析志愿者心理资本、相关因素及与志愿行为可持续的内在关系;其次,通过对志愿者心理资本结构维度的验证及问卷与量表的编制,揭示志愿者心理资本、志愿行为可持续与人口学变量的关系,为提升其心理资本进而促进其志愿行为可持续提供一定的参考;再次,探究志愿者心理资本对其志愿行为可持续的影响机制;最后,揭示志愿者心理资本的前因变量及其对志愿行为可持续的影响机制。总体而言,在本研究中,质性研究为量化研究提供了一定的理论基础,质性研究和量化研究前后呼应。

目　　录

第1章　绪　论 ……………………………………………………………… 1
1.1　研究背景与研究问题 ………………………………………………… 2
1.1.1　现实背景 …………………………………………………… 2
1.1.2　理论背景 …………………………………………………… 6
1.1.3　研究问题 …………………………………………………… 10
1.2　研究目的和意义 ……………………………………………………… 11
1.2.1　研究目的 …………………………………………………… 11
1.2.2　研究意义 …………………………………………………… 12
1.3　研究内容与研究方法 ………………………………………………… 14
1.3.1　研究内容 …………………………………………………… 14
1.3.2　研究方法 …………………………………………………… 17
1.4　技术路线与创新点 …………………………………………………… 19
1.4.1　技术路线 …………………………………………………… 19
1.4.2　创新点 ……………………………………………………… 21

第2章　理论基础与文献综述 …………………………………………… 22
2.1　理论基础 ……………………………………………………………… 22
2.1.1　资源保存理论 ……………………………………………… 22
2.1.2　自我决定理论 ……………………………………………… 24
2.1.3　社会交换理论 ……………………………………………… 24
2.1.4　社会信息加工理论 ………………………………………… 25
2.2　志愿行为可持续的研究综述 ………………………………………… 26
2.2.1　志愿者、志愿行为及其可持续的概念 …………………… 26
2.2.2　志愿行为可持续的测量 …………………………………… 28
2.2.3　志愿行为可持续的影响因素 ……………………………… 29

2.2.4　志愿行为可持续研究的述评 ………………………………… 31
　2.3　心理资本的研究综述 ……………………………………………… 33
　　2.3.1　心理资本的内涵与测量 ………………………………………… 33
　　2.3.2　心理资本的作用结果 …………………………………………… 36
　　2.3.3　心理资本与志愿行为可持续的关系 …………………………… 38
　　2.3.4　心理资本及其与志愿行为可持续关系的述评 ………………… 40
　2.4　心理资本影响志愿行为机制中相关变量的研究综述 …………… 42
　　2.4.1　组织承诺的研究综述 …………………………………………… 42
　　2.4.2　角色认同的研究综述 …………………………………………… 45
　　2.4.3　志愿动机的研究综述 …………………………………………… 48
　　2.4.4　领悟社会支持的研究综述 ……………………………………… 51
　2.5　心理资本前因变量的研究综述 …………………………………… 54
　　2.5.1　组织气氛的研究综述 …………………………………………… 54
　　2.5.2　诚信领导的研究综述 …………………………………………… 57
　　2.5.3　家庭关怀度的研究综述 ………………………………………… 62

第3章　志愿者心理资本与志愿行为可持续关系的质性分析 ……… 64
　3.1　研究目的 …………………………………………………………… 64
　3.2　研究过程与设计 …………………………………………………… 64
　　3.2.1　扎根理论方法与资料来源 ……………………………………… 64
　　3.2.2　个案研究方法与资料来源 ……………………………………… 69
　3.3　志愿者心理资本与志愿行为可持续关系的扎根理论分析 ……… 71
　　3.3.1　志愿者心理资本维度及其与志愿行为的关系构建 …………… 71
　　3.3.2　扎根理论结果的分析与讨论 …………………………………… 74
　3.4　志愿者心理资本与志愿行为可持续关系的个案剖析 …………… 80
　　3.4.1　研究发现与结果阐释 …………………………………………… 80
　　3.4.2　个案研究结果的分析与讨论 …………………………………… 84
　本章小结 ………………………………………………………………… 86

第4章　志愿者心理资本、志愿行为可持续与人口学变量的关系 …… 88
　4.1　研究目的 …………………………………………………………… 88
　4.2　研究2a：志愿者心理资本维度验证及问卷编制 ………………… 88
　　4.2.1　题项来源 ………………………………………………………… 88
　　4.2.2　研究对象与方法 ………………………………………………… 89

4.2.3　研究结果 ……………………………………………… 91
　4.3　研究2b：志愿者心理资本、志愿行为可持续的人口学变量差异
　　　　………………………………………………………………… 98
　　　4.3.1　研究对象与方法 …………………………………… 98
　　　4.3.2　研究结果 ……………………………………………… 99
　4.4　分析与讨论 ………………………………………………… 104
　　　4.4.1　志愿者心理资本问卷及结构维度有新的特点 …… 104
　　　4.4.2　志愿者心理资本、志愿行为可持续现状及其关系分析 …… 105
　　　4.4.3　志愿者心理资本和志愿行为可持续的人口学变量差异分析
　　　　　　 ………………………………………………………… 106
　本章小结 …………………………………………………………… 109

第5章　志愿者心理资本对志愿行为可持续的影响机制 ………… 110
　5.1　研究目的 …………………………………………………… 110
　5.2　研究3a：领悟社会支持和志愿动机的链式中介作用 …… 110
　　　5.2.1　研究假设 ……………………………………………… 110
　　　5.2.2　研究对象与方法 ……………………………………… 113
　　　5.2.3　研究结果 ……………………………………………… 116
　5.3　研究3b：组织承诺的中介以及角色认同和领悟社会支持的联合
　　　　调节 ……………………………………………………… 120
　　　5.3.1　研究假设 ……………………………………………… 120
　　　5.3.2　研究对象与方法 ……………………………………… 122
　　　5.3.3　研究结果 ……………………………………………… 123
　5.4　分析与讨论 ………………………………………………… 127
　　　5.4.1　领悟社会支持和志愿动机的链式中介作用的讨论 … 127
　　　5.4.2　组织承诺的中介以及角色认同和领悟社会支持的联合调节的
　　　　　　 讨论 ……………………………………………………… 129
　本章小结 …………………………………………………………… 132

第6章　志愿者心理资本的前因对志愿行为可持续的影响机制 … 133
　6.1　研究目的 …………………………………………………… 133
　6.2　研究假设 …………………………………………………… 133
　　　6.2.1　诚信领导、志愿组织气氛对志愿行为的积极影响 … 133
　　　6.2.2　志愿者心理资本的中介作用 ………………………… 134
　　　6.2.3　志愿者家庭关怀度的调节作用 ……………………… 136

  6.3 横断研究 137
    6.3.1 研究方法 137
    6.3.2 横断研究结果 139
  6.4 纵向研究 145
    6.4.1 研究方法 145
    6.4.2 纵向研究结果 146
  6.5 分析与讨论 148
    6.5.1 诚信领导、志愿组织气氛对志愿行为的影响分析 148
    6.5.2 中介效应和调节效应分析 148
  本章小结 150

第7章 研究总结与展望 151
  7.1 综合模型 151
    7.1.1 综合讨论研究结果 151
    7.1.2 综合模型构建 154
  7.2 理论贡献 155
    7.2.1 丰富了心理资本的理论研究 155
    7.2.2 拓展了志愿行为可持续发展的理论研究 156
    7.2.3 发现了新特点及构念中的新因素 157
  7.3 实践启示 158
    7.3.1 培育志愿者心理资本，强化志愿行为可持续的原动力 ... 158
    7.3.2 重视志愿者合理的需要动机，促进个人与组织间的情感联结
        159
    7.3.3 优化志愿组织情境，增强志愿行为可持续的外推力 161
    7.3.4 构建完备的社会支持系统，形成志愿行为可持续的协同力
        162
  7.4 研究局限与展望 163
  结论 164

参考文献 166

附 录 202

后 记 220

第1章
绪　论

志愿者是不以获取任何报酬、名利为目的而开展社会公益服务的活动群体（Hustinx et al., 2010）。志愿者的规模和服务成效往往被认为是影响社会健康状况的晴雨表（Musick & Wilson, 2003）。志愿服务不仅能为一个国家带来巨大的经济效益，而且能给广大民众送去温暖和爱心。自新冠肺炎疫情发生以来，无论是医疗服务、社区服务还是家政服务，志愿者们的身影无处不在，他们不计得失、不求回报、倾情奉献，为人民解决了实实在在的困难。有研究表明，志愿服务行为的产生和发展往往与个体的精神品质和心理状态密切相关（徐礼平，2017）。可见，若想加强和促进志愿服务，就有必要加强对志愿者积极心理品质及其志愿行为的研究。当前，有关志愿行为的研究大多从文化资本、物质资本和人力资本等视角展开，从心理资本视角探讨志愿行为的研究还鲜见报告。系统性地考察志愿者心理资本影响因素及其对志愿行为的影响机制，不仅可以在理论上进一步打开积极心理品质对志愿行为可持续发展影响的"黑箱"，从而丰富和发展志愿者心理资本及其与志愿行为关系的理论体系；而且在实践层面，对于推进新时代社会建设、完善志愿服务管理体系和缓解志愿工作倦怠，以及促进志愿行为的可持续发展都具有一定的价值。本章首先从现实背景和理论背景层面阐释本研究的选题依据，并由此提出本研究关注的研究问题，其次对本研究的目的和意义、研究内容和研究方法进行论述，最后介绍本研究的技术路线和创新点。

1.1 研究背景与研究问题

本研究聚焦志愿者这一帮扶他人、奉献社会、不求回报的特殊群体,从动态与静态互补的研究视角考察心理资本的影响因素及其对志愿行为可持续的影响机制。从现实背景层面看,构建和谐社会需要志愿者的广泛参与,同时,培育志愿者积极的心理品质对于其志愿行为的可持续发展也具有重要意义;从理论背景层面看,影响志愿服务行为可持续发展的前因变量亟待关注,志愿者心理资本的作用效果亟待拓展,志愿者心理资本对其志愿行为可持续发展的影响机制亟待揭示。基于对这些背景因素的分析,进而提出本研究所关注的核心问题,即志愿者心理资本的影响因素及其如何影响志愿行为的可持续发展。

1.1.1 现实背景

1.1.1.1 开展志愿服务是加快推进社会建设、构建和谐社会的强大推力

自党的十八大以来,广大志愿者和志愿组织积极响应党中央号召,切实弘扬和践行社会主义核心价值观,走进基层、社区和乡村,广泛开展了文化文艺、扶贫帮困、助老助残、卫生环保、教育科技、法制宣传等服务,在促进就业、改善民生、消除贫困、提供医疗服务和实施法律救助等方面做出了突出贡献,对完善社会保障体系起到了有益的补充,充分彰显了责任担当、理想信念、奉献精神,成为"人民有信仰、国家有力量、民族有希望"的生动体现。"志愿服务事业秉承奉献、友爱、互助、进步的宗旨和理念,在社会建设中具有独特的帮扶、教化、疏导和凝聚功效,是公民参与社会治理、服务社会建设、促进和谐社会的强大推力。"① 党的十九大报告指出,"中国特色社会主义进入了新时代","要推进诚信建设和志愿服务制度化,强化社会责任意识、规则意识、

---

① 张勤:《志愿者培育与可持续发展研究》,中国社会科学出版社2016年版。

奉献意识"①。新时代呼唤志愿服务工作的新样态。自党的十九大以来，党和国家领导人多次阐述了志愿服务工作对于加快推进社会建设的极端重要性。2019年1月，习近平总书记在天津考察时强调，"志愿服务是社会文明进步的重要标志，是广大志愿者奉献爱心的重要渠道"②；同时他指出，志愿服务要与"两个一百年"奋斗目标同向同行。2019年7月，习近平总书记在致信祝贺中国志愿服务联合会第二届会员代表大会召开时再次强调，"志愿服务是社会文明进步的重要标志，……希望广大志愿者、志愿服务组织……立足新时代、展现新作为，弘扬奉献、友爱、互助、进步的志愿精神"。

中国特色社会主义虽然已经进入了新时代，但处于并将长期处于社会主义初级阶段的基本国情仍然没有改变，这就不可避免地存在着诸如贫富差距、区域发展不平衡等问题；同时，随着社会主义市场经济改革的深化和改革开放的不断深入，社会流动性日益加快，社会结构日益复杂化和多样化，城市人口剧增，社会管理问题不断涌现，留守人群、流动人群以及弱势群体的社会公共服务面临着新的且更高的挑战。这些不和谐的现象一方面有待政府建立健全完善的社会保障体系，另一方面需要全社会爱心人士的关心、关爱和帮扶。事实上，志愿服务行为对于新时代和谐社会的构建以及社会建设的推进有着不可替代的功效，它已渗入我国社会、经济、文化和生态文明建设的方方面面，在决胜全面建成小康社会奋斗目标中发挥着越来越重要的推动作用，已经成为新时代推进社会主义现代化建设、提升社会文明程度不可忽视的磅礴力量。

1.1.1.2 开展志愿服务是新时代完善社会管理和公共服务的必然要求

党的十九大报告指出，"当前我国社会的主要矛盾已经转化为人民日益增长的美好生活需要和不平衡不充分的发展之间的矛盾"③。很长一段时期以来，政府所扮演的角色是对社会进行管理，随着政府职能的转变，政府的主要职责逐步过渡到为社会提供均衡的社会服务，并着眼于解决所存在的社会经济矛盾。但在现实的社会实践中，政府所提供的公共服务还存在一定的缺失，服务意识

---

① 习近平：《决胜全面建成小康社会　夺取新时代中国特色社会主义伟大胜利——在中国共产党第十九次全国代表大会上的报告》，人民出版社2017年版。
② 习近平：《稳扎稳打勇于担当敢于创新善作善成，推动京津冀协同发展取得新的更大进展》，载《人民日报》2019年1月19日第1版。
③ 习近平：《决胜全面建成小康社会　夺取新时代中国特色社会主义伟大胜利——在中国共产党第十九次全国代表大会上的报告》，人民出版社2017年版。

和服务态度仍有较大的改进空间，往往难以适应新时代公民社会发展的需求。具体而言，主要体现在以下三个方面：一是政府的公共服务意识还有待加强，"重管理、轻服务"的现象在一些地方和部门还较为突出，缺乏为人民服务的公仆意识，以权压法、以权代法的权力异化现象时有发生，致使政府形象受损，公信力受到损害；二是政府所提供的关乎民生问题的教育、医疗、卫生、社会保障等公共服务，与人民日益增长的美好生活需要还有一定的差距；三是政府在社会公共服务中的回应能力与速度还不够理想，对公众合理的现实性诉求回应速度缓慢、效率低，回应缺乏针对性和实效性，可能会导致公众对政府的信任程度降低（张勤，2016）。

若想有效解决上述问题，"有必要按照'党委领导、政府负责、社会协同、公众参与、法治保障'的要求，建立健全政府与社会的协调机制，促进管理与服务的有机融合。换言之，就是要切实发挥志愿服务行为在拓展社会动员能力、扩大社会参与范围、促进社会公平正义、提高公共服务水平、提升社会文明程度方面的独特作用"①。2020年6月5日，中央精神文明建设指导委员会办公室负责人就"推动新时代志愿服务事业持续健康发展"答记者问时强调，志愿服务是党和国家事业的重要组成部分，是社会主义现代化建设的重要力量。要从三方面着力完善协调机制：一是把部门协调好，就是要根据各部门特点，构建相互支持、相互配合、协调有序的工作格局，共同推进志愿服务的整体效应；二是要加强对各级各类志愿服务组织进行规范和引导；三是要充分发挥党员志愿者的先锋模范作用，以党的强大组织力、号召力增强志愿服务工作的执行力和战斗力，确保志愿服务健康发展。志愿组织是人民群众自我组织、自我管理、自我服务的实践形式，也是群众参与基层社会治理的重要方式，能够有效弥补政府服务和市场服务的不足与缺位。扶贫济弱的志愿服务缓解社会矛盾、惠及大众民生，在社会管理和公共服务中发挥了"润滑剂"的作用，有助于社会公平正义及良好道德风尚的形成，也有助于和谐的人际环境、社会公众均衡利益的构建。

1.1.1.3 关注志愿者心理状态和品质关乎志愿服务行为的产生、发展和可持续

"志愿服务是人们奉献爱心、服务社会的重要方式。"② "志愿服务工作可以

---

① 张勤：《志愿者培育与可持续发展研究》，中国社会科学出版社2016年版。
② 李高、鄢皓：《提升县域社会治理水平》，载《贵州日报》2020年12月9日第10版。

令志愿者感到非常兴奋、愉快、欣喜和满足，也可以令志愿者感到愤怒、苦恼、沮丧、愤世嫉俗、绝望、无助和妄自菲薄。"① 可见，关心和关注志愿者的心理状态与心理品质，对于志愿者开展志愿服务具有重要意义。志愿者在开展志愿服务的不同阶段具有不同的心理表现，一般可以分为准备阶段（好奇、兴奋、充满着期待）、进入阶段（具有价值感和自豪感，一般在第 1～2 天）、调整阶段（压力与挑战并存，产生疲倦感、失望心理，出现放弃的念头，一般在第 3～5 天）、自我平衡阶段（评估压力和调整心态并存，逐步趋于稳定平和的心理状态，一般在第 6～12 天）、任务完成阶段（兴奋或不舍、失望透顶，一般在第 13～14 天）。志愿者参与志愿服务过程的每个阶段对个体志愿行为的影响都是显而易见的，前一阶段的发展状况会影响后一阶段的发展，从而最终影响其对志愿服务工作的评价。准确把握和关注志愿者在不同服务阶段的心理状态，尤其是积极关注志愿者的调整阶段和自我平衡阶段，对于提高志愿者的角色认同感、端正其志愿动机、增强其责任心和意志力，进而坚定其志愿服务工作的信心具有重要意义，对于志愿者服务行为产生、发展和可持续的激发、稳定和促进都具有重要作用。

"志愿行为作为一种无偿、利他的组织化行为，参与其中的志愿者往往被认为具有奉献精神、韧性、合作、乐观等积极的心理品质。"② 个体在参与志愿活动时，如果没有积极的心理品质，可能就不愿意与他人交往，同时在遇到困难时容易退缩，甚至会终止志愿行为。心理资本作为一种积极的心理状态或心理品质，对志愿行为的促进和志愿者态度的改善具有重要意义。王雁飞和朱瑜（2007）认为，心理资本主要从积极心理学的角度去揭示和发掘个体或团队内部的优势和潜能；更多地关注个体积极的心理状态或心理品质；同时它又是一种开放、动态的，超越了物质资本、人力资本、文化资本和社会资本，且具有投资价值和回报效应的心理状态和品质。"采用一定的干预方式，可激发志愿者的志愿动机进而促进志愿者行为的产生、保持和可持续发展。"③ 综上，关心和关注志愿者的心理状态和心理品质，对于发掘志愿者的心理优势、提高志愿者的角色认同感、强化志愿者对志愿组织机构的情感联结具有重要作用，对于激

---

① Musick M A, Wilson J. "Volunteering and Depression: The Role of Psychological and Social Resources in Different Age Groups". *Social Science & Medicine*, 2003, 56 (2): 259 – 269.
② 徐礼平：《志愿者心理资本与志愿行为可持续性发展———一个理论模型的构建》，载《佳木斯大学社会科学学报》2017 年第 35 期，第 86 – 90 页。
③ 徐礼平：《志愿者心理资本与志愿行为可持续性发展———一个理论模型的构建》，载《佳木斯大学社会科学学报》2017 年第 35 期，第 86 – 90 页。

发、促进、保持志愿行为的健康可持续发展而言也意义重大。

1.1.2 理论背景

1.1.2.1 影响志愿行为可持续发展的前因变量亟待关注

自20世纪70年代以来，随着世界各国对志愿服务工作认识的不断深入，研究者们从多个视角对志愿行为的可持续发展进行了有益探索。以往关于志愿行为影响因素的研究多数都是从宏观层面展开，主要集中在志愿动机和功能（Arbak & Villeval，2013；Dickson et al.，2013；Erasmus，2016；Li et al.，2016）、志愿管理和激励（Prestby et al.，1990；King，2018；Gong，2019）、志愿精神和价值观（Beverley，1975；Johnson et al.，1998；Misener et al.，2009；Shen et al.，2019）、旅游休闲（Stebbins，1996；Green & Chalip，2004）等方面。再者，以往的研究多数都是从文化资本（Harflett，2015）、社会资本（Wang，2008；Bailey，2003）和人力资本（Lindsay，2016；Choi，2010）等视角揭示了志愿行为的可持续发展问题。然而，从积极心理学尤其是心理资本视角探讨志愿服务行为可持续发展的研究鲜见报告，已有的文献主要是从心理学角度剖析其与志愿行为的关系（李敏、周明洁，2017；杨秀木，2015；龙忆，2012；高志利，2011）。

以往关于志愿行为的前因变量的研究主要包括以下几个方面：一是人口社会学因素，性别、年龄、教育水平、收入等都是影响志愿行为的重要因素。例如，Hart等（2007）认为志愿行为发生的可能性随着年龄的增加而提高；Matsuba等（2007）和Wilson等（2000）认为，随着收入、受教育程度、身体健康状况等因素的提升，个体志愿行为的技能、资金和精力及志愿机会会随之增加，这些都可能促进志愿行为的产生。二是人格因素，Carlo等（2005）和Erez等（2008）分别论述了人格特质（宜人性和外倾性）以及高焦虑型依恋与志愿行为的产生密切相关。三是组织因素，多从组织培训（Snyder et al.，2004）以及组织目标（Allyn，2000）的宏观视角展开。四是社会情境因素，这主要以Gebauer（2008）、Snyder等（2004）为代表。总体而言，以往关于志愿行为前因的研究比较分散，因素的整合模型较少，已有的整合模型也大多是从理论视角展开，实证研究相对缺乏；同时，影响志愿行为的重要变量还少有涉及，诸如志愿组织气氛、志愿组织领导、家庭关怀等情境因素，心理资本、组织承诺等个体因素，社会支持等社会因素亟待关注。

1.1.2.2 志愿者心理资本及其作用效果亟待厘清和拓展

21世纪以来，随着积极心理学的不断发展，美国著名管理学家Luthans（2007）在积极组织行为学的基础上提出了心理资本（psychological capital）的概念。"心理资本是个体在成长和发展中表现出的一种积极的心理品质或心理状态，是潜藏在个体间一股永不衰竭的力量，是实现人生发展的原动力"①，它超越了物质资本、文化资本、人力资本和社会资本（王雁飞、朱瑜，2007），采取一定的干预方式可以促进志愿行为的可持续性发展（徐礼平，2017）。在心理资本的结构要素方面，Luthans及其团队（2007）提出了积极组织行为学（positive organizational behavior，POB）的纳入标准，即可开发、可测量、可用来提高绩效，并认为其结构维度主要表现为自信/自我效能、乐观、希望、韧性几个方面。当前，"不断丰富的积极心理学知识体系和积极组织学研究，提出了许多特殊的个体或群体优势和美德，并发现还有不少要素也符合积极组织行为学（POB）的纳入标准"②。事实上，不同文化背景下的不同群体由于其自身的特殊性，其心理资本维度也不尽相同，如Goldsmith（1997）的"二因素"模型、Luthans（2005）的"三要素"模型、Avey（2006）的"四要素"模型以及柯江林（2007）的"二阶因素"模型等。虽然国内外学者对个体心理资本的要素进行了诸多探索，但志愿者作为一个特殊群体，关于其心理资本结构要素的具体情况却鲜见报道，有待进一步探究。

当前，有关心理资本作用效果的研究已相当丰富。心理资本作为一种积极的心理品质，不仅对个体的心理求助态度③、公众参与认知④、组织公民行为⑤

---

① Luthans F, Youssef C M, Avolio B J. "Psychological Capital：Developing the Human Competitive Edge". *Journal of Asian Economics*, 2007, 8 (2): 315-332.
② 徐礼平：《志愿者心理资本与志愿行为可持续性发展》，载《佳木斯大学社会科学学报》2017年第35期，第86-90页。
③ 黄志靖、陈薇薇、周鑫等：《医学生心理资本与归因风格和心理求助态度的相关性调查研究》，载《中国预防医学杂志》2019年第20期，第1140-1144页。
④ 李春梅：《心理资本对公众参与认知、态度和行为的影响研究》，载《学术论坛》2018年第41期，第155-162页。
⑤ 仲理峰：《心理资本对员工的工作绩效、组织承诺及组织公民行为的影响》，载《心理学报》2007年第2期，第328-334页。

和创新或变革行为①产生积极影响，而且对企业员工工作绩效②、大学生学业绩效③、诺贝尔奖获得者创新绩效④也产生促进作用。此外，当前有关志愿者心理资本作用效果的研究还鲜有报告，仅有的研究只揭示了志愿者心理资本的积极效应（徐礼平，2017；李敏，2017；吴玉芳，2016）。然而，以上研究或是从理论的视角进行阐释，或是沿用了一般个体心理资本的构念，即认为志愿者心理资本包括乐观、希望、韧性和自我效能。事实上，志愿者作为一个奉献爱心、服务社会、不求回报的特殊群体，其心理资本结构的维度可能具有新的特点，亟待进一步厘清；同时，对于真正反映志愿者特点的心理资本作用效果的研究亟待拓展。

1.1.2.3 志愿者心理资本影响因素及其影响志愿行为的机制亟待揭示

自 2002 年美国著名管理学家 Luthans 发表了积极组织行为学的开山之作以来⑤，心理资本就逐步进入人们的视野并日益成为学术界的焦点论题。2012 年以前，学术界更多地关注心理资本的作用效果⑥；而在此之后，学术界开始了对心理资本影响因素的探究，这是因为国内外有关心理资本作用效果的研究成果已十分丰富，而对心理资本的影响因素却知之甚少。⑦ 经过近几年的发展，研究者对心理资本的影响因素进行了一些探索，并认为个体因素（大五人格⑧、

---

① 王雁飞、周良海、朱瑜：《领导心理资本影响变革导向行为的机理研究》，载《科研管理》2019 年第 40 期，第 265 – 275 页。
② 仲理峰、王震、李梅等：《变革型领导、心理资本对员工工作绩效的影响研究》，载《管理学报》2013 年第 10 期，第 536 – 544 页。
③ 花慧、宋国萍、李力：《大学生心理资本在心理压力与学业绩效关系中的中介作用》，载《中国心理卫生杂志》2016 年第 30 期，第 306 – 310 页。
④ 徐礼平、李林英：《中国诺贝尔奖获得者心理资本与创新绩效关系》，载《科技进步与对策》2016 年第 33 期，第 1 – 6 页。
⑤ Luthans F. "The Need for and Meaning of Positive Organizational Behavior". *Journal of Organizational Behavior*, 2002, 23 (6): 695 – 706.
⑥ Luthans F. "Psychological Capital: Implications for HRD, Retrospective Analysis, and Future Directions". *Human Resource Development Quarterly*, 2012, 23 (1): 1 – 8.
⑦ Avey J B. "The Left Side of Psychological Capital: New Evidence on the Antecedents of PsyCap". *Journal of Leadership & Organizational Studies*, 2014, 21 (2): 141 – 149.
⑧ Luthans F, Avolio B J, Avey J B, et al. "Positive Psychological Capital: Measurement and Relationship with Performance and Satisfaction". *Personnel Psychology*, 2007, 60 (3): 541 – 572.

自尊和主动性人格[1]、自我监控[2]等人格因素；年龄、性别、学历和工作年限[3]等人口社会学因素；组织支持感[4]、组织公平感[5]等个体感知因素）、领导因素（真实型[6]、变革型[7]、诚信型领导[8]等领导行为类型，领导能力）以及组织环境因素（组织气氛[9]、组织文化[10]、社会文化环境等[11]）是影响心理资本重要的前因变量。然而，由于志愿者群体的特殊性，其心理资本受哪些因素的影响仍需进一步探索。

综观文献资料，心理资本对绩效的作用机制已有大量的研究，而心理资本对行为的作用机制方面的研究则主要集中于心理资本对组织公民行为、创新行为、安全行为、教养行为以及亲社会行为等方面的影响；涉及的群体包括大学

---

[1] Avey J B. "The Left Side of Psychological Capital：New Evidence on the Antecedents of PsyCap". *Journal of Leadership & Organizational Studies*, 2014, 21 (2)：141-149.

[2] Shaik Z, Buitendach J H. "The Relationship Between Work Locus of Control and Psychological Capital among the Middle Managers in the Recruitment Industry of South Africa". *Journal of Human Resource Management*, 2015, 13 (1)：1-12.

[3] 柯江林、孙健敏、李永瑞：《心理资本：本土量表的开发及中西比较》，载《心理学报》2009年第41期，第875-888页。

[4] 田喜洲、谢晋宇：《组织支持感对员工工作行为的影响：心理资本中介作用的实证研究》，载《南开管理评论》2010年第1期，第25-31页。

[5] Totawar A K, Nambudiri R. "How does Organizational Justice Influence Job Satisfaction and Organizational Commitment? Explaining with Psychological Capital". *Vikalpa*, 2014, 39 (2)：83-98.

[6] Walumbwa F O, Luthans F, Avey J B, et al. "Authentically Leading Groups：The Mediating Role of Collective Psychological Capital and Trust". *Journal of Organizational Behavior*, 2011, 32 (1)：4-24.

[7] Mcmurray A J, Pirola-Merlo A, Sarros J C, et al. "Leadership, Climate, Psychological Capital, Commitment, and Wellbeing in a Non-profit Organization". *Leadership & Organization Development Journal*, 2010, 31 (5)：436-457.

[8] 毛晋平、唐晨：《诚信型领导与中小学教师职业倦怠的关系：心理资本的中介作用》，载《中国临床心理学杂志》2016年第24期，第730-733页。

[9] Luthans F, Norman S M, Avolio B J, t al. "The Mediating Role of Psychological Capital in the Supportive Organizational Climate：Employee Performance Relationship". *Journal of Organizational Behavior*, 2008, 29 (2)：282-294.

[10] 李霞、张伶、谢晋宇：《组织文化的影响：心理资本的中介作用》，载《华南师范大学学报（社会科学版）》2011年第6期，第120-126页。

[11] Luthans F, Avolio B J, Avey J B, et al. "Psychological Capital：Measurement and Relationship with Performance and Satisfaction". *Personnel Ssychology*, 2007, 60 (3)：541-572.

生、企业员工、职业女性、科技人员等。然而，有关志愿者群体心理资本，尤其是其与志愿行为的关系的研究鲜有报告。虽然有研究者已探讨了志愿者心理资本与利他行为的关系，揭示了角色认同在其关系中的中介效应（李敏、周明洁，2017），但其志愿者心理资本的结构维度沿用了普通个体心理资本的构念。同时，利他行为与志愿行为也存在一定差别。利他行为是指对别人有好处，而对自己没有明显益处的自觉行为，其外延更广，而志愿行为则主要表现为个体在开展志愿服务活动中的利他行为（徐礼平，2017）。同时，也有研究者通过理论探讨，构建了志愿者心理资本与其志愿行为关系的理论模型，提出了志愿动机和志愿气氛分别在其关系中起中介效应和调节效应，但理论的可靠性终究需要通过实证进行验证。因此，志愿者心理资本影响其志愿行为的机制亟待进一步揭示。

1.1.3 研究问题

资源保存理论认为，"人们总是在积极努力地维持、保护和构建他们所认为的个体特征、条件、能量等让个体觉得有价值的宝贵资源，这些资源不但可以满足个体需求，而且可以帮助其准确地进行自我识别和社会定位，同时还激发个体积极的态度和行为，从而大大提高了成功的可能性"[1]。Hobfoll（1986、2001、2011）认为，"社会关系、组织支持等社会性因素，乐观的个性品质、自主性、心理状态等个体因素，以及组织环境、气氛等情境性因素，都可被个体视为有价值的资源"。同时心理资本研究也认为，"心理资本作为一种可以促进和改善个体态度和行为的积极心理品质，能激发个体与组织之间的心理联结，进而能促使个体志愿行为的产生、发展和可持续"[2]。基于前文对本研究现实背景和理论背景的阐释，结合资源保存理论，笔者认为，志愿者作为一个奉献爱心、服务社会、不求回报的特殊群体，有着独特的心理资本，而心理资本作为一种积极的心理资源，不仅可能受到来自情境或社会的影响，同时还可能会对志愿行为的产生、发展和可持续具有促进作用。为此，本研究拟通过采用质性研究和量化研究相结合的方式来回答以下研究问题：①志愿者作为一个特殊群

---

[1] Hobfoll S E. "Conservation of Resources: A New Attempt at Conceptualizing Stress". *American Psychologist*, 1989, 44 (3): 513–524.

[2] Xu L P, Wu Y S, Yu J J, et al. "The Influence of Volunteers' Psychological Capital: Mediating Role of Organizational Commitment, and Joint Moderating Effect of Role Identification and Perceived Social Support". *Front Psychol*, 2020 (11): 673.

体，其心理资本结构维度如何？与一般人群心理资本相比是否具有差异性或独特性？②志愿者心理资本如何影响志愿行为可持续？志愿动机、领悟社会支持在其影响过程中起何作用？③志愿者心理资本对志愿行为可持续的影响过程是否受到组织承诺、角色认同和领悟社会支持的影响？具体而言，角色认同和领悟社会支持是否交互调节组织承诺在志愿者心理资本与志愿行为可持续关系中的中介效应？④情境因素（组织领导和组织气氛）在志愿者心理资本影响志愿行为可持续的过程中是否发挥了前因效应？同时，其影响过程是否受社会因素（家庭关怀）的影响？

为回答上述问题，本研究以志愿者为研究对象，以资源保存理论、心理资本及志愿行为理论为基础，辅以社会交换理论、社会信息加工理论、自我决定理论等理论观点作为支撑，通过质性研究、问卷研究和实验研究，系统探讨和交叉验证志愿者心理资本影响因素及其对志愿行为的影响机制，揭示上述关系中角色认同和领悟社会支持的交互调节效应以及家庭关怀的调节效应等，为志愿行为的可持续发展提供一定的理论支撑。具体而言，就是志愿者心理资本在组织领导、组织气氛对志愿行为可持续的影响中起中介作用，家庭关怀同时在中介效应中起调节作用，从而构成了有调节作用的中介效应模型。

1.2 研究目的和意义

1.2.1 研究目的

本研究的目的主要有三个方面：一是探究中国文化背景下志愿者心理资本的结构维度。以往关于心理资本的结构和内涵多数都指向普通人群或某一特定群体，对志愿者缺乏必要的实践指导意义。志愿者作为一个奉献社会、不求回报的特殊人群，其心理资本可能有新的特点。为此，本研究通过采用质性研究的方法，对部分具有代表性和典型性的志愿者和某个志愿组织进行深入访谈和参与式观察，探究中国文化背景下的志愿者心理资本结构维度，并探索志愿者心理资本的影响因素及其与志愿行为可持续的关系，揭示可能存在的前因变量、中介变量和调节变量。这有助于志愿者心理资本的开发和利用，为有关部门的决策和管理提供理论指导，以及为后续的实证研究提供理论支持。二是揭示志愿者心理资本、志愿行为可持续及其与人口社会学变量的关系，即验证志愿者心理资本的结构维度，揭示志愿者心理资本与志愿行为可持续现状及其关系特点，进而揭示志愿者心理资本和志愿行为可持续在性别、年龄、职业性质、服务年限和服务频率等人口学变量上的关系。这有助于为志愿组织的管理，以及如何招募志愿者等问题提供一些参考。三是揭示志愿者心理资本的影响因素及其对志愿行为可持续的影响机制，即本研究以志愿者心理资本与其志愿行为关系为切入点，引入组织气氛、组织领导、角色认同、志愿动机、领悟社会支持、组织承诺和家庭关怀等变量，从而揭示志愿者心理资本的影响因素及其对志愿行为的影响机制。这有助于从心理资本视角为志愿行为的形成、保持和可持续发展提供必要的理论基础和具体可行的措施。

1.2.2 研究意义

1.2.2.1 理论意义

本研究的理论意义主要包括以下三个方面。

第一，有助于拓展心理资本理论的研究。美国著名管理学家 Luthans（2007）认为，心理资本是指个体的积极心理品质或心理状态，并按照积极组织行为学（POB）将其纳入标准：是一种积极的心理品质，可被开发、被测量以及通过干预等方式被用来提高绩效或改善心理行为，且认为"自信/自我效能、希望、乐观和韧性"是心理资本的四个重要维度。当前，"日趋丰富和完备的积极心理学体系和积极组织行为学研究，提出了许多特定人群的心理状态、品质、美德和优势，并发现不少要素也同样符合积极组织行为学的纳入标准"[1]。事实上，不同人群由于工作性质和特点、生存方式、境遇或社会期许的差异而各有其特点，因此，探索和构建中国文化背景下不同人群心理资本的结构维度显得很有必要。但遗憾的是，已有的关于心理资本结构维度及其影响因素、作用效果的研究主要集中在大学生、教师、科研工作者、企业员工等，有关志愿者这一特定人群的心理资本结构维度、影响因素、作用效果的研究还鲜见报告。为此，本研究采用扎根理论构建了中国文化背景下志愿者心理资本的结构维度，并剖析了其与志愿行为的内在关系，揭示其中可能存在的前因、中

---

[1] 徐礼平：《志愿者心理资本与志愿行为可持续性发展》，载《佳木斯大学社会科学学报》2017 年第 35 期，第 86 – 90 页。

介和调节变量，这弥补了心理资本研究在志愿者及其可持续发展方面的不足。

第二，有助于丰富志愿行为可持续发展的理论研究。以往关于志愿行为可持续发展的研究主要集中于物质资本、社会资本和文化资本等方面，而从心理资本视角揭示志愿行为可持续发展的研究鲜有报告。在志愿行为可持续性研究中，研究者提出了个体因素、情境因素或社会因素中的单个要素对志愿行为的积极意义。同时，也有研究者提出了过程模型理论（Syder，2008）、特质理论模型理论（Carlo，2005）、系统生活质量理论（Shye，2010）和整合模型理论（Penner，2010），并揭示了其对志愿行为产生、发展和可持续的预测作用，但此类研究大都是基于理论层面的探讨。本研究在文献梳理的基础上，通过访谈、问卷调查和数据分析等多重手段，揭示志愿者心理资本、组织气氛、组织领导、组织承诺、家庭关怀、领悟社会支持、志愿动机和志愿行为等要素之间的内在关系，揭示心理资本视角下志愿行为可持续发展中的前因变量、中介变量及调节变量，为影响团队志愿行为可持续发展的机理研究提供新的理论视角。

第三，有助于发现构建中的新要素并构建志愿行为可持续发展的新模型。通过对志愿者的深度访谈以及对志愿组织的参与式观察进行分析，结合以往对志愿行为可持续发展的有关研究，本研究认为有必要将组织气氛、组织领导、组织承诺、家庭关怀、领悟社会支持和志愿动机等要素纳入志愿者心理资本影响志愿行为可持续发展的机理模型当中，采用质性研究方法探索影响志愿行为可持续发展的新变量，在所发现的诸多新变量中，采用量化研究，即采用问卷调查和数据分析手段进一步揭示何为前因变量、何为中介变量、何为调节变量，进而证实志愿者心理资本影响志愿行为可持续发展的新变量。本研究不仅探讨志愿者心理资本如何影响志愿行为可持续发展的"暗箱"，还将揭示志愿者心理资本"何时"影响志愿行为可持续发展。

1.2.2.2 实践意义

实践意义主要包括以下三个方面。

第一，有利于志愿行为可持续发展乃至和谐社会的构建。志愿服务充满着人性与道德关怀，其志愿性、无偿性、公益性、服务性等特征，以及其所体现的与人为善、欣赏他人、平等尊重等基本特征[1]，都展现了新时代以改革创新为核心的时代精神。因此，加强志愿行为可持续发展的研究，对于志愿者志愿行为的产生、保持和发展具有重要意义，同时，对于加快新时代社会建设的进

---

[1] 参见吴海文《志愿服务的社会价值》，载《光明日报》2012年12月15日第11版。

程、优化新时代社会治理进而构建社会主义和谐社会具有重要意义。

第二，有利于志愿服务管理部门通过提高志愿者心理资本，进而为促进志愿行为可持续发展指明方向。心理资本是潜藏在个体或团队成员间一股永不衰竭的力量，是实现志愿行为可持续发展的原动力。作为一种积极的心理品质和心理状态，心理资本能够影响个体应对事件和环境变化的方式及其心理健康的发展状况；同时，心理资本由于具有能够被管理、被测量和被开发的特性，对改善当前国内志愿者实践中存在的志愿工作倦怠、志愿行为不稳定、志愿组织失灵等阻碍志愿行为发生的因素都具有积极意义，对于促进志愿行为的再次发生、形成良性循环和可持续性发展都具有重要的现实意义。

第三，有利于培养志愿者积极健康的心理状态和心理品质。本研究通过重视并加强志愿者心理状态和心理品质的建设，如培养志愿者理性且强烈的需要动机、积极乐观的心理预期和理性的归因方式，积极调整志愿组织的领导方式，营造和谐融洽的组织工作气氛，进而使志愿组织与志愿者之间形成相互学习、共同合作、彼此激励、攻坚克难、积极进取的心理状态和心理品质。这些积极的心理状态和心理品质的形成反过来又对志愿者积极认知和良好情绪的形成、健康心理和行为的产生具有重要的实践意义。

1.3 研究内容与研究方法

1.3.1 研究内容

本书以志愿者为研究对象，基于资源保存理论等内容，构建了心理资本视角下志愿行为可持续发展机制的综合模型，采用质性研究、问卷调查研究等多种研究方法，对志愿者心理资本、影响因素与志愿行为可持续之间的关系及其内部作用机理进行多视角验证。本书包括两大研究，共涉及四项内容，其逻辑关系是：首先，采用扎根理论的研究方法探讨志愿者心理资本的结构维度及其对志愿行为可持续的影响，同时，采用个案研究法深入分析志愿者心理资本相关因素及其与志愿行为可持续的内在关系；其次，通过对志愿者心理资本结构维度的验证及问卷与量表的编制，揭示志愿者心理资本、志愿行为可持续与人口学变量的关系，为提升其心理资本进而促进志愿行为可持续提供一定的参考；

再次，探究志愿者心理资本对其志愿行为可持续的影响机制；最后，揭示志愿者心理资本的前因变量及其对志愿行为可持续的影响机制。总体而言，质性研究为量化研究提供了一定的理论基础，且质性研究和量化研究前后呼应。本书的四项研究内容如图1-1所示。

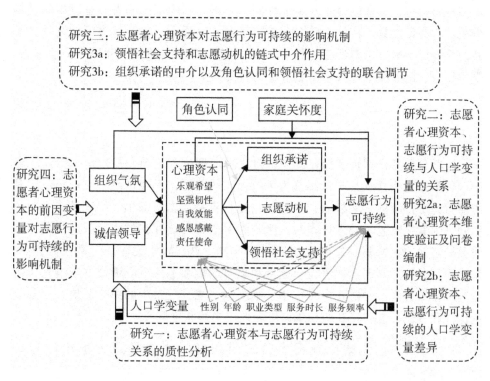

图1-1 本书的四项研究内容

1.3.1.1 志愿者心理资本与志愿行为可持续关系的质性分析（研究一）

一方面，本部分研究采用半结构式访谈的方式，在参考被访谈者的年龄、职业性质、教育程度以及资料丰富性等信息的基础上，将28名访谈资料更丰富且更具代表性的志愿者作为研究对象并开展扎根理论分析，探索志愿者心理资本的结构维度、影响因素及其对志愿行为可持续的影响机制。另一方面，采用个案剖析方法探索志愿者心理资本与志愿行为可持续关系中的相关变量。综上所述，本部分主要揭示志愿者心理资本的结构维度、前因变量、中介变量、调节变量及结果变量（即其与志愿行为可持续的关系）。

1.3.1.2　志愿者心理资本、志愿行为可持续与人口学变量的关系（研究二）

本部分研究采用1165名志愿者的数据，对质性研究中得到的志愿者心理资本结构维度进行探索性因子和验证性因子分析，以确定志愿者心理资本的结构维度及其测量工具。在此基础上分析志愿者心理资本、志愿行为可持续现状及其关系特点，揭示志愿者心理资本、志愿行为可持续与性别、年龄、职业性质、服务年限、服务频率等人口学变量之间的关系。

1.3.1.3　志愿者心理资本对志愿行为可持续的影响机制（研究三）

本部分研究根据资源保存理论、自我决定理论和社会交换理论探究志愿者心理资本相关因素及其与志愿行为可持续间的关系，考察志愿者心理资本对其志愿行为可持续的影响机制，揭示领悟社会支持、志愿动机、组织承诺、角色认同等因素在志愿者心理资本与志愿行为关系中可能存在的中介效应、调节效应及动态效应，构建相应的机制模型，与质性研究的相关理论模型互为参照。具体而言，就是要揭示领悟社会支持和志愿动机在志愿者心理资本影响其志愿行为可持续关系中的链式中介作用，组织承诺在其关系中的中介效应，以及角色认同和领悟社会支持在组织承诺中介效应中的联合调节。

1.3.1.4　志愿者心理资本的前因变量对志愿行为可持续的影响机制（研究四）

本部分研究从资源保存理论和社会信息加工理论的视角，采用横断和纵向交叉的研究方法，探讨志愿组织诚信领导、志愿组织气氛对志愿行为可持续的影响；同时，把志愿者心理资本和家庭关怀纳入研究框架，构建具有调节作用的中介模型，揭示志愿组织因素对志愿行为可持续的影响及过程，揭示心理资本在其中的积极意义，从而拓宽志愿行为可持续发展的研究领域。具体而言，就是要揭示志愿者诚信领导、志愿组织气氛分别通过心理资本对志愿行为可持续产生间接的积极影响，以及在诚信领导与志愿组织气氛通过心理资本对志愿行为可持续的间接影响中，家庭关怀是否起调节的作用。

1.3.2 研究方法

1.3.2.1 文献研究法

文献研究是科学研究的起点。首先,通过文献调研系统地查阅、收集和整理志愿行为、心理资本、组织气氛、组织领导、组织承诺、领悟社会支持、家庭关怀等多个领域的研究文献,对相关概念、理论与实证成果进行界定、阐释和梳理,提出以往研究的不足和拟解决的研究问题。其次,通过梳理文献,阐释并整理出各构念之间的关系,进而构建本研究的理论模型并提出研究假设。最后,通过文献分析,收集与本研究相关的理论观点、调查问卷和实验操作方法,从而为假设检验奠定基础。

1.3.2.2 访谈法

本研究采用半结构式访谈提纲,访谈内容包括志愿服务的初衷、优势和潜力,服务成效如何归因,面对困境如何应对,家人、朋友是否支持其志愿服务工作,志愿组织成员间的合作情况,以及如何看待他人对志愿者及其服务的评价等,共计10个问题,以收集可以反映中国文化背景下志愿者心理资本的结构维度、影响因素及其与志愿行为关系机制的核心内容。在此基础上,辅以对志愿组织进行参与式观察并收集该志愿组织的相关文本资料。对访谈和观察所取得的资料进行深入分析和总结,一方面,为下一步开发志愿者心理资本问卷,进而揭示志愿者心理资本影响因素,以及为探究其影响志愿行为的机制提供理论支撑;另一方面,为探索有益于提升志愿者心理资本和志愿行为可持续发展的管理而服务。

1.3.2.3 问卷调查法

"问卷调查法被广泛应用于学术研究当中,通过问卷调查可获得第一手数据资料,保证了实证研究的真实、可靠性。"[①] 本研究根据问卷调查的基本原则和提出的研究假设,自编、修订、完善并形成了符合研究需要的调查工具。本研究中的调查工具包括志愿者心理资本问卷 [在 Luthans (2007)、张阔 (2010)、徐礼平 (2019)、McCullough (2001) 等的问卷基础上自编而成]、领悟社会支

---

① 风笑天:《社会学研究方法》,中国人民大学出版社2009年版。

持问卷［由 Blumenthal（1987）编制，黄丽、姜乾金等（1996）引进并修订］、志愿动机问卷（Clary，1998）、志愿行为问卷（Carlo，2005）、志愿组织领导问卷［根据谢衡晓（2007）的问卷改编］、志愿组织气氛问卷［改编自 Wang（2005）］、家庭关怀度指数问卷（Smilkstein，1984）、组织承诺问卷［改编自 Meyer（1993）］、角色认同问卷［改编自 Saleh（1976）］以及自编的团队变量问卷。通过预调查测试，修正问卷中信度和效度较低的题项，提高问卷的有效性、易答性和可靠性，最终形成进行数据收集的正式问卷。

1.3.2.4 纵向研究法

纵向研究法是管理学、教育学、心理学等领域较为常用的调查方法之一，是揭示事物发生、发展和变化的有效途径。这类方法主要用来分析一段时间内或几个时间点上某一变量的整体增长趋势和个体间的差异。相比于横断研究，纵向研究可以观察个体内部及个体之间的发展趋势，可以合理地推断变量之间存在的因果关系，还能探讨不同变量的变化及彼此之间的相互联系。本研究对北京体育大学、青岛滨海学院、山东水利职业学院3所高校的志愿组织中的276名志愿者进行了为期8个月的纵向追踪研究，从动态视角考察大学生志愿者心理资本的前因变量与志愿行为可持续关系的发展趋势，并在检验实验研究和问卷研究结论的基础上，进一步考察组织气氛、诚信领导和心理资本等要素对志愿行为可持续影响的延时效应。

1.3.2.5 分析资料法

分析资料的方法如下：一是对访谈资料采用扎根理论和个案研究的方法。一方面，在志愿者心理资本结构维度和测量工具的开发研究中，按照扎根理论的三级编码程序——开放式登录编码、关联式登录编码和核心式登录编码，对文字资料进行逐一编码，构建体现中国文化背景下志愿者心理资本的结构维度。在应用扎根理论方法的过程中，将所获得的资料不断与心理资本符合的积极组织行为学标准或已有成果进行比对，最终形成中国文化背景下志愿者心理资本的结构维度和测量工具。与此同时，阐明志愿者心理资本的影响因素及其与志愿行为可持续的关系，并探索其中可能存在的中介效应、调节效应或联合调节效应；另一方面，采用个案研究的方法进一步揭示志愿者心理资本与其志愿行为可持续关系的内在机制。二是对调查数据采用统计分析方法。本研究对志愿者进行了两次调查，样本容量分别为1165份和945份，主要采用 SPSS 24.0，包括其中的 Process 宏程序及该程序下的 Bootstrap 检验（Hayes，2014）等分工具，对数据进行描述性统计分析、方差分析、多重比较分析、探索性因子分析、验证性因子分析等。第一次调查的内容主要用于剖析志愿者心理资本、志愿行为可持续现状及其与人口学变量的关系，从而揭示志愿者心理资本、志愿行为可持续现状在人口社会学变量上的差异特点，并最终建立志愿者心理资本影响志愿行为可持续的机制模型。第二次调查主要考察志愿者心理资本的前因变量及其对志愿行为可持续的影响，从而揭示志愿者心理资本在组织气氛、诚信领导影响志愿行为可持续中的中介作用，以及家庭关怀在其关系中的调节效应。

1.4 技术路线与创新点

1.4.1 技术路线

首先，在厘清志愿行为、志愿者心理资本等相关理论的基础上，结合对志愿者及志愿组织的参与式观察和深入访谈，构建中国文化背景下志愿者心理资本的结构维度，揭示其影响因素及其与志愿行为可持续发展之间可能存在的关系。在此基础上，开发志愿者心理资本的调查工具，同时结合质性研究结果及以往的相关文献，拟探究志愿者心理资本、志愿行为可持续现状及二者的关系，揭示志愿者人口学变量与志愿者心理资本、志愿行为可持续的关系。然后，建立志愿者心理资本对志愿行为可持续的影响机制模型：一是以志愿者心理资本为前因变量，领悟社会支持和志愿动机为中介变量，志愿行为可持续为结果变量，建立起链式中介模型，即志愿者心理资本→领悟社会支持→志愿动机→志愿行为可持续；二是以志愿者心理资本为前因变量，志愿行为可持续为结果变量，组织承诺为中介变量，领悟社会支持和角色认同为联合调节变量，揭示志愿者心理资本对志愿行为可持续发展的影响机制。最后，以诚信领导、志愿组织气氛为前因变量，志愿行为可持续为结果变量，心理资本为中介变量，家庭关怀为调节变量，揭示志愿者心理资本的前因变量对志愿行为可持续的影响机制。同时，根据理论分析和相关结果提出有关假设。即通过验证有效数据，并对其结果进行分析探讨后，根据研究结果构建整合模型、提出实践启示等。本研究的技术路线如图1-2所示。

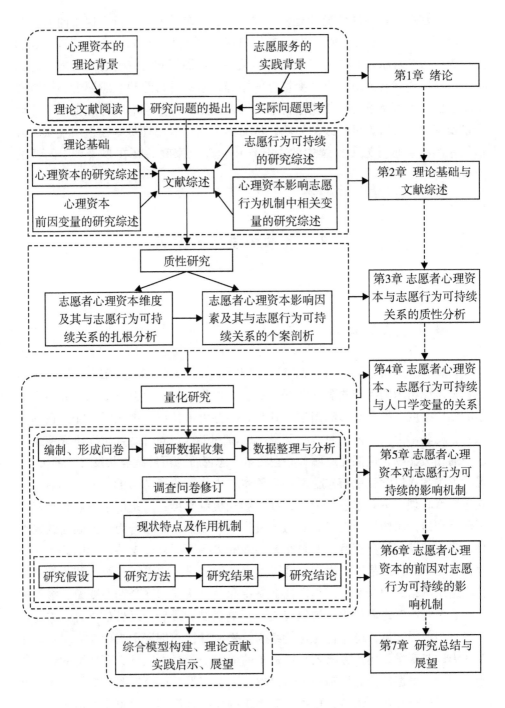

图 1-2 本研究的技术路线

1.4.2 创新点

本研究从心理资本的视角探讨志愿行为可持续性发展的机制，拓展了志愿行为可持续发展机制研究的分析角度，为我国志愿行为可持续性发展开辟了一个新的研究视角。通过探讨志愿者心理资本相关因素及其对志愿行为的作用机制模型，弥补了心理资本研究缺乏志愿者群体研究的不足，同时还发现了以往仅重视影响因素而从未关注作用机制的问题。此外，多种方法交叉综合运用，不仅通过访谈、资料分析和日常交谈等方式从动态角度分析志愿行为可持续发展的变化过程，还通过量化研究揭示志愿者心理资本的影响因素及其对志愿行为可持续发展的影响机制，质性研究与量化研究前后呼应。具体而言，本研究的创新点主要体现在以下几个方面。

（1）本研究从志愿者群体入手，探讨了中国文化背景下志愿者心理资本结构与测量指标。基于心理资本理论，在访谈的基础上充分考虑志愿者积极的心理品质和状态，通过对扎根理论的探索，以及调查数据的探索性因子和验证性因子分析，拓展了志愿者心理资本理论构念，发现了志愿者心理资本包括感恩感戴、责任使命、乐观希望、坚强韧性和自我效能五个方面，其中，感恩感戴、责任使命是志愿者心理资本结构维度的新发现，弥补了以往研究在此方面的不足。

（2）本研究揭示了志愿者心理资本、志愿行为可持续与性别、年龄、职业性质、服务年限、服务频率等人口学变量的关系。研究结果对于全面认识不同职业、不同年龄和性别的志愿者群体具有重要的理论参考价值，对于探索提升志愿者心理资本及志愿行为可持续发展水平具有重要意义，为志愿组织对志愿者的招募、培训和任务分配提供了重要的理论支撑。

（3）本研究构建了心理资本视角下志愿行为可持续发展的综合机制模型。围绕志愿者心理资本这一核心问题，运用管理学和心理学的研究方法，创造性地将角色认同、志愿动机、志愿组织承诺、领悟社会支持等要素纳入志愿者心理资本影响志愿行为可持续机制的构建中，同时还将心理资本、家庭关怀度纳入志愿组织气氛、诚信领导对志愿行为可持续的影响机制的构建之中，这些内容在以往研究中未见报告。本研究通过问卷调查和数据分析手段，采用横断研究和纵向研究相结合的方法，不仅揭示了志愿者心理资本的影响因素及其如何影响志愿行为可持续发展机制的"暗箱"，还探讨了志愿者心理资本何时会影响志愿行为可持续发展的问题。

第 2 章
理论基础与文献综述

为支撑心理资本视角下志愿行为可持续性发展机制的研究，本章首先对本研究的理论基础，如资源保存理论、自我决定理论、社会交换理论、社会信息加工理论等进行分析；其次，对志愿者、志愿行为、志愿行为可持续的相关概念、志愿行为可持续的测量、影响因素的研究进行回顾与述评；再次，对心理资本的概念内涵、影响效能及其与志愿行为之间的关系进行综述与评析；最后，对影响二者间关系的前因、调节或中介变量（包括志愿组织气氛、诚信领导、组织承诺、志愿动机、角色认同、领悟社会支持与家庭关怀）的概念与实证研究进行梳理与回顾。本部分旨在阐述研究问题的同时，为后续研究提供详实的理论依据。

2.1 理论基础

2.1.1 资源保存理论

资源保存理论（conservation of resources theory）最早由 Hobfoll（1989）提出，其中，资源是指个体特征、条件、能量等令个体主观感知到的有价值和现实意义的东西或是获取这些东西的途径或方法。该理论经过数十年的发展和检验，被认为是诠释组织行为产生、发生和变化的重要理论之一。该理论的基本假设是：人们总是在积极努力地维持、保护和构建他们所认为的个体特征、条件、能量等让个体觉得有价值的宝贵资源，这些资源不但可以满足个体需求，而且可以帮助其准确地进行自我识别和社会定位，同时还可以激发个体积极的态度和行为，从而大大提高成功的可能性（Hobfoll，1986；Hobfoll，1989；Lee & Ashforth，1996）。基于这一理论假设，衍生出两个基本观点：一是资源损耗优先观点，资源获取与资源损耗对个体而言具有不对称性，相比于资源获取，个体对资源损耗更为敏感（Hobfoll，2001）；二是资源投资观点，为确保个体自身资源不受外界因素的袭扰和损耗，或是从资源损耗中快速恢复以获得新的有效资源，从而对现有资源进行多方面投资（Hobfoll，1989）。资源保存理论将这些具有保护性功效的资源分成四类：一是物质性资源，其与社会经济地位直接相关，可认为是决定个体抗挫能力的一个重要因素，如汽车、住房等；二是积极的人格特质，可认为是决定个体抗压能力的核心要素，如自我效能感和自尊；三是条件性资源，可以为个体获得关键性资源创造条件，决定着个体或群体的抗挫潜能，如婚姻、朋友或权力；四是能源性资源，是帮助个体获得其他三种资源的关键性资源，如金钱、时间、精力与知识（Hobfoll，1986，2001，2011）。基于上述理论观点，不难发现，"社会关系、组织支持等社会性因素，乐观、效能、积极心理状态等积极心理品质或状态性因素，以及积极的组织环境、良好的组织气氛等情境性因素都可被个体视为有价值的资源"①。资源保存理论认为，拥有资源越多的个体更能显现出较好的资源损失规避能力，并且更容易获得新的资源（Hobfoll，2011），这有助于提升个体的抗挫力，促使个体积极心理行为的产生和发展（Halbesleben & Wheeler，2008）；此外，具体到工作投入当中，资源保存理论认为资源丰富的个体可能富有更多的热情和能量驱使其努力、持续地开展工作，因而在工作投入方面表现出更高的水平（Hobfoll，2001）。由此可以认为，资源丰富的志愿者也会迸发出更多的热情和能力，表现出更高的志愿工作投入水平，而志愿工作投入是志愿行为可持续的关键因素。同时，积极的心理品质、良好的社会支持以及认知都被认为是能够促进个体发展的有效资源。因此，资源保存理论是考察心理资本对志愿行为可持续影响机制的重要理论依据。

---

① Hobfoll S E, London P. "The Relationship of Self-Concept and Social Support to Emotional Distress among Women during War". *Journal of Social and Clinical Psychology*, 1986, 4 (2): 189–203.

2.1.2 自我决定理论

自我决定理论（self-determination theory）是由美国心理学家 Deci（1975）提出的。它是一套较为完善、深入地阐释个体动机影响态度行为的经典理论体系。该理论被广泛应用于管理学、心理学、教育学等领域，"它强调自我在动机过程中的能动作用，认为自我决定是一种涉及经验选择的人类机能品质，它组成内在动机"[1]。自我决定是人的一种选择能力。个体行为的决定性因素是由自我决定的，而并非来自于强化序列、驱动或其他任何一种力量。Deci 和 Ryan（1985）认为，自我决定不仅仅是个体能力的体现，更是一种个体需要的体现。个体拥有一种基本的、内在的、自我决定的、能够引导人们兴趣的、有益于发展的行为，以便形成与社会环境灵活适应的倾向性。近年来，随着自我决定理论研究的不断深入，研究者普遍认为该理论可从以下三方面进行理解：一是基本心理需要理论，该理论认为个体与生俱来就具备追求成长和发展的需要，主要包括自主性需要、胜任需要和关系需要，这种基本心理需要的考察主要存在于组织情境的研究当中，这种需要对个体的态度和行为表现具有重要意义（张剑等，2010）。二是认知评价理论，该理论主要用于考察社会环境因素对内部动机的影响，即为非个人取向或控制取向。认为外部环境因素会通过满足个体内在的心理需要从而激发个体内部动机，进而引起个体态度和行为的改变（Ryan & Deci，2002）。三是有机整合理论，该理论包括两种观点，一种是"外部动机内化"的观点，另一种是将个体动机分为"内部动机、外部动机和无动机"的观点。（Ryan & Deci，2000）。综上所述，自我决定理论为本文考察动机心理资本、志愿动机与志愿行为可持续的关系提供了较为成熟的理论支撑。

2.1.3 社会交换理论

乔治·霍曼斯（George·Homans）是社会交换理论的创始人。在《人类群体》一书中，他强调了小群体研究的重要意义，分析了其中的行为变量，如活动、相互交往、情感三者之间的关系。霍曼斯的理论深受功能主义的影响，但是他没有停留在功能主义的立场上，而是通过对功能主义的批评创立了社会交换理论。

---

[1] 彭聃龄：《普通心理学（修订版）》，北京师范大学出版社 2001 年版。

霍曼斯用社会交换理论来解释人类的全部行为。人们之间不仅交换物质性的商品和金钱，而且还交换非物质性的知识、信息、爱、友情、满足等。在帮助行为上，社会交换理论认为施舍者和接受者同样受益。对于接受者而言，得到了帮助。而施舍者得到的"报酬"既有外部的、也有内部的，诸如助他行为能够使施舍者获得来自他人的赞誉或深厚的友谊，也可以提升其自我价值感，这属于外部回报；同时，助他行为也可以使施舍者减轻内疚感、缓解消极心境等，这属于内在酬赏。人们的行为是以收益最大化、损失最小化为原则的，但是对于花费和收益，人们并非有意识地控制（时蓉华，2007）。此外，社会交换理论认为，人与人之间存在交换关系，当一个人从别人那里得到帮助和支持时，他们倾向于把帮助和支持传递给他人（Wilson, Sin, & Conlon, 2010）。综上所述，这一理论观点对于解释志愿行为的产生、发展和可持续具有重要理论意义。

2.1.4 社会信息加工理论

信息加工理论（information processing approach）是"基于在问题解决和行为决策的制定或实施过程中大脑接收、编码、储存和利用知识或信息的理念而形成的一种理论"[①]。该理论认为，人是一个类似于计算机的信息加工系统，通过对信息的接收、编码、储存、转换、传递及回收等一系列处理，实现认知功能。Wyer 和 Surll（1984）提出了信息加工模型，该模型一经提出便得到了社会的广泛认可，该理论模型认为，人的信息加工过程包括信息输入、激活原知识、形成认知，最后进行编码归类的认知活动。

信息加工理论把人类比作计算机，而忽视了人的社会性和主观能动性。社会信息加工理论（social information processing approach）与传统的信息加工理论相比，更加重视将社会性因素引入认知活动当中，强调人的社会性对认知的影响，同时意识到个体所处的社会环境（包括组织、文化环境）等对信息加工的重要作用。社会信息加工理论认为，个体的心理与行为不仅取决于个体的需要或目标，还受周围环境线索的影响，这些环境线索当中提供了能够影响、调节个体心理或行为的多种社会信息（Salancik, 1978）。Gurbin（2015）的研究认为，个人所处的环境包括组织、民族或者组织文化、组织领导对个体信息加工具有重要影响，它贯穿了信息加工的每个环节，由此，他也倡导传统的信息加

[①] 王本贤：《试析认知信息加工理论》，载《教育探索》2009 年第 5 期，第 7-8 页。

工理论应融入社会文化环境之中进行考察。社会信息加工理论指出，社会环境通常经过四种途径直接或间接影响个体的工作态度和行为：一是个体所处的社会环境具备用来描述工作环境特征的信息；二是社会环境通过突出某些方面的信息，吸引个体的注意力，进而影响个体的工作态度和行为；三是社会环境可以提供一些组织中其他成员如何评价工作环境的线索；四是社会互动的过程中有助于人们形成或者加深对自身需求、认知和价值观的理解，基于此理解，人们可以更好地评价周围的工作环境（Salancik，1978）。事实上，在组织情境中，组织气氛作为一种蕴含着一系列社会信息的社会环境，组织成员往往会将其作为一个重要的信息线索来源，并由此调整自己的认知、心理状态，进而影响行为状态。因此，社会信息加工理论对于考察志愿者心理资本在组织气氛、诚信领导与志愿行为之间的作用关系提供了重要理论依据。

2.2 志愿行为可持续的研究综述

2.2.1 志愿者、志愿行为及其可持续的概念

2.2.1.1 志愿者

志愿者（volunteers）的概念最早可追溯到拉丁文"voluntas"，通常指不以追求物质利益和报酬为目的，而甘愿付出时间、经历和能力的个体。在我国2017年颁布实施的《志愿服务条例》中，志愿者被界定为以自己的时间、知识、技能、体力等从事志愿服务的自然人。而联合国将志愿者定义为："不以利益、金钱、扬名为目的，而是为了近邻乃至世界进行贡献活动者。"[①] Musick 和 Wilson（2003）认为志愿者是指志愿贡献个人的时间及精力，在不求任何物质报酬的情况下，为改善社会服务、促进社会进步而提供服务的人。结合以上论述，本研究中所认定的志愿者是指在全国志愿服务信息系统实名登记注册的，以牺牲自己的时间去帮助他人、服务社会为初衷，不以追求物质或其他报酬为目标，无偿奉献自己的时间、精力和能力，且隶属于某一志愿组织的自然人。

---

① 袁柯：《志愿者价值解析》，载《中国研究生》2010年第5期，第4-5页。

2.2.1.2 志愿行为

志愿行为（volunteering behavior）是一个内容繁多的复杂现象，学界尚未形成对志愿行为的统一定义。Wilson（2000）认为，志愿行为是指任何不求回报且愿意花费时间来帮助其他个体、团体或组织的行为。在这一概念的基础上，丁元竹和江汛清（2001）提出，志愿行为是指个体利用自己的时间，非义务、无偿地为其他人、组织或社会谋福利而费时耗力的行为。与上述界定不同的是，Penner（2002）将这种不求回报、为他人谋幸福、为组织谋福利、为社会谋发展的非义务性的行为限定了一个时长，即认为志愿行为是一种有计划、持续性的亲社会行为。此外，Smith（1981）从价值视角对志愿行为进行过界定，认为志愿行为是一种生产性活动，它创造物质价值或社会价值，且所创造的市场价值高于任何对这种活动的补偿。关于志愿行为是否应该适当有偿的问题，2020年6月5日，中央文明办负责人就"推动新时代志愿服务事业持续健康发展"答记者问时强调："根据志愿服务岗位和实际需要，可以获得适当的交通、误餐等补贴。"① 即志愿行为是指志愿者、志愿组织和其他组织自愿、无偿向他人、组织或社会提供的公益行为，其中公益性是其根本属性，但不排除给予适当的交通、误餐等补贴。不难发现，以往对志愿行为的界定都围绕如下四个维度展开（Hustinx，2010）：一是自愿性；二是是否有报酬以及报酬的性质；三是与受益对象的关系；四是是否通过正式组织。每个维度的现实选择亦有相当跨度，如自愿性可以是完全出于内心的意愿，或者是迫于单位的要求和社会规范的压力。综上所述，本研究将志愿行为界定为：个体非义务的、自愿性地无偿帮助其他个人、组织或社会的组织化行为，其中的无偿主要指利益、经济或金钱等方面，但不排除给予适当的交通、误餐等补贴的情形。

2.2.1.3 志愿行为可持续

志愿行为可持续（sustained volunteering）中的"持续"有继续或延续之意；"可持续"是指在时间上不间断地继续或延续下去的某种模式或者状态。Penner（2002）认为，志愿行为可持续是一种在时间上不间断的继续服务行为。李玫（2016）认为，志愿行为可持续是指人们做出志愿服务的决策及他们做出成为志愿者的承诺的强度。党秀云（2019）用"三个意味着"阐释了志愿行为可持

---

① 光明网：《推动新时代志愿服务事业持续健康发展——中央文明办负责同志答记者问》，载《光明日报》2020年6月6日第2版。

续的内涵，即意味着志愿行为的持续、稳定与健康发展；意味着志愿行为创新力、竞争力与贡献力的不断提升；意味着志愿行为的制度化、法治化与常态化；意味着志愿精神的薪火相传与永不磨灭。邓少婷（2018）认为，志愿行为可持续是志愿者保持长期、持续参与志愿服务的状态。

从以上对志愿行为可持续的界定不难看出，志愿行为可持续主要表现为一种时间上不间断的持续性或长期性地付出时间和精力、不求回报，以服务他人、组织或社会为目的的行为活动。正如以往研究的论述："当前学界对于如何评判志愿行为可持续性水平尚没有统一的界定指标或标准。"[①] 事实上，志愿行为的可持续不应仅从开展志愿服务的时间维度进行衡量，而应多向度、综合性地进行考察。换言之，志愿行为可持续作为志愿行为的一种状态，不仅要考察其所投入的时间向度，还要考察其频率、次数以及倾向性。以往的研究表明"志愿服务的时间、参与频率和次数是反映个体志愿行为持续性状况的重要指标，其时间越长、频率越高或频次越多，表明志愿行为可持续性水平越高"[②]。此外，根据计划行为理论的观点，"行为意向或倾向是决定某种行为的直接因素"[③]，由此可以推断，志愿行为倾向也是预测志愿行为的直接因素，即个体志愿行为倾向的水平越高，其志愿行为可持续程度可能越高。因此，本研究考察志愿行为可持续主要采用志愿行为倾向性调查问卷，该问卷既兼顾了志愿行为的参与频率，又兼顾了倾向性，可综合考察志愿行为可持续。

2.2.2　志愿行为可持续的测量

有关志愿行为可持续的测量还少见报告，但已有关于志愿行为倾向性的调查问卷，其中，志愿行为倾向性是预测志愿行为可持续的直接因素，志愿行为倾向性的水平越高，则其志愿行为可持续程度也可能越高。因此，可以通过考察志愿行为倾向性来反映志愿行为的可持续程度。为测量志愿行为的倾向性，Carlo 等（2005）编制了志愿行为问卷。该问卷包括 4 个题项，主要考察过去是

---

① Hustinx L, Cnaan R A, Handy F, et al. "Navigating Theories of Volunteering: A Hybrid Map for a Complex Phenomenon". *Journal for the Theory of Social behavior*, 2010, 40 (4): 410 - 434.

② 张冰、朱小磊：《大学生持续性志愿服务行为影响因素》，载《当代青年研究》2018 年第 356 期，第 63 - 69 页。

③ 段文婷、江光荣：《计划行为理论述评》，载《心理科学进展》2008 年第 16 期，第 315 - 320 页。

否参与过或正在参与志愿活动,未来一年内主动或受邀参与志愿活动的情况;问卷采用李克特评分方法,总分为 7 分,得分越高,表明被试越倾向于发生志愿行为;问卷具有较好的信度和效度。该问卷涉及的志愿行为是指无偿地为某些组织、机构或社会团体提供服务,主要包括社会服务机构、学校有关组织、教会团体、政治团体、非营利性的社会组织或团体等。

此外,我国研究者郑爽等(2020)编制了通过考察"被试在过去的一年内,参与志愿服务的时间、频率和退出意向"反映志愿行为可持续的调查问卷。在时间方面,主要考察个体在过去一年内参与志愿服务的时间,具体评分方式参考 Thoits 和 Hewit 的方法;在服务频率方面,考察个体在过去的一年内参与志愿服务的频率。采用 7 点计分方法(没有计 1 分,少于每月 1 天计 2 分,每月 1 天计 3 分,每月 2~3 天计 4 分,每周 1 天计 5 分,每周 2~3 天计 6 分,每周 4 天或以上计 7 分);在退出意向方面,考察个体是否时常考虑离开正在参与的志愿组织,共 2 个题项,采用 7 点计分方法(从"完全不符合"到"完全符合",计 1~7 分)。将时间、频率、退出意向(反向计分)的标准分的平均分作为志愿服务可持续的指标,问卷得分越高,表明志愿者服务的持续性越好。

综上所述,在综合考虑问卷的易答性、简洁性以及科学性等基础上,本研究采用当前运用较为广泛,信度、效度较好的志愿行为倾向问卷,来对志愿者志愿行为可持续进行考察。

2.2.3 志愿行为可持续的影响因素

有关志愿行为可持续的研究主要从两个视角展开:一是社会学视角。这一视角的研究多从宏观逻辑推理的角度展开,例如张勤(2014)认为,可从政府培育、社会认同、志愿服务组织及志愿者等多个维度进行战略规划,以推动志愿服务可持续发展。二是心理学视角。心理学研究者以往主要关注"个体为什么会成为志愿者"以及"什么样的个体会成为志愿者"。针对前者,Glary 等(1998)提出了成为志愿者可能有的六种功能动机,即价值观表达型功能、社交型功能、学习理解型功能、自我保护型功能、职业生涯型功能、自我增强型功能。Cnaan 等(1991)也对个体成为志愿者的动机进行了回顾性研究,发现以往所涉及的 28 个因素大都对个体产生影响。而针对后者,研究者主要从个体人格、依恋等方面进行论述。Penner(2002)认为,具备以他人为导向的移情和助他性的两种亲社会人格特质的个体更易成为志愿者。具体而言,影响志愿行为可持续的因素具体可分为:前因变量、过程变量、结果变量和综合模型。

2.2.3.1 影响志愿行为可持续的前因变量

影响志愿行为可持续的前因变量主要包括人口社会学变量（年龄、性别、教育水平、收入等）、个体因素（早期志愿经历、个体志愿动机、个人角色投入、服务过程中的冲突等）[1]、人格因素（宜人性、外向型、焦虑、依恋型）、情境因素（组织气氛、组织环境）、社会学因素（社会支持、家庭支持等）[2]。以影响志愿行为可持续的人口学变量为例，研究发现，"男性与女性在参与比例、服务领域、服务时长上均存在差异"[3]，女性较男性而言更乐意参与志愿服务（Einolf，2011）。随着年龄的增长，个人资本也可能会不断增加（Wilson，2000），个体发生志愿行为的概率也会有所变化，志愿服务在年龄上呈倒"U"形曲线，峰值在46岁左右（邓少婷，2018）。受教育程度高的个体参与志愿服务的概率更低，但一旦参与，其服务时间更长（李红梅，2014）。

2.2.3.2 影响志愿行为可持续的过程变量

之前的研究主要从理论层面做了较多探讨，并提出了过程模型理论（Syder & Omoto，2008）、特质理论模型理论（Carlo et al.，2005）、系统生活质量理论（Shye，2010）和整合模型理论（Penner，2002），这些理论从不同角度揭示了志愿行为产生、发展和可持续的发展过程。例如，过程模型理论将志愿行为的产生和发展分为前、中、后三个阶段，并从个体、人际、组织和社会四维向度进行剖析，认为人格、动机和个人背景等个体因素对前阶段志愿行为的发生和发展具有重要意义；同时，论述了中阶段志愿行为可持续在个体心理行为上的表现；以及后阶段志愿行为对个体认知和行为的影响等方面的内容（Syder，2008）。整合模型理论不仅论述了亲社会人格对于志愿行为的首次发生的重要意义，而且还论述了诸如志愿者认知、认同等要素对志愿行为的重要作用（Penner，2002）。

2.2.3.3 影响志愿行为可持续的结果变量

各类研究主要从三个方面展开，分别是志愿服务对服务对象、志愿者自身

---

[1] 邓少婷：《志愿者服务行为持续性的影响因素研究——基于广州市R医院与志愿驿站调查》（学位论文），暨南大学2018年。

[2] 李林、石伟：《西方志愿者行为研究述评》，载《心理科学进展》2010年第18期，第1653–1659页。

[3] Wilson J. "Volunteering". *Annual Review of Sociolog*, 2000（1）：215–240.

以及志愿组织和社会的影响：①对志愿者服务对象的影响。主要为提高心理健康水平（姚抒予 等，2010；Snyder & Omoto，2008）、增加或扩大服务对象的社交范围（郑碧强，2011），以及获得更多专业服务的机会（Snyder，2004）。②对志愿者自身的影响。主要为有助于志愿者主观幸福感和心理健康的提高（Piliavin et al.，2007）、减少反社会行为的可能性、扩大社交规模以及避免健康问题的产生。③对志愿组织和社会的影响。主要为有助于减少组织成本，实现组织愿景、使命及目标（Snyder，2008）；有助于补充政府未能及时供给的公共服务（Bekkers et al.，2010）；有助于促进个体与社区的联系，加强社区功能，促进社区和谐发展（Metz，2005）。

2.2.3.4 影响志愿行为可持续的综合模型

Matsuba 等（2007）采用结构方程模型对某项在全国范围内的调查中采集到的数据进行研究，验证了一个有关志愿行为可持续的影响因素综合模型，如图 2-1 所示。综合模型的目的不是取代人格、身份和社会结构研究者所建立的理论，而是希望这些理论可以在理解志愿服务方面相互补充。从模型图中不难发现，影响志愿行为的因素有两个：一个是持久性影响因素，主要包括人格（移情、同情心）、社会结构（家庭、文化和阶层）；一个是中介性影响因素，主要包括道德认知（判断、公民道德）和态度、自我认同（探索、道德评估）和机遇（组织结构、关系）。其中，人格和社会结构并不直接对志愿行为产生影响，而是通过中介性影响因素对志愿行为起作用。换言之，中介性影响因素作为一个环境因素对志愿行为的影响更为直接。然而，正如作者所阐述的那样，这一模型也存在一些弊端，比如，研究对象均为美国人，因而是否具有可推广性还值得商榷；结构方程模型不能揭示因果关系；等等。

2.2.4 志愿行为可持续研究的述评

通过对国内外志愿行为可持续研究的梳理，不难发现，当前有关志愿行为可持续的研究已取得了可喜的成绩，对社区和谐与社会健康发展都具有重要意义。然而，以往的研究还存在以下几个方面的不足：第一，以往的研究更多关注学生志愿者而较少关注城市居民志愿者，而揭示不同职业群体或年龄的志愿者的志愿行为可持续状况对于志愿组织招募志愿者群体具有重要意义。第二，以往的研究更加注重志愿行为可持续相关因素的分析而鲜有揭示影响机制，尤其是志愿行为可持续影响因素之间的内在关系以及各要素之间的交互作用，及

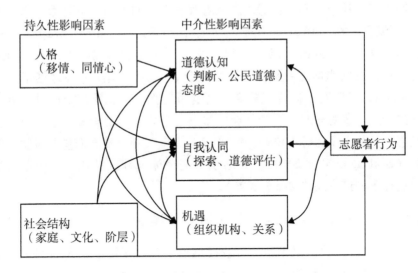

图 2-1 志愿行为可持续的影响因素综合模型

其如何影响志愿行为可持续的研究还鲜有报告。第三，以往国内外对志愿行为的研究主要集中在物质资本（Harflett，2015）、社会资本（Wang，2008；Bailey，2003）和人力资本（Lindsay，2016；Choi，2010），而未见心理资本。心理资本是潜藏在个体或团队成员间一股永不衰竭的力量，是实现志愿行为可持续发展的原动力，从心理资本视角探讨志愿行为可持续，可能更有助于个体志愿行为的可持续发展。第四，以往关于宏观对策、理论探讨和逻辑推理的研究较多，而微观干预、实证研究相对较少，尤其是质性研究极为匮乏。事实上，质性研究更有助于发掘潜藏在更深层的内部因素，以及呈现量化研究难以涵盖的内容。通过质性研究和量化研究的结合，有助于揭示志愿行为可持续的动态过程，从而实现质性研究对量化研究不足的补充。基于此，本研究以志愿者（包括大学生志愿者、普通居民志愿者等）为研究对象，采用质性研究和量化研究相结合的方法，从心理资本视角揭示志愿行为可持续的关键影响因素和传导机制。

2.3 心理资本的研究综述

2.3.1 心理资本的内涵与测量

2.3.1.1 心理资本的缘起及界定

心理资本是近十年来组织行为学研究中的新领域，也是积极组织、公共管理研究的崭新方向[①]，它是在积极心理学运动以及积极组织行为学发展过程中衍生而来的一个全新的概念。21世纪以来，在Seligman积极心理学思想的影响下，学界展开了对积极组织行为学（positive organizational behavior）的相关研究。2002年，著名管理学家Luthans教授撰文首次提出了积极组织行为学的概念，而后在分析经济资本（economic capital）、人力资本（human capital）和社会资本（social capital）的特点与区别的基础上，又提出了心理资本（psychological capital）的概念。心理资本是指个体在成长和发展中表现出的一种积极的心理品质或心理状态，是潜藏在个体间的一股永不衰竭的力量，是实现人生发展的原动力，对个体态度、情绪和行为的发展具有重要意义。自我效能/自信、乐观、希望和韧性被认为是个体心理资本的四个维度，具体表现为"在面对挑战时有信心（自我效能）并能付出必要的努力来获得成功；对现在和未来的成功有积极的归因（乐观）；对目标锲而不舍，为取得成功在必要时能调整实现目标的途径（希望）；当身处逆境和被问题困扰时，能够持之以恒，迅速复原并超越（韧性），以取得成功"（Luthans et al., 2007）。同时，心理资本又被认为是个体在成长过程中具有的一种动态资源，它随时间的推移而增长、维持，整体的心理资本大于其组成部分的总和（Luthans et al., 2004）；它超越了物质资本、人力资本和社会资本（王雁飞、朱瑜，2007）；采取一定的方式它便可以促进志愿行为的可持续发展（徐礼平，2017）。

---

① 徐礼平：《高校重大科研项目团队心理资本对创新绩效的影响机制》（学位论文），北京理工大学2019年。

2.3.1.2 心理资本的基本特征

王雁飞和朱瑜（2007）认为，心理资本是一种积极的心理状态、也是一种稳定的特质，甚或兼而有之，心理资本按其取向可划分为特质论、状态论、综合论。其中，特质论认为心理资本即为一种人格特质，具有长期性和相对稳定性，是个体的一种内在特质，这一观点主要以 Hosen 等（2003）和 Letcher 等（2004）为代表；状态论认为心理资本是一种可以改变的心理状态，通过激发个体的动机和改善积极的态度来促进绩效的提高，Avolio 等（2004）认同这一观点；综合论认为心理资本既有可以测量、可以改变的特点，又有相对稳定性的特点，它不只是单纯的人格特质或心理状态，而是兼而有之，Avolio 和 Luthans（2006）秉持这一观点。不难看出，上述三种论述有其共同之处，"心理资本从积极心理学的角度去反映优势；其关注的重点是个体的积极心理；通过投资能产生收益或回报；同时它具有开放和动态的特性"[①]。从特质论到状态论再到综合论，反映了研究者对心理资本的认识越来越成熟。心理资本作为一种能够促进个体成长和发展的积极心理状态或心理品质（综合论）（徐礼平，2017），采用一定的方式进行投资和干预，可促进志愿行为的可持续发展，符合积极组织行为学（POB）的"可开发、可测量、可用来提高绩效"观点，因此，本研究采纳综合观点。

2.3.1.3 心理资本的结构与测量

在心理资本的结构要素方面，Luthans 等（2007）主张心理资本是指人的积极心理能力，并按照积极组织行为学（POB）标准（可测量、可开发和可用来提高绩效）将自我效能、希望、乐观和韧性作为心理资本的四个维度。而不断丰富的积极心理学知识体系和积极组织学研究提出了许多独特个体、群体的优势和美德，这些都符合积极组织行为学（POB）标准。例如，Goldsmith 等（1997）的"二因素"模型，包括自尊和控制点；Luthans 等（2006）的"三要素"模型，包括希望、乐观和韧性；Avey 等（2006）的"四要素"模型，包括乐观、希望、韧性和自信；肖雯等（2010）的"五要素"模型，包括自我效能、乐观、韧性、感恩和兴趣；董雅楠等（2014）的"六要素"模型，包括自信、希望、韧性、乐观、幸福感、智慧；柯江林等（2007）的"二阶因素"模

---

① 王雁飞、朱瑜：《心理资本理论与相关研究进展》，载《外国经济与管理》2007 年第 5 期，第 32 – 39 页。

型，包括事务型心理资本（乐观希望、自信勇敢、坚韧顽强与奋发进取）与人际型心理资本（包容宽恕、谦虚沉稳、感恩奉献与尊敬礼让）；等等。虽然国内外学者对个体心理资本的要素进行了诸多探索，然而，志愿者作为一个特殊的群体，其心理资本由哪些要素构成，却未见国内外关于这方面研究的相关报道。就调查工具而言，Goldsmith 等（1997）率先开发了心理资本量表，该量表仅有自尊和控制点两个维度，在后续的研究中，研究者们认识到个体由于工作特性、生存境遇和所处情境的差异，其心理资本结构维度可能表现出不同的特点，故由此编制了相应的反映个体特征的心理资本问卷。具体的心理资本结构研究概览详见表 2–1。

表 2–1　心理资本结构研究概览

研究者（年份）	量表名称	结构要素
Goldsmith 等（1997）	心理资本量表	自尊和控制点
Jensen 等（2003）	心理资本评价量表	希望状态、乐观状态、自我效能感、韧性
Letcher 等（2004）	心理资本量表（大五人格）	稳定性、外向性、开放性、宜人性、责任感
Page 等（2004）	心理资本评价量表	希望、乐观、自信、韧性、诚信
Larson 等（2004）	心理资本量表	自信、乐观和韧性
Luthans 等（2006）	积极心理状态量表	希望、乐观、韧性
Avey 等（2006）	心理资本状态量表	乐观、韧性、希望、自信
Cole 等（2006）	核心自我评价构念量表	自信、控制点、自尊和情绪稳定性
Luthans 等（2007）	心理资本问卷（PCQ–24）	自信、希望、乐观、韧性
柯江林等（2009）	本土心理资本量表	事务型心理资本、人际型心理资本
温磊等（2009）	心理积极性调查问卷	希望、韧性、乐观、自我效能
张阔等（2010）	心理资本问卷	自我效能、韧性、希望、乐观
肖雯等（2010）	大学生心理资本问卷	自我效能、乐观、韧性、感恩、兴趣
范兴华等（2015）	留守儿童心理资本问卷	自立顽强、明理感恩、宽容友善、自信进取、乐观开朗

续表 2-1

研究者（年份）	量表名称	结构要素
徐礼平等（2019）	团队心理资本问卷	团队自信、团队希望、团队韧性、团队使命

（资料来源：笔者在王雁飞（2007）、李林英（2012）研究资料的基础上整理而成）

上述调查工具既有个体层面又有团队层面心理资本的调查量表或问卷，对近年来有关心理资本的实证研究分析发现，研究者大多采用 Luthans 等（2007）开发的工具。国内研究大多根据 Luthans 等（2007）的理论观点编制相应的调查工具，其中，张阔等（2010）编制的心理资本问卷运用最为广泛，其信度和效度相对较高。然而，当前反映志愿者独特心理资本的研究工具未见报道。综上所述，本研究根据 Luthans 等（2007）的理论观点，结合本人访谈研究结果、张阔等（2010）编制的心理资本问卷条目等，编制可切实反映志愿者独特性的心理资本调查工具，为后续调查研究工作服务。

2.3.2 心理资本的作用结果

目前，心理资本影响效能的研究主要包括以下四个方面的模型：主效应模型、中介效应模型、调节效应模型和动态效应模型。

2.3.2.1 主效应模型

主效应模型是指心理资本具有普遍的增益效应，提高心理资本水平，有助于结果变量的提高和增强（李林英、李健，2011）。通过对文献的梳理发现，美国管理学会前主席 Luthans 教授所指导的博士生 Jensen（2003）可被认为是最早在积极组织行为学框架下开展心理资本主效应模型研究的实证研究者之一，他揭示了心理资本对工作满意度、幸福感的影响效应。国内对心理资本主效应的研究相对较晚，起初对心理资本结果变量的选取多数沿袭国外的相关研究[①]，再进行中国化探讨。近年来，随着研究者对心理资本论题探究的逐步深入，国内心理资本的结果变量涉及诸多方面，主要包括工作绩效（仲理峰 等，2013；柯江林 等，2010）、组织公民行为、组织承诺（仲理峰 等，2007）、创新行为

---

① 参见张铭、胡祖光《管理学中的心理资本效应研究：回顾与展望》，载《商业经济与管理》2015 年第 41 期，第 32-42 页。

(王雁飞 等，2017)、文化适应（叶宝娟 等，2019）、工作满意度和离职倾向（柯江林、孙健敏，2014）、心理健康（张文宏、张君安，2020）、工作投入、主观幸福感（柯江林 等，2015；叶宝娟 等，2017）等。

2.3.2.2　中介效应模型

中介效应模型是指心理资本在这一模型中作为一个中介变量，前因变量通过心理资本间接影响结果变量。以往关于心理资本中介效应模型的研究中前因变量大多为组织领导、组织气氛，而结果变量大多为不同层次的绩效、态度和行为等（张铭、胡祖光，2015）。鉴于已对结果变量进行了梳理，本部分着重梳理国内以前因变量为线索展开的中介效应模型：一是以领导相关变量为前因变量的中介效应模型。如谦卑领导（李洁 等，2018）、真诚型领导（沈蕾 等，2018）、真实型领导（魏丽萍 等，2018）、授权性领导（史峰 等，2018）、变革型领导（隋杨 等，2012；李磊 等，2012）等。二是以组织相关变量为前因变量的中介效应模型。如组织地位感知（丁道韧，2020）、组织支持感（王雁飞 等，2018；高建丽，2018）、组织文化（高建丽 等，2015）、组织公平感（周文斌 等，2014）等。三是以工作相关变量为前因变量的中介效应模型。如护士工作（郎爽 等，2019）、工作—家庭关系（赵简 等，2013）、工作压力（张阔 等，2014）等。四是以其他变量为前因变量的中介效应模型，如亲子关系（范兴华、范志宇，2020）、职业使命感（付雅琦 等，2019）、生活应激源（程利娜，2019）等。

2.3.2.3　调节效应模型

心理资本的调节效应模型是指心理资本的变化会引起前因变量对结果变量的变化效应。换言之，心理资本调节变量的引入会导致自变量对结果变量的影响时强时弱。近年来，心理资本作为调节变量的相关研究的数量在逐年增多，但相较心理资本的主效应和中介效应模型还相对滞后。据不完全统计，相关研究有20余篇，从管理学的角度看，主要涉及员工或下属心理资本的调节效应，具有代表性的文献有Wang等（2014）、Roberts等（2011）、Abbas等（2014）、赵富强等（2018）、闫艳玲等（2014）的研究；从心理学的角度看，涉及的研究对象较多，主要在心理资本调节职业倦怠、抑郁或无意义情绪等心境性因素方面开展研究，相关研究的主要代表者如李晓艳和周二华（2012）、赵简和张西超（2010）、马爽等（2015）、范兴华等（2017）、于米（2017）等等。

2.3.2.4 动态效应模型

心理资本的动态效应模型是指心理资本在影响结果变量的过程中，可能同时存在主效应模型和缓冲效应模型（李林英、李健，2011）。心理资本与结果变量之间可能存在复杂的交互作用，它们并非简单的线性关系，因而这一模型假设还有待进一步研究验证。

2.3.3 心理资本与志愿行为可持续的关系

当前，国内外有关心理资本与志愿行为及其可持续的研究还相当匮乏，但关于心理资本与志愿行为的相关因素如利他行为、亲社会行为、组织公民行为之间关系的研究已有较多探索。Penner（2002）认为，志愿行为可被认为是一种有计划、持续性的亲社会行为；同时，志愿行为又可被认为是个体在开展志愿服务活动中的利他行为（徐礼平，2017）。此外，Luthans（2007）按照积极组织行为学（POB）标准，将自我效能/自信、希望、乐观和韧性等作为个体心理资本的四个核心维度。通过对相关文献的梳理发现，其所列举的心理资本维度与志愿行为的关系已出现了一定的探讨研究。现将相关研究梳理如下。

2.3.3.1 心理资本与志愿行为可持续的关系

通过对相关文献检索发现，以"心理资本"合并"志愿行为"为篇名的研究仅有三篇。这些研究主要包括两个方面：一是揭示心理资本对志愿行为的正向预测作用，二是揭示心理资本与志愿行为关系中的中介或调节效应。如 Soyoung 和 Lee（2019）揭示了志愿者心理资本和满意度对志愿行为可持续的积极作用。徐礼平（2017）通过对理论的分析，构建了志愿者心理资本对志愿行为可持续影响的理论模型，同时揭示了志愿动机在其中起中介作用，以及志愿组织气氛在其关系中起调节作用。吴玉芳（2016）通过对志愿者进行调查，证实了志愿动机在其关系中具有部分中介效应。

2.3.3.2 心理资本与利他行为的关系

以往的研究几乎都揭示了心理资本对利他行为的正向预测效应。如惠青山（2009）的研究发现，员工心理资本对员工的利单位行为、利同事行为等具有正向的预测作用。李敏和周明洁（2017）对 213 名志愿者进行调查研究后发现，志愿者心理资本能够显著正向预测志愿者角色认同和利他行为，同时，志愿者心理资本也可以通过角色认同间接影响利他行为。汪韵迪（2017）通过对天津高校大学生展开调查研究和实验研究发现，大学生心理资本对内隐利他行为产生直接效应；同时，心理资本与心理契约情境的交互作用也对其内隐利他行为产生直接效应。邵洁和胡军生（2018）通过对417名大学生进行调查研究发现，心理资本对大学生的利他行为具有显著的正向预测效应。陈妮娅等（2018）的研究发现，心理资本在高中生自立人格与网络利他行为之间发挥中介效应。同时，郑显亮（2012）的相关研究也揭示了心理资本的自我效能、积极情绪状态、乐观倾向等，对于个体做出较多网络利他行为具有积极意义。

2.3.3.3 心理资本与亲社会行为的关系

通过对文献的梳理发现，心理资本与亲社会行为密切相关，前者对后者具有正向预测效应。如傅俏俏（2018）通过对183名贫困大学生的调查发现，心理资本不仅会直接影响贫困大学生的亲社会行为，还会通过感恩间接影响其亲社会行为。王妍（2015）的研究表明，大学生心理资本可以显著地预测个体的亲社会行为，其中乐观的预测作用最强。此外，在心理资本各维度方面，吴翠萍（2012）发现，自我效能感是决定高校志愿者是否参与志愿活动的重要因素。刘慧（2012）的研究结果表明，希望对亲社会行为有正向的预测作用，希望的水平越高，亲社会行为的水平也越高。

2.3.3.4 心理资本与组织公民行为的关系

通过对文献的梳理发现，可将两者关系的研究分为以下四个方面：一是心理资本对组织公民行为的直接效应。如仲理峰（2007）通过对198组直接领导和员工的研究发现，领导心理资本对员工组织公民行为的直接作用；Jung等（2015）发现，心理资本可以正向影响组织公民行为；任浩等（2013）的研究也发现，工作团队领导的心理资本对团队成员组织公民行为具有积极影响。二是心理资本影响组织公民行为中的中介效应。如毛晋平等（2015）对湖南省48个教师工作团队中的610名成员的调查结果显示，工作满意度在教师团队心理资本与成员组织公民行为之间起中介效应；Gupta等（2017）通过对217名员工展开问卷调查发现，工作参与度在心理资本影响员工组织公民行为之间起中介效应；任浩等（2013）的研究发现，团队成员心理资本是领导心理资本与团队成员组织公民行为之间跨层次的中介变量。三是心理资本对组织公民行为的调节效应。如Pradhan等（2016）的研究发现，情绪智力在心理资本与成员组织公民行为之间起调节效应；朱瑜和周青（2013）在以往研究的基础上，揭示了核心自我评价、互惠原则以及气氛在心理资本与组织公民行为之间起调节效应。四是心理资本作为中介或调节变量的相关研究。任浩（2014）对66个工作团队中的303名成员进行调查并发现，团队和个体层面的成员心理资本在领导职业支持与成员组织公民行为之间均起完全中介作用；赵晨（2014）通过对5家公司的272组主管与员工之间的配对研究发现，在心理资本的调节作用下，政治自我效能与组织公民行为之间呈现倒"U"形关系。

2.3.4 心理资本及其与志愿行为可持续关系的述评

通过梳理心理资本的内涵、测量、作用结果与志愿行为及其可持续关系的研究文献发现，作为管理学、心理学等领域的一个崭新方向，心理资本的前因、后果日益受到研究者的关注。尽管已有研究发现了心理资本在心理行为效用、绩效产生和组织发展中的作用效果，为理论界和管理界积累了一定的理论与实践成果，但仍存在诸多研究局限，亟待开展有关的理论与实证研究。

2.3.4.1 志愿者心理资本作用效果及其结构维度有待拓展

追溯心理资本的有关研究，大多立足于企业或学校情境中考察心理资本的作用效果，并揭示了其对绩效、态度和行为的积极效应。然而，这些研究是否适用于志愿组织情境还有待进一步探索。志愿者作为一种以牺牲自己的时间去帮助他人、服务社会为初衷，不以追求物质或其他报酬为目的，无偿奉献自己精力和能力的特殊人群，其工作性质、生活情境的差异，都可能导致其心理资本结构维度具有新的特点。在未来的研究中，需要采用多种交叉研究方法，如采用质性研究和量化研究交叉印证的方法，不断强化对志愿者心理资本的研究，并进一步揭示其结构维度。

2.3.4.2 志愿者心理资本的影响因素有待厘清

以往关于心理资本的探究大多集中于其作用效果，自2012年起，学术界开始了对心理资本影响因素的探索，并发现了一些影响心理资本发展的重要因素，如个体因素、社会因素、组织因素等。然而，这些研究大多集中于企业情境，是否符合志愿组织情境还有待进一步探索。志愿组织作为一种非营利性公益组织，志愿者的个体因素、组织气氛、组织领导等是否对其心理资本发展具有直接效应？这些都还有待厘清。

2.3.4.3 心理资本影响志愿行为可持续的作用机理亟待揭示

通过回顾志愿者心理资本与志愿行为及其可持续关系的研究文献发现,对于两者之间的关系还鲜有研究。仅有的几篇文献也只是揭示了心理资本对志愿行为的影响,而从实证视角揭示心理资本影响志愿行为关系中的中介效应、调节效应的研究尚寥寥无几。虽然心理资本与组织公民行为关系的研究在中介效应、调节效应,以及心理资本作为中介或调节变量的相关研究方面有较多的探索,但志愿行为与组织公民行为相差甚远,志愿行为更加注重自愿性、服务性和非营利性。即便如此,有关调节效应、中介效应以及心理资本作为中介或调节变量的相关研究成果依然为本研究提供了一些理论参考,为进一步揭示心理资本影响志愿行为可持续的作用机理提供了借鉴和参考。在未来的研究中,在借鉴以往有关研究的基础上,结合志愿行为有关理论,有必要将影响二者关系的中介变量与调节变量纳入整体的理论框架,从一个完整的理论视角来解释二者之间的关系及其发生机制。

2.3.4.4 亟待采用多元化研究方法提升研究效度

通过对相关文献进行梳理发现,一方面,有关心理资本与志愿行为关系的研究大多为横断的问卷调查研究,纵向研究明显不足。横断研究无法确定变量之间的因果关系,更无法排除其他无关因素的干扰,因而研究结论的内部效度较低。因此,在未来的研究中有必要采用纵向研究的方法,揭示志愿者心理资本对其志愿行为影响的延时效应。另一方面,有关心理资本与志愿行为关系的研究几乎均为量化研究或宏观的理论探讨,质性研究少见报告。事实上,量化研究仅仅发现志愿者心理资本与其志愿行为之间存在静态关系,而质性研究更有助于揭示潜藏在志愿者心理内部的志愿者心理资本如何影响其志愿行为的动态变化发展过程。因此,在未来的研究中有必要同时采用质性研究和量化研究等多元研究方法进行交叉印证,以动态弥补静态的不足,以静态印证动态的科学有效性,进而不断提升相关研究的效度。

2.4 心理资本影响志愿行为机制中相关变量的研究综述

2.4.1 组织承诺的研究综述

2.4.1.1 组织承诺的内涵与结构

组织承诺的概念兴起于 20 世纪 60 年代的工业心理学领域，随后迅速拓展到管理学、心理学、教育学等跨学科研究领域。尽管有关组织承诺的研究已日趋成熟，但研究者们对组织承诺的界定不一，因而尚存在一些分歧。通过对文献的梳理，发现现存较为流行的两种理论观点分别是行为论理论观点和态度论理论观点。行为论理论观点认为，组织承诺是个体基于对组织的单方面投入，在衡量离开后或留在组织中的得失而产生的交换性行为（Becker，1960）。在随后的研究中，研究者提出了组织承诺是个体与组织之间的一种社会联结关系，这种关系与个体在组织中所获得奖励的经历密切相关（Grusky，1966）。总之，行为论理论观点一方面更加注重个体对于组织的单方面投入，另一方面认为组织与个体的关系是一种交换性的行为关系。态度论理论观点则认为，组织承诺反映的是个体与组织目标价值观的一致性程度，强调个体与组织的心理及情感联结，突出了情感承诺的重要性，包括组织认同（个人与组织价值观的一致性）、组织参与（对组织工作的全身心投入）和对组织忠诚（对组织的喜爱和依恋）三个维度（Buchanan，1974）。Meyer 和 Allen（1993）在继承以往理论观点的基础上，认为组织承诺反映的是个体与组织关系的一种心理状态。通过文献梳理发现，国内研究者大多较为认同组织承诺是一种个体与组织关系的心理态度，是衡量个体对组织的依赖度和忠诚度的核心向度的观点（凌文辁，2001；仲理峰，2007；刘小平，2011；李心怡，2014；张永超，2018）。

通过对文献的梳理，发现组织承诺的结构维度主要包括以下几个方面：一是单维结构，如 Grusky（1966）从组织任期、组织认同、对组织及管理层的态度等四个题项反映组织承诺；二是二维结构，如 Meyer 和 Allen（1984）认为组织承诺包括情感承诺和持续承诺两个维度，刘小平（2001）提出其维度包括态度承诺和权衡承诺，崔勋（2003）认为其维度包括情感承诺和交易承诺；三是三维结构，如 Buchanan（1974）认为其维度包括组织认同、组织参与和对组织忠诚维度，Cook 等（1980）认为其维度包括对组织的投入、认同和忠诚度，Meyer（1993）认为组织承诺包括规范承诺、情感承诺和持续承诺维度；四是五维结构，如凌文铨等（2001）认为其维度包括感情承诺、机会承诺、经济承诺、理想承诺、规范承诺五个方面。

综上所述，本研究结合李心怡（2014）有关志愿者组织承诺的研究成果，同时根据 Meyer 等人关于组织承诺的界定，认为志愿者组织承诺是反映个体与志愿组织的情感连接、价值认同和忠诚投入的重要变量，是衡量志愿者与志愿组织关系质量的心理指标，包括情感承诺、规范承诺和持续承诺三个维度，属于态度论的理论观点。

2.4.1.2 组织承诺的前因及作用结果

在组织承诺的影响因素方面，以往的研究认为个体因素、组织因素以及社会环境因素是影响组织承诺的重要因素。①个体因素，主要包括人口学因素、个体动机因素、个体角色因素等。相关研究如 Meryer 等（1984）认为，随着个体年龄和工龄的增长，其对组织的投入度和满意度也会显著增加，同时还会进一步提升其情感承诺和规范承诺，使个体目标与组织价值趋于一致；吴旭飞等（2008）的研究结果显示，不同学历和工龄的员工在规范承诺与持续承诺方面的差异显著；陈笃升（2015）的研究认为，个体角色压力会导致个体消极情绪的产生，降低个体的工作热情，进而会削弱个体对组织的忠诚度和投入度；Saadat 等（2014）发现动机对组织承诺具有积极的预测作用。②组织因素，主要包括组织性质、组织文化、组织支持、组织公平、领导信任、领导风格、组织认同等因素。相关研究如刘小平（2003）认为，在合资企业背景下，管理人员的持续承诺要高于一般员工，但一般员工的情感承诺高于管理人员；樊耘等（2010）认为，组织文化对员工情感承诺具有正向预测效应；此外，相关研究还发现，组织支持（阎亮，2017）、领导风格（曹花蕊，2007）、组织公平（淦未宇，2017）和组织信任（Muller et al., 2014）等因素不仅能直接影响个体的组织承诺，还可以通过满意度、职业胜任力、组织认同等因素间接作用于组织承诺（王国峰 等，2016）。③社会因素。王俊秀（2014）认为，在社会经济快速发展的阶段，不能脱离社会、经济、文化等情境孤立地考察个体因素和组织因素对组织承诺的影响，还需将政治、经济、教育等社会因素纳入其中。

在组织承诺的作用结果方面，相关文献还不太多，与其影响因素方面的研究相差甚远。相关的研究主要考察了组织承诺对绩效、行为等的作用结果。

①在组织承诺影响绩效的研究方面,几乎都证实了组织承诺对绩效产生的正向预测效应。一是对工作绩效的影响。如韩翼(2007)通过对 1453 份与下级相匹配和 768 份与上级相匹配的问卷调查数据进行分析,证实了组织承诺对工作绩效的积极影响;李景平等(2016)的研究也表明组织承诺对工作绩效具有正向影响,同时,他还发现只有执着才能对组织产生忠诚承诺,然后产生更优的工作绩效;许绍康等(2008)揭示了高校教师组织承诺对工作绩效的积极意义,他们的研究结果显示,感情承诺的贡献率最大,其次分别为规范承诺、理想承诺。二是对其他绩效(如销售、成长及人才绩效等)的正向影响。江若尘等(2012)的研究发现,销售控制体系通过组织承诺间接影响销售绩效;郭骁(2011)的研究结果显示,内部员工的创新网络通过组织承诺水平对成长绩效起间接作用;孔德议和张向前(2013)的研究认为,组织承诺的不同维度之间能正向交互作用影响知识型人才绩效。②在组织承诺影响行为的研究方面,相关研究主要包括以下方面:一是对志愿行为的影响。以往有关于志愿者组织承诺的研究,但未见组织承诺对志愿行为影响的直接报告,个别研究的有关内容揭示了组织承诺对志愿服务行为的积极意义(Melissa et al., 2016;朱胜强,2017;张永超,2018)。二是对组织公民行为的影响。如仲理峰(2007)、刘璞等(2007)、李海等(2010)、郭骁(2011)等均证实了组织承诺能够显著正向预测个体的组织公民行为。三是对创新行为的影响。如吴文华(2011)、宋亚非等(2014)、王庆金等(2020)的研究结果均显示组织承诺对创新行为的正向预测作用。

2.4.1.3 组织承诺研究的述评

通过对组织承诺的内涵、结构、前因及作用结果的文献梳理发现,组织承诺的研究自 20 世纪 60 年代以来,在各学科领域都有较大的进展并取得了丰硕的成果,尤其是近年来对组织承诺的研究已经拓展到教育、医疗以及服务行业等不同情境的组织中。即便如此,组织承诺的研究仍存在以下方面的不足:①志愿者组织承诺的实证研究还鲜有报告。以往的研究大多关注企业组织、员工组织、科研组织等营利性组织方面,而探讨志愿者组织承诺的研究还鲜有报告,已有的两篇文献主要是以硕士学位论文的形式出现,在高水平期刊上未见有关研究的报告。通过对文献的梳理,发现国内有关组织承诺的研究主要以凌文辁、李小平等人为代表,他们基于中国文化背景构建了相关的组织承诺结构维度,开发了相关的调查问卷,并在此基础上开展了大量实证研究,这些研究为组织承诺研究的本土化奠定了坚实的理论基础。然而,志愿组织作为一种非营利性组织，其组织承诺对志愿者行为有何影响？同时，已有的基于不同文化背景、组织情境、职业群体得出的研究结论是否同样适用于我国志愿者群体？这些问题还有待于进一步的实证研究。②志愿者组织承诺与心理资本、志愿行为关系的研究未见报告。虽然已有关于组织承诺前因的相关研究涉及个体的心理因素，但未见考察个体积极心理因素，尤其是心理资本因素对组织承诺的影响；再者，组织承诺与志愿行为的关系也有待深入考察，例如，组织承诺是否能影响志愿行为，以及如何影响志愿行为等。

2.4.2 角色认同的研究综述

2.4.2.1 角色认同的界定及测量

角色认同的概念最早是由 McCall 等根据社会学的角色认同理论于1978年提出来的（Stryker，1987；Burke，1991），它被认为是认同理论的一个重要分支。当前，角色认同的概念被广泛应用于管理学、心理学和教育学等学科领域，然而，有关角色认同的界定却尚未达成一致。具体而言，主要包括四种观点：一是将角色认同界定为一种自我知觉，这主要以 McCall（1978）、Clay（1999）、Wood（2006）和 Showers（2002）等为代表。McCall（1978）认为，角色认同是自我概念的重要来源，是个体对处在某一社会层次的自我想象；Clay（1999）认为，角色认同仅仅是一种知觉，个体在特定位置上的行为表现仅在于个体自身如何看待并由自我决定；Wood（2006）将角色认同界定为个体知觉到自身所处的特定情境或地位；以 Showers（2002）为代表的研究者认为，角色认同是一种代表个体自我归属于某一特定社会中的特殊个体的知觉。二是将角色认同界定为一种行为或态度，这主要以我国心理学家黄希庭（2004）为代表，认为角色认同又可被称为角色同一性，是与角色一致的具体态度和行为的综合。三是将自我知觉界定为个体人格当中的一种复杂的心理特征，这主要以 Stryker（1985）为代表，将角色认同界定为角色和认同的综合概念，角色即为一种内在的社会性，而认同则被认为是成年社会个体在人格当中具备的一个复杂的多维度心理特征。四是将角色认同看作一种个体的社会或心理过程。周永康（2008）认为，角色认同是一个社会过程，表现为自我与社会、他人的互动；同时，角色认同又是一个心理过程，表现为个体对自己所承担的某个角色身份的认知、情感体验以及相应的行为表现。

在角色认同的测量方面，以往关于角色认同的调查工具相对较多，其中影响力较大的调查问卷主要有三个：一是由 Burke 等（1977）编制的角色认同调查问卷，该问卷根据早期的符号互动理论编制而成，该量表在具体实施过程中，要求被试选择自己所对应的各个角色，然后要求被试根据两组意义截然相反的形容词来确定角色的匹配程度，分析角色的功能和维度，最后通过评价角色认同来评价自我。二是由 Callero（1985）编制的角色认同程度调查问卷，该问卷采用排序法和量表法来考察个体角色认同的程度。即一方面，通过量表法测量对相应项目的感知；另一方面，通过排序的方法来考察个体对所扮演角色的重要程度排序，由此判定研究对象对某特定角色的认同程度。三是由 Saleh 等（1976）编制的工作角色认同调查问卷，该问卷仅有一个维度，主要用于考察工作情境下研究对象对工作角色认同的程度。

综上所述，根据以往对角色认同的界定，本研究将志愿者角色认同界定为志愿者对其拥有志愿者角色所期待的内化或自我定义，是志愿者所知觉到的自身所处的特定志愿服务工作的情境或地位。此外，由于本研究主要考察的是志愿者工作这一特定情境下的角色认同，因此，本研究采用 Saleh 等（1976）所编制的工作角色认同问卷作为调查工具。

2.4.2.2 角色认同的作用结果

对已有文献进行综述发现，角色认同的作用结果主要包括三个方面，即分别充当主效应、中介效应和调节效应。①角色认同的主效应是指角色认同作为自变量能够有效提高结果变量的效应。相关研究如角色认同对大学生志愿者压力应对（王玺 等，2012）、研究生创造力（尹奎 等，2016）、中学生学业绩效（冉苒 等，2015）、教师工作投入（贾文华，2012）、献血者的重复性行为（Charng，1988）、流动儿童学校适应（李翰飞 等，2012）等，均具有显著的正向预测效应。②角色认同的中介效应是指角色认同在自变量和结果变量之间起中介效应，即自变量通过角色认同对结果变量起间接作用。相关研究梳理如下：李若璇等（2018）对 799 名志愿者进行调查后发现，角色认同在父母规范、同伴规范与志愿投入间起部分中介效应；李敏等（2017）对 231 名志愿者进行调查后发现，心理资本能够通过志愿者角色认同间接影响利他行为，即角色认同起中介效应；李宗波等（2018）对 207 名研究生进行调查后发现，科研角色认同在挑战性或阻碍性科研压力对知识分享行为的影响中起完全中介效应。③角色认同的调节效应是指角色认同能够增加或降低自变量对结果变量的影响程度。相关研究梳理如下：Wang 等（2010）以 167 对主管和下属为样本的研究发现，创造性角色认同和工作自主性都具有显著的调节作用——当每一个因素的调节作用都较强时，仁慈领导与创造力之间的正向关系更强，反之则更弱；Johnson 等（2009）通过两项研究发现，相互依赖和依赖价值观的关系取决于员工的角色认同；邓欢等（2012）对386名流动儿童进行问卷调查后发现，角色认同在流动儿童社会支持与歧视知觉中起调节作用；马君等（2015）的研究发现，创造力角色认同有助于加强任务意义对创造力的积极影响，同时，创造力角色认同能部分中介奖励对二者关系的调节效应；李筱颖等（2018）通过对269名员工进行的问卷调查发现，创新角色认同能加强领导灵性资本对员工创新行为的积极影响，并部分中介外在奖酬对二者关系的调节效应。

2.4.2.3 角色认同研究的述评

通过对角色认同的界定、测量和作用结果进行全面的文献梳理发现，虽然角色认同的研究自20世纪70年代以来取得了一定的成绩，但仍然存在如下不足：①中国文化背景下志愿者角色认同的实证研究亟待拓展。梳理有关文献发现，角色认同的研究主要集中于企业员工、教师、大中小学生、流动儿童及献血者等，只有个别研究涉及志愿者的角色认同。国外的相关研究发现，志愿者角色认同是产生志愿行为的直接预测因素，其与志愿服务时间、捐献行为、志愿服务意愿和组织去留意愿等密切相关（Grube et al., 2016；Penner et al., 1998；Piliavin et al., 1991），这些研究是否同样适用于中国的文化背景，还有待进一步探究。因此，要促进中国文化背景下个体志愿服务行为的产生、稳定和发展，有必要进一步揭示中国文化背景下志愿者角色认同与志愿行为的关系。②角色认同与心理资本、志愿行为关系的研究亟待深入探究。通过梳理角色认同作用结果的相关研究发现，一方面，有关角色认同的调节或中介效应的研究还不多见，角色认同到底是起中介还是调节作用，在不同的研究中存在一定的差异；另一方面，在有关角色认同中介效应的研究中，虽然有涉及志愿者这一群体，分别揭示了志愿者心理资本通过角色认同间接对利他行为起作用（李敏等，2017），以及父母规范和同伴规范通过角色认同间接对志愿投入起作用（李若璇 等，2018），但是以往的这些研究中涉及的志愿者心理资本都采用了一般个体心理资本的结构维度，未考虑志愿者的特殊性可能导致其心理资本结构维度与一般个体存在差异，同时，以往研究并未揭示其与志愿行为的关系，更未探讨角色认同与心理资本、志愿行为的内在关系，这些都有待深入探究。③角色认同相关研究的方法较为单一，采用多种研究方法交叉混合的研究未见报告。当前，国内角色认同的研究大多基于问卷调查展开，而采用质性研究揭示角色认同的研究还少有出现，尤其是采用质性和量化研究混合交叉印证的研究更是未见报告。事实上,质性研究和量化研究各有其特色,质性研究通过深度访谈或参与式观察等方式可以取得最直接的有关资料,有助于深入发掘潜藏在个体内部或背后的动态因素,有助于揭示个体角色认同变化发展的过程;而量化研究则可以通过大规模的问卷调查,进一步印证质性研究的可靠性。两种研究方法的交叉使用,既可以实现以动补静,又可以实现以静态证实动态结果的可靠性。因此,本研究采用质性和量化交叉混合的研究方法,即质性研究与量化研究相互印证,以进一步揭示志愿者角色认同与心理资本、志愿行为的内在关系,从而不断增强角色认同研究的效度。

2.4.3 志愿动机的研究综述

2.4.3.1 志愿动机的内涵及测量

"动机"一词最早源自拉丁文"Movere",原意是移动、推动或是引起活动。《当代西方心理学新词典》将"动机"界定为"直接推动个体行为活动的内部原因,是引起、推动或维持个体某种行为并将其导向为某一目标的意愿,是行为活动的内在推动力"[①]。彭聃龄(2004)在其主编的《普通心理学》中将"动机"定义为"一种由目标或对象引导、激发和维持个体活动的内在心理过程或内部动力"。志愿动机是在动机概念的基础上延伸和发展而来的,然而当前研究者对志愿动机的界定尚不统一。通过梳理文献发现,志愿动机的定义主要分为状态论和过程论两类:状态论将志愿动机界定为一种心理状态或意愿,如侯志军(2014)认为志愿动机是个体基于个人信念、社会责任与良知,希望通过某种组织为他人提供服务或帮助的心理状态和意愿。过程论将志愿动机界定为一种心理过程,如 Omoto(1995)、Chacón(2007)、郑爽(2020)等的研究都认为,志愿动机是激发个体参与志愿服务并维持志愿服务持续性的心理过程和行为动力;王天娇(2013)认为志愿动机是指由一种目标或对象引导、激发和维持个体的志愿行为的内在心理过程。无论是状态论还是过程论,它们都强调了个体进行某种行为的目的性,以及志愿动机是个体内在的心理动力源。总体而言,国内外研究者都更加倾向于志愿动机过程论的理论观点。

在志愿动机的结构或类型方面,以往已有较多的探讨,并从志愿动机的两因素逐步拓展为多因素。如 Frisch 等(1981)和 Smith 等(1981)认为,志愿

---

① 车文博:《当代西方心理学新词典》,吉林人民出版社2001年版。

动机包括利他动机和利己动机两因素；而 Fitch（1987）和 Morrow-Howell 等（1989）在前者研究的基础上，发现了社会义务动机，它是指个体认为在社会中所取得的成就需要用行动来对社会进行回报。此外，Omoto 等（1995）提出志愿者参与志愿活动的五类动机，即个人发展、增强自尊、表达价值、理解和社会关心。Clary 等（1998）提出志愿动机包括六个方面，即价值表达、学习理解、社会交往、职业发展、自我保护、自我增强，并研发了志愿功能量表。在国内，研究者陶倩（2011）将个体参与志愿服务的动机分为主观为己的志愿动机、己他兼顾的志愿动机和纯粹利他的志愿动机三个层次；何菁（2009）将大学生志愿动机分为自我成长动机、利他动机、理想实现动机、自我实现动机以及环境动机五个方面；宋利国等（2012）也认为大学生志愿动机包括利他主义、理想的实现、自我成长、自我实现和环境因子五个方面；唐杰（2008）将北京公众参与志愿服务的动机分为理想型、交往型、回报型、学习型、盲目型五个类型；吴俊峰等（2010）认为志愿服务动机包括爱国与荣誉动机、价值观动机、职业发展动机、社会支持动机、情绪调节动机、认同动机、共情动机和学习动机等八个因素。

在志愿动机的测量方面，目前使用最为广泛的志愿动机问卷是由 Clary 等（1998）编制而成的，该问卷共有 30 个题项，包括 6 个分量表，即价值表达、学习理解、社会交往、职业发展、自我保护和自我增强，每个分量表分别有 5 个题项；该问卷采用李克特 7 点评分法（从"完全不符合"到"完全符合"，计 1～7 分）；每个维度得分越高，表示该层面的志愿动机水平越高。该问卷具有较高的信度和效度。同时，香港中文大学教授 Law 等（2011）验证了该问卷在中国志愿者中的可信度和可靠度。此外，Lucidi 等（2003）编制了志愿动机量表，该量表以自我决定为论理论基础，共包括 6 个分量表，每个分量表分别有 4 个题项，被试需要根据自身经历回答相关内容，该问卷采用李克特 5 点评分法（从"一点都不符合"到"极其符合"，计 0～4 分），同时，该量表具有较好的信度和效度。

本研究采纳志愿动机过程论的主流观点，即将志愿动机界定为一种心理过程，结合 Clary（1998）、Omoto（1995）、Chacón（2007）和郑爽（2020）等对志愿动机的界定，将志愿动机的概念定义为激发、引导个体参与志愿服务并维持志愿服务持续性的心理过程和行为动力。同时，本研究将采用当前使用最为广泛的由 Clary（1998）编制而成的志愿动机问卷，并从价值表达、学习理解、社会交往、职业发展、自我保护、自我增强等六个方面对志愿动机进行考察。

2.4.3.2 志愿动机的作用结果

通过对已有文献的梳理发现，有关志愿动机作用结果的研究还较为少见。具体而言，主要从以下三个方面梳理志愿动机的作用结果：①志愿动机作为自变量的有关研究，主要包括志愿动机对志愿行为、组织承诺、持续志愿意愿、志愿服务持续性、工作绩效、满意度等方面作用的研究。仅有的几篇文献如杨秀木等（2015）对260名大学生志愿者进行调查后发现，志愿功能动机能正向显著预测志愿行为，而感恩品质在志愿功能动机影响志愿行为的关系中起部分中介效应；Dwyer等（2013）对302名通过一个中央机构在不同地点进行团队合作的志愿者进行调查后发现，志愿动机能够有效地正向预测志愿行为贡献和满意度；朱胜强等（2017）对360名志愿者进行调查研究后发现，志愿者动机水平受服务次数、家庭所在地等因素影响，并能对组织承诺起到预测作用；何欣欣（2020）的研究则发现不同的动机对持续志愿意愿有不同的影响，其中，自主动机对志愿参与有正向影响，而受控动机对志愿参与有负向影响；郑爽等（2020）对1022名志愿者进行调查后发现，志愿服务动机对志愿服务持续性具有正向预测作用，同时，亲社会人格在其关系中起调节效应；黄慧敏等（2017）对242名临床护士进行调查后发现，志愿动机正向显著预测工作绩效，同时，组织认同能部分中介志愿动机对工作绩效的影响；此外，Kwok（2013）和Lee（2014）等研究者都揭示了志愿动机对满意度（如生活满意度）的正向预测作用。②志愿动机作为中介变量的有关研究。通过对文献的梳理，发现仅有3篇相关研究：刘洋（2019）通过对全国188所高校的"90后"支教研究生进行问卷调查后发现，志愿服务动机部分中介于组织支持感对"90后"支教研究生工作投入的影响；徐礼平（2017）通过理论分析，构建了志愿动机在志愿者心理资本与志愿行为关系中的中介效应；吴玉芳（2016）对661名志愿者进行调查后发现，志愿动机部分中介于志愿者心理资本对志愿行为的影响。③志愿动机作为调节变量的有关研究。该类研究当前未见相关研究报告。

2.4.3.3 志愿动机研究的述评

通过对志愿动机的概念、结构类型、测量工具、作用效果等进行的全面综述发现，虽然志愿动机的研究成果在不断积累，但仍存在以下研究不足：①志愿动机与志愿行为可持续之间的关系亟待深入考察。当前，志愿动机无论作为自变量还是中介变量，或是调节变量，其研究都鲜有报告，尤其是志愿动机作为调节变量的研究还未见报告，作为中介变量的研究也仅有三篇。"需要—

动机—行为"理论认为,不同学历、职业和生存境遇的个体产生类似或相同的志愿行为,恰恰体现了个体为满足差异性的动机或需求,而这种动机或需求有助于个体行为的激活、指向、维持和发展(Snyder, 2008)。虽然这一理论揭示了志愿动机在志愿行为产生和发展中的重要意义,但也有研究认为,志愿动机不一定产生志愿行为(Jhony, 2019)。然而,志愿动机究竟能否影响以及如何影响志愿行为及其可持续还有待进一步揭示。②亟待采用多元化研究方法提升研究效度。关于志愿动机的研究虽然不多,但是相关研究也涉及了不同的研究方法。然而,不同的研究方法使得不同研究者的结论充满了矛盾。例如,Jhony(2019)采用质性研究发现,志愿动机不一定产生志愿行为;而量化研究大多认为志愿动机对志愿行为具有直接效应(杨秀木, 2015; Dwyer, 2013)。因此,在未来的研究中,有必要同时采用质性研究和量化研究等多元化研究方法进行交叉印证,以进一步提升相关研究的效度。

2.4.4 领悟社会支持的研究综述

2.4.4.1 领悟社会支持的概念及测量

社会支持的概念最早可追溯到20世纪70年代的心理学研究领域,该领域中的社会支持可分为客观性社会支持和主观性社会支持,其中,领悟社会支持(perceived social support)是主观性社会支持成分中的一个重要概念,它是相对于实际社会支持而言的。领悟社会支持的界定主要从两个方面展开,一是将领悟社会支持作为一种感知到的来自他人的帮助和支持;二是将领悟社会支持界定为一种类特质的个人属性。Barrera(1986)认为,领悟社会支持是指个体对社会支持的期望和评价,是对来自不同社会关系中自己可能获得的社会支持的知觉和信念的总和。肖水源等(1987)认为,领悟社会支持是一种个体主观意识的、内心感受到的支持,也是一种认知理解的过程。Lakey等(1990)认为,领悟社会支持是一种能够有效评价社会支持度的固有且稳定的认知。Lakey等(1997)则将领悟社会支持界定为一种类特质的个人属性,认为其起着图式的作用,能够对行为和事件的意义做出解释。从上述概念中不难发现,学者们认为,领悟社会支持作为一种感知到的来自他人的帮助和支持,其界定又可分为两类,一类认为领悟社会支持是一种认知结果,另一类认为领悟社会支持是一种认知过程。从近些年的研究中不难发现,大量的研究揭示了领悟社会支持作用结果的增益性功能(Brissette et al., 2002; Levendosky et al., 2002; Wu &

Serper，1999），这表明领悟社会支持不仅仅是一种对来自不同社会关系中自己可能获得的社会支持的知觉，更是一种认知理解的过程。

在领悟社会支持的测量方面，国内外有关领悟社会支持的测量工具相对较多，其中影响较大的主要包括以下三种：一是由 Blumenthal 等（1987）编制的领悟社会支持自我量表。该量表共包括 3 个维度，分别为家庭支持、朋友支持和其他支持，每个维度 4 个题项，共 12 个题项，主要考察个体领悟到的来自朋友、家庭和他人的各种社会支持的程度。该量表采用李克特 7 点评分方法（从"非常不同意"到"非常同意"分别计 1～7 分），各维度得分越高，表明个体感悟到的社会支持水平越高。二是由肖水源等（1994）编制的社会支持评定量表，该量表包括客观支持（第 2、6、7 题项）、主观支持（第 1、3、4、5 题项）和对社会支持的利用度（第 8、9、10 题项）等 3 个维度共 10 个题项，该量表采用李克特 4 点评分方法，其中，1～4 题和 8～10 题，选项 1～4，分别计 1～4 分，第 5 题每项从"无"到"全力支持"分别计 1～4 分，第 6、7 题有几个来源计几分，无来源不计分。三是由姜乾金等（1996）根据 Blumenthal 等（1998）编制的领悟社会支持自我量表改编而来的，其中原量表中的其他支持被具体指定为领导、亲戚和同事，修订后的量表具有较高的信度和效度（黄丽、姜乾金，1996），并在国内被广泛应用，该量表的计分方法与原量表一致，各维度得分越高，表明个体感悟到的社会支持水平越高。

结合以往有关领悟社会支持概念的界定和测量工具，本研究认为，领悟社会支持是指个体领悟或感知到的来自朋友、家庭和他人的各种社会支持程度（Blumenthal，1987），是个体对与他人可靠关系的认知评估（Barrera，1996），属于个体认知过程的范畴。此外，本研究还将采用 Blumenthal（1987）编制的领悟社会支持调查问卷考察志愿者领悟社会支持的状况。

2.4.4.2 领悟社会支持的作用结果

通过对已有文献进行梳理，发现领悟社会支持的作用结果主要可归入以下三个方面的模型，即主效应模型、中介效应模型及调节效应模型。

（1）领悟社会支持的主效应模型，是指领悟社会支持作为自变量能够有效提高结果变量的效应模型。相关研究主要表现为领悟社会支持对服刑人员焦虑情绪的负向预测效应（崔冠宇，2010）；对青少年学业成就的正向预测作用（叶宝娟 等，2014）；对初产妇产后抑郁症的负向预测作用，能有效缓解抑郁情绪（章宝丹 等，2018）；对残疾人生活满意度的正向效应显著（李欣 等，2018）；对大学生主观幸福感的正向效应显著（刘志侃 等，2019）；对一般自我效能感和生涯适应力均有显著的正向预测效应（张玉琴，2019）；对犯罪被害人的攻击行为具有显著负向预测作用（张华威 等，2019）。

（2）领悟社会支持的中介效应模型，是指领悟社会支持在自变量和结果变量之间起中介效应的模型，即自变量通过角色认同对结果变量起间接作用。相关研究如张妍等（2014）对灾区274名大学生进行调查发现，领悟社会支持部分中介于心理控制源对焦虑与抑郁的影响；程利娜（2016）对468名中学生进行调查发现，领悟社会支持在家庭社会经济地位与学习投入之间起完全中介作用；朱蕾等（2015）对368名大学生进行调查发现，领悟社会支持完全中介于积极归因和大学生感戴的关系；金桂春等（2017）对1226名大学生进行调查发现，领悟社会支持和人格特征在童年期心理虐待和攻击行为间起多重中介作用；赵静波等（2017）对338名患者进行调研发现，领悟社会支持在患者攻击性与医患信任之间起完全中介作用；叶宝娟等（2017）对752名青少年进行调查发现，领悟社会支持在教师关怀行为与青少年网络成瘾之间起中介作用。

（3）领悟社会支持的调节效应模型，是指领悟社会支持能够增加或降低自变量对结果变量影响程度的模型。相关研究如胡艳华等（2013）对330名小学教师进行调查发现，领悟社会支持对表层加工和心理健康的调节作用显著，同时还可降低因采用表层加工策略所产生的负面影响；郭成等（2017）对1251名中小学教师进行问卷调查发现，领悟社会支持能有效调节教师自主对其心理健康的影响，同时，随着领悟社会支持水平的提高，低教师自主对心理健康的影响会逐渐减弱；范玉川（2020）对938名大学生进行调查发现，领悟社会支持能有效调节网络成瘾对大学生身体活动的影响。

2.4.2.3 领悟社会支持研究的述评

通过对领悟社会支持的概念、测量工具及作用效果等方面进行的全面综述发现，虽然领悟社会支持的研究产出了大量的成果，但仍存在以下不足：①研究情境亟待拓展。领悟社会支持的研究对象主要包括大学生、青少年、产妇、残疾人、病人等群体，涉及学校情境、医院情境等，但鲜少有对志愿组织情境中志愿者领悟社会支持的研究，尤其针对一般志愿者（如城市居民志愿者）领悟社会支持更是未见报告。尽管学校、医院等组织与志愿组织代表着不同的情境，具有不同的评价标准和不同的价值结果，但它们具有相似的激励过程。在志愿组织情境中，志愿者领悟社会支持水平的高低既离不开组织领导的反馈和要求，也离不开良好组织气氛的浸染。因此，未来的研究亟待拓展领悟社会支持的研究情境，提升其生态效度，如基于志愿组织情境的志愿者领悟社会支持与志愿行为可持续的关系机制。②领悟社会支持与志愿行为之间的关系亟待深入考察。已有关于志愿者领悟社会支持的研究，涉及西班牙汉语志愿者（马瑶，2019）、大学生志愿者（张高华，2017）、护理志愿者（Rn et al.，2010）等，但志愿者领悟社会支持与志愿行为关系的研究还少见报告，仅有的研究如龙忆等（2012）和虞晓东等（2016）主要探讨了大学生志愿者领悟社会支持与志愿行为的关系问题，但有关研究论文的发表层次较低，研究的严谨性不足，有关结论值得商榷。志愿者领悟社会支持如何影响志愿行为？究竟起直接效应、中介效应、调节效应还是动态效应？这些都还有待进一步探究。

2.5 心理资本前因变量的研究综述

2.5.1 组织气氛的研究综述

2.5.1.1 组织气氛的概念及测量

组织气氛作为管理学和心理学领域的多维变量，最早见于Lewin等（1939）撰写的学术论文，用于描绘不同领导风格对青少年群体行为的作用。经过近80年的发展，组织气氛的研究也有了长足的发展，但有关组织气氛的概念却尚未统一，主要观点如下：其一，组织气氛是一种知觉反映。如West和Farr（1989）将组织气氛界定为在特定工作环境中，个体对所处环境的直接或间接的知觉；Wallace和Chen（2006）认为，组织气氛是成员对组织中的政策、程序和管理的共享知觉。其二，组织气氛是组织内部的相对持久的特性。如Litwin等（1968）认为组织气氛是一系列可测量的工作环境属性的集合体，是一个组织内部环境相对持久的特性；Likert（1967）认为组织气氛是组织的一种内在特征；Nelson（1970）认为组织气氛是组织内部环境相对持久的特性，体现了组织成员的经验和组织的特定价值观，可以影响组织成员的行为；Pritchard等（1973）也认为组织气氛是组织内部环境相对持久的特性，并指出这种特性能将组织与其他形式的团体、群体进行有效区分。其三，组织气氛是组织内部环境相对持久的特性与个体知觉相结合而形成的一种认知图案。如Ittelson等（1970）认为，组织气氛是组织内部环境相对持久的特性与个体知觉相结合而形成的一幅认知的图案,这有助于个体对未来的预测以及对行为的引导。

在组织气氛的结构与测量方面的相关研究较多,现将组织气氛测量维度及工具简要梳理如下:从国外研究看,Likert (1967) 认为,组织气氛的测量结构包括领导过程、动机驱动、沟通过程、互动过程、决策过程、目标设定、控制过程和绩效8个方面;Halpin (1966) 编制了组织气氛描述问卷 (the organizational climate descriptive questionnaire, OCDQ),包括信任、疏远、成果强调和关怀4种与上司有关的因素,同时还包括工作精神、阻碍、隔阂和亲密4种与下属有关的因素;Lewin (1968) 编制了组织气氛量表,由台湾学者许士军于1972年翻译成中文,该量表共包括认同、冲突、责任、结构、奖酬、人情、风险、标准和支持等9个方面的内容;Campbell 等 (1970) 编制了自己的组织气氛问卷,共包括奖励关系、决策、工作结构、个人成就动机、冒险性、绩效、反馈、工作场所、开放性和组织目标等10个方面,而后,其又将组织气氛整合为4个核心维度,分别是个人自主性,关怀、温暖和支持,职位结构以及报酬取向;Churchill 等 (1976) 认为,组织气氛包括上司的监督行为、沟通频率、绩效标准、组织层级、角色模糊性、创新要素和角色冲突性等7个要素。从国内研究看,王刚根据 Lewin (1986) 的研究成果,编制了符合中国情境和文化的组织气氛问卷,包括组织结构、温暖、责任、冲突和约束5个维度;张震 (2002) 将组织气氛分为组织机构科层性、创新性和对员工的支持3个方面。除此之外,相关的调查问卷如 Anderson (1998) 所编制的创新气氛量表 (team climate inventory, TCI) 在国内外影响较大,被较多研究者采用,该问卷包括5个维度 (分别是参与安全感、创新支持、目标愿景、任务导向和社会称许性) 和15个因子,该问卷几经修订,被英国、瑞典、丹麦、韩国、德国、意大利、芬兰等诸多国家的学者用于本国研究;Ekvall 等 (1983) 编制了创新气氛问卷,由于该问卷研究范围较小,未达到测量学标准。

综上所述,根据以往对组织气氛的界定,本研究认为,志愿组织气氛是志愿者对于志愿组织环境的知觉和描述,是志愿组织内部环境相对持久的特性,体现了组织成员的经验和组织的特定价值观,可以影响组织成员的行为。本研究的问卷根据王刚编制的问卷改编而来,该问卷以 Litwin (1968) 编制的组织气氛问卷为基础,同时结合志愿组织工作情景,对问卷题目进行了语言描述性修订,问卷包括志愿组织结构、温暖、责任、冲突和约束5个维度。

2.5.1.2 组织气氛的作用结果

通过对已有文献进行梳理发现,组织气氛的作用结果主要可归入以下两个方面的模型，即主效应模型和中介效应模型。

（1）组织气氛的主效应模型，是指组织气氛作为自变量能够有效提高结果变量的效应模型，主要包括对员工行为、态度、心理健康和绩效方面的研究。相关研究如方志斌（2015）认为，组织气氛对员工建言行为具有正向预测作用；李志宏等（2010）发现，组织气氛对IT企业员工知识共享行为具有正向预测作用；Varita（1996）发现，组织气氛中的沟通和人际社交维度显著负向预测工作越轨行为中的欺辱行为；Miskel等（1983）发现，组织气氛中的开放程度越高，教师的工作满意度水平越高；Wallach（1983）的研究发现，组织气氛对员工的支持度、创新性和科层性能较好地解释员工的参与度；侯忠建等（2014）的研究表明，高校组织气氛对教师心理健康具有显著的正向预测作用；Daniel等（1996）对研发型组织进行调查发现，在产品研发的不同阶段，组织气氛与组织绩效均呈现出不同等级的相关性；周文波（2010）发现，组织气氛对民办高校教师绩效的影响是侧面的。

（2）组织气氛的中介效应模型，是指组织气氛在自变量和结果变量之间起中介效应的模型，即自变量通过角色认同对结果变量起间接作用。相关研究如Shankar等（1994）发现，组织气氛中的专注于工作、员工参与和权威3个维度，能部分中介员工身份对越轨行为中的员工逢迎行为的影响；金欢欢（2017）的研究发现，组织气氛的领导形态和教师行为两个维度中介于核心自我评价对主观幸福感的影响；Kopelamn等（1990）的研究发现，组织气氛会通过影响员工的情感和态度进而引发他们的行为，并最终间接影响组织绩效；王淑红（2015）的研究发现，组织气氛部分中介于领导者情绪智力对员工的组织公民行为和任务绩效的影响。

2.5.1.3 组织气氛研究的述评

通过对组织气氛的概念、结构、测量及作用效果等方面进行全面梳理，发现组织气氛的研究经过近80年的发展，虽然已产出了一定的研究成果，但仍存在以下不足。

（1）研究情境亟待拓展。追溯以往对组织气氛的研究，大多立足于企业组织情境考察组织气氛对员工态度、行为或绩效的作用效果。这些研究是否适用于志愿组织情境，还有待深入探索。志愿组织作为一个非营利性的利他组织，其组织气氛如何激发个体产生积极的心理品质，进而促进个体志愿行为的产生、保持和可持续？同时，何种组织气氛更有助于志愿组织的健康发展，有助于个体心理品质的产生，有助于志愿行为的可持续？这些都有待深入探索。未来的研究可以尝试在多元化组织情境中（如志愿组织情境、不同层级学校组织情境等）开展实证研究，以交叉探索组织气氛的有效性。

（2）组织气氛与心理资本、志愿行为之间的关系亟待深入考察。社会信息加工理论认为，个体的心理与行为不仅取决于个体的需要或目标，还受到周围环境线索的影响，这些环境线索提供了能够影响、调节个体心理或行为的多种社会信息（Salancik，1978）。在组织情境中，组织气氛作为一种蕴含着一系列社会信息的社会环境，其中的组织成员往往会将组织气氛作为信息线索的来源，并由此调整其心理状态。那么，志愿组织气氛是否也有助于志愿者调整其心理状况，甚至产生积极的心理状态？而这种积极的心理状态是否又会对个体志愿行为产生影响？这些都有待采用多种方法进行交叉研究。

（3）组织气氛的相关研究大多为问卷调查的横断实证研究，纵向研究明显不足。问卷调查的"横断研究无法确定变量之间的因果关系，更无法排除其他无关因素的干扰，因而研究结论的内部效度较低"[①]。组织气氛是一种可不断变化发展的个体微观心理态度，当前，国外已有学者对企业员工开展了纵向研究，而国内在这方面的研究仍十分匮乏。因此，有必要采用纵向研究的方法，揭示志愿组织气氛、心理资本和志愿行为可持续关系的延时效应。

综上所述，本研究将以志愿者群体为对象，采用多种方法，例如，通过采用时间序列的纵向研究设计或者设计实验研究，进一步考察心理资本在组织气氛与志愿行为关系中的因果效应，从而不断增强研究结论的解释效力。

2.5.2 诚信领导的研究综述

2.5.2.1 诚信领导的内涵、结构及测量

诚信强调个体对自己的诚信程度，反映的是他人与自己的关系，以及一个人的内在自我，并可以控制何时向何人展现何种人格特质，但诚信更重要的是需要得到他人的认同，取决于他人如何看待以及如何归因，诚信并不是与生俱来的内在品质（Goffee，2005），与真诚相比，诚信要求有更厚重的道德经验。而诚信领导的概念最早由 Luthans 和 Avoilo 于 2003 年提出，以领导科学、道德学、积极组织学和积极心理学领域的相关研究为基础，是一种把领导者的积极心理能力与高度发展的组织情境结合起来发挥作用的过程。Walumbwa 等

---

① 郭秀艳：《实验心理学》，人民卫生出版社 2007 年版。

（2008）认为诚信领导是一种积极领导行为模式，这种模式是通过利用并促进积极伦理环境和个体积极心理品质实现的，它有助于团队领导及其下属在工作环境中的自我意识和内化道德观水平的显著提高，进而实现其对信息平衡的处理以及关系的明晰。上述界定可以反映出四个方面的内容：一是诚信领导应该包括自我意识水平、内化道德观状况、信息平衡处理以及关系明晰等核心内容；二是积极环境是诚信领导的前因变量；三是凸显了诚信领导与其员工之间诚信的密切关系；四是开发诚信领导具有积极作用。

就诚信领导的结构要素而言，Ilies 等（2005）的观点具有一定的代表意义，他们借鉴了以往对诚信内涵的界定，将组织情境从诚信领导的内涵中剔除，从诚信内容的结构角度探讨了诚信领导问题，认为诚信领导包括自我意识、不偏不倚的处理过程、诚信行为/行动以及诚信关系目标/导向四个方面的内容。往后的研究大多基于这一结构维度的划分而展开，如 Walumbwa 等（2008）认为，诚信领导包括自我意识、关系明晰、内在规范和平衡处置四个维度，并在此基础上编制了诚信领导问卷；Cooper 等（2005）认为诚信领导是一个多维度的概念，包括状况、特质、情境、行为以及归因等不同的结构要素；Jensen 等（2006）提出，诚信领导包括未来目标/导向、诚信领导行为和组织伦理气氛三个方面的内容。在诚信领导的本土化研究方面，谢衡晓（2007）在文献回顾和访谈的基础上，构建了诚信领导五个方面的结构要素：循规蹈矩、诚信不欺、下属导向、领导特质和正直无私；张欧（2015）的研究发现，诚信领导包括思想信念（了解自己、恪守信念、远见、坚定价值观）、性格特征（亲和力、激情、创造力）、个人品德（尊重、公德意识、诚实）、与人交往（信息真实、诺言兑现、真诚相待、征求意见）、工作特征（如实评价、大公无私、公平公正、以身作则、柔性处理）等五个维度。就诚信领导的测量工具而言，研究者依照不同的理论假设，开发了一些具有一定信度和效度的诚信领导测量工具。据不完全统计，有关测量工具与使用情况总结详见表 2-2。

表 2-2 诚信领导测量工具与使用情况

作者（年份）	样本来源	问卷基本情况
Jensen 等（2006）	美国中西部小型企业的148位企业创始人/所有者	采用 Avolio（2004）的领导问卷、Knight（1997）的领导者未来导向问卷、Victor（1988）的组织伦理气氛量表（ECQ）
Walumbwa（2008）	中国北京的大型国有企业212名全职员工和美国东北部的大型高科技制造企业224名全职员工	诚信领导量表包括自我意识、关系明晰、内在规范和平衡处置4个维度，共16个项目
谢衡晓（2007）	对中国的广东、北京、台湾地区的员工进行正式调查，共发放问卷1475份	该量表包括循规蹈矩、诚实不欺、下属导向、领导特质和正直无私5个维度，共23个项目，方差解释率为61.05%
张欧（2015）	对北京、天津、浙江和江苏等地14家企业的24位领导进行访谈并进行两次调查问卷	该量表包括思想信念、性格特征、个人品德、与人交往、工作特征等5个维度，共19个项目，采用五级评分法计分

综上所述，Luthans 和 Avoilo（2003）最早提出了诚信领导的概念，即以领导科学、道德学、积极组织学和积极心理学领域的相关研究为基础，是一种把领导者的积极心理能力与高度发展的组织情境结合起来发挥作用的过程。这一过程能够激发领导者和下属采取更多的自我认知和自我调节的积极行为，从而实现积极的自我发展。Walumbwa（2008）认为，诚信领导是一种积极领导行为模式，这种模式是通过利用并促进积极伦理环境和个体积极心理品质实现的，它有助于团队领导及其下属在工作环境中的自我意识和内化道德观水平的显著提高，进而实现其对信息平衡的处理以及关系的明晰。本研究采纳 Walumbwa（2008）对诚信领导的界定，同时采用谢衡晓（2007）根据 Walumbwa（2008）理论所编制的中国文化背景下的测量工具，包括领导特质、下属导向、循规蹈矩、正直无私和诚实不欺5个维度。

2.5.2.2 诚信领导的作用结果

通过梳理国内外相关文献发现,诚信领导的作用效果主要包括两个方面:一是诚信领导作为自变量,对结果变量的影响效应,即主效应模型;二是有关诚信领导研究的综合模型。

(1)主效应模型的相关文献具体如下:在国外的研究中,Peterson(2014)、Leroy(2012)、Wang(2014)、Wong(2013)等的实证研究结果表明,诚信领导对创新绩效具有积极正向的作用;Gardner 等(2011)、Hannah 等(2011)对诚信领导与道德勇气、伦理亲社会行为的关系问题进行了研究,发现诚信领导对追随者的道德勇气具有正向预测作用,同时,在诚信领导对追随者伦理和亲社会行为的影响中,道德勇气起中介作用;Rego(2012)通过对201名员工进行调查发现,诚信领导能有效预测员工的创造力,而心理资本在诚信领导对员工创造力的影响中起中介作用;Amunkete(2015)通过对452员工进行调查发现,诚信领导与心理资本(包括希望、乐观、效能和韧性各因子)和工作满意度呈积极正相关,诚信领导通过心理资本间接影响工作满意度,诚信领导和心理资本能较好地解释国有企业员工的工作满意度和留职意愿;Sendjaya 等(2016)的研究表明道德推理与诚信领导密切相关,权术主义越高,诚信领导与道德行为和道德推理的相关性越不明显;Zaabi 等(2016)的研究发现,诚信领导能显著增强工作参与度和组织公民行为,心理授权在诚信领导与工作参与度、组织公民行为关系中起调节效应。在国内的研究中,周蕾蕾(2010)通过实证研究发现,领导—成员交换关系在企业诚信领导对员工组织公民行为影响中起中介作用;余顺坤等(2014)通过对多家企业中536个样本的调查研究,发现领导—成员交换关系在诚信领导与员工关联绩效关系中起调节作用;毛晋平等(2016)的调查发现,在诚信型领导对教师职业倦怠的影响中,教师心理资本起中介作用;张洁等(2016)对北京5家医院的605名护士进行问卷调查并发现,诚信领导和护理组织文化均对护士工作投入具有正向预测效应,护理组织文化在护士长诚信领导对护士工作投入中起中介作用。

(2)就理论模型而言,Jensen 于2006年提出了领导者心理资本与诚信领导关系模型,该理论模型认为领导者的心理资本是诚信领导(未来目标/导向、诚信领导行为和组织情景)的重要前因变量,并揭示了其对诚信领导的积极意义,同时其在领导者生平经历与诚信领导之间发挥中介作用;May 等(2003)提出了诚信领导道德开发模型,该模型阐释了诚信领导的道德要素和决策过程,即作为团队的领导如何以诚信道德的方式行动、如何做出诚信的决策以及如何保持诚信道德行为的可持续性；此外，Avolio 等（2004）分别提出了诚信领导与追随者关系的模型，认为诚信领导和追随者的态度、行为与绩效密切相关，并指出诚信领导表现为诸多积极心理品质（希望、韧性、乐观和积极情绪），这些积极心理品质对追随者的工作态度（如组织承诺、工作满意度、意义感和工作投入等）具有积极作用，进而促进追随者积极行为的产生（如工作绩效、额外的努力以及减少退出行为）。而 Ilies 等（2015）则重点关注诚信领导对于领导者及其追随者幸福感的积极意义，认为应该关注诚信领导的重要结果变量，即追随者的幸福感。

2.5.2.3 诚信领导的研究述评

综上发现，对诚信领导的研究主要集中于理论层面，虽然近些年国内外有关诚信领导的实证研究在不断增多，但在诚信领导的前因和结果变量方面还有待进一步探讨。此外，其研究对象大多为企业，对其他对象的研究还少有涉及；在国内，已有的关于诚信领导的研究大多基于国外的理论构念，而中国化的研究还较少，对诚信领导的研究还有待深入探讨。西方诚信领导的研究主要集中于对其概念和理论模型的探索，近些年，实证研究也呈现一定的增长趋势。然而，在国内，虽然詹延遵（2006）、罗东霞（2008）、韩翼（2009）、邓晓宇（2012）等研究者对诚信领导的理论进行了论述，但主要是对国外相关研究的厘清，其中开创性的理论研究鲜有报道；针对中国化的诚信领导研究无论是在结构要素的理论探索层面还是问卷编制方面都少有涉及，虽然近年来国内实证研究也有了较多报道，但是其理论基础和调查问卷大多来自西方学者。最后，诚信领导的相关研究大多为问卷调查的横断实证研究，纵向研究明显不足，问卷调查有其不可避免的弊端，难以有效揭示变量之间的因果关系。诚信领导作为一种领导行为方式，在国外已有学者对不同群体开展了一些纵向研究，而国内这方面的纵向研究还少见报告。因此，有必要采用纵向研究的方法，以揭示志愿组织诚信领导、心理资本和志愿行为可持续关系的延时效应。本研究将以志愿者群体为对象，通过采用时间序列的纵向研究设计方法，进一步考察志愿者心理资本在志愿组织诚信领导与志愿行为可持续关系中的因果效应，从而不断增强研究结论的解释效力。

2.5.3 家庭关怀度的研究综述

2.5.3.1 家庭关怀度的概念及测量

家庭关怀反映的是个体主观对家庭成员之间的亲密及关怀程度、合作程度以及相互支持程度的感知（王晶晶，2018），是映射家庭功能发挥情况的有效指标[①]，是个体情感依托、社会支持的重要来源。在家庭关怀度的测量方面，主要量表如下：一是美国西雅图华盛顿大学的 Smilkstein（1978）根据家庭功能的特征设计了家庭关怀度指数量表，该量表评价家庭适应度、合作度、成长度、情感度、亲密度5个方面，共5个题项，其特点是简单、快捷，能在9分钟内完成，可适用于青少年以上的任何年龄组的被试。量表采用李克特3点评分方法，从"几乎很少"到"经常这样"分别计1～3分。二是由 Epstein 等（1983）编制的家庭功能评定量表（family assessment device，FAD），该量表用于考察家庭良性运行与功能发挥的情况，共60个题项，分为7个分量表，该量表采用李克特4点评分方法，具有较好的信度与效度。综上所述，本研究将采用王晶晶（2018）和 Smilkstein（1978）的观点，认为家庭关怀反映的是个体主观对家庭成员之间的亲密及关怀程度、合作程度以及相互支持程度的感知；同时，将采用 Smilkstein（1978）根据家庭功能特征设计的家庭关怀度指数量表对志愿者家庭关怀度进行考察。

2.5.3.2 家庭关怀度的作用效果

通过梳理国内外相关文献发现，以往关于家庭功能的研究相对较多，而有关家庭关怀度的研究较为少见，已有关于家庭关怀度作用效果的研究多见于其作为自变量对结果变量的影响，具体包括对行为、自尊、焦虑等影响的研究。相关研究如 Shi（2017）通过对中国大学生的调查发现，家庭功能正向预测自尊水平，同时，社会支持能调节家庭功能与自尊的关系。葛高琪等（2020）通过对928名初中生的调查发现，良好的家庭支持是自杀自残行为、吸烟饮酒行为的保护因素。徐飒等（2016）对血液透析中心的128例患者进行调查发现，血

[①] Adamis D, Petmeza I, Mccarthy G, et al. "Psychometric Evaluation of the Greek Version of Mc Master Family Assessment Device（FAD）". *European Psychiatry*, 2016, 33: S236 - S236.

液透析患者的家庭关怀度得分对自我管理行为有正向预测作用。杨小娇等（2018）对1455名老人进行调查研究发现，家庭关怀度对老年人健康促进行为有正向预测作用。Rezaei-Dehaghani等（2018）对高中生进行描述性分析发现，家庭功能对自尊有正向预测作用。宝家怡等（2017）的研究发现，高危青少年的心理问题与其家庭关怀度密切相关，家庭关怀度对其心理问题的产生具有负向预测作用。景璐石等（2011）的研究发现，犯罪青少年家庭存在严重的家庭功能障碍，换言之，家庭关怀度对青少年犯罪行为的产生有负向预测作用。

2.5.3.3 家庭关怀度的研究述评

通过对家庭关怀度的概念、测量及作用效果的梳理，发现相关文献对家庭关怀度已有一定的研究，但仍存在以下方面的不足：①研究情境较为单一。家庭关怀研究的对象主要集中于病人、不利儿童等，研究更多是处于医院情境。事实上，家庭作为个体情感和社会支持的主要来源，不仅对病人和不利人群有着非常重要的作用，对正常个体心理行为的产生同样具有重要作用。志愿组织是与医院具有完全不同特点的情境，那么，基于医院情境对不利人群的某些研究结论是否适用于一般人群，尤其是志愿者群体？这还有待进一步揭示。②家庭关怀度对志愿行为及其可持续的影响亟待揭示。以往研究揭示了家庭关怀度对个体心理行为的积极意义，但有关家庭关怀度与志愿服务行为关系的研究鲜见报告。同时，以往有关家庭关怀度的研究仅考察了其作为主效应的结果，而有关中介效应、调节效应或动态效应的研究鲜见报告。家庭关怀度作为一个微观动态变量，其能效的高低对于志愿行为的变化发展可能有重要意义，在未来的研究中，可考察家庭关怀度作为一个调节变量在志愿行为发展机制中的意义。③亟待运用多种交叉研究方法提升研究效度。以往关于家庭关怀度的研究几乎都采用调查研究方法，且这些研究方法几乎都是横断研究，而相关纵向研究鲜见报告；此外，有关家庭关怀度的质性研究也较为少见，质性研究可能更能挖掘潜藏在个体内部深层次的因素，因此，未来的研究可以考虑采用多种研究方法交叉的方式来不断提升家庭关怀度研究的效度。

第 3 章
志愿者心理资本与志愿行为可持续关系的质性分析

3.1 研究目的

本部分采用质性研究方法,一方面,采用扎根理论研究方法探索志愿者心理资本的结构要素,并剖析其影响因素,以及其与志愿行为可持续的内在关系,并在访谈资料及以往研究的基础上,初步构建志愿者心理资本的影响因素及其与志愿行为可持续关系的内在机制;另一方面,采用个案剖析揭示志愿者心理资本的相关因素及其对志愿行为可持续性发展机制的影响机制,以期为促进志愿行为可持续发展研究提供新的理论视角,为后续的量化研究提供一定的思路和方向。

3.2 研究过程与设计

3.2.1 扎根理论研究方法与资料来源

3.2.1.1 访谈法、扎根理论及其实质

访谈法是一种收集定性和定量等第一手资料的科学研究方法。[①] 本研究在

[①] 参见魏建国、卿菁、胡仕勇《社会研究方法》,清华大学出版社 2016 年版。

结合日常对志愿者认知和以往有关心理资本结构维度研究的基础上，采用半结构式访谈的方式对志愿者进行深度访谈。在获得第一手资料后，采用扎根理论对资料进行综合分析。扎根理论是在多维、系统地收集第一手资料的基础上，提炼出反映现象的概念和范畴，并经过多次归纳、比对、修正和完善，最终体现为切实反映现象本质属性的理论的一种自下而上的质性研究方法（陈向明，2015）。扎根理论的目的在于总结并构建新的理论、思想或观点，但这并不意味着对资料进行类属分析的实施过程不需要经验性理论或资料的支撑（邓津，2007）。

志愿者是自愿进行社会公共利益服务而不获取任何报酬、名利的活动者，其服务成效和规模已成为一个公民社会健康状况的晴雨表。当前，有关志愿者心理资本的结构维度以及其与志愿行为关系的内在机制的探讨尚未明确，而"扎根理论又是一种在访谈、观察等基础上获得一手资料，进而总结并构建新理论、观点或思想，并明确界定概念、建构现象背后的理论框架的有效策略"[①]，因此，非常适合当前志愿者心理资本结构维度及其与志愿行为关系等尚不明晰和不确定情况下的理论研究。

3.2.1.2 资料收集与整理

（1）研究对象及来源。本研究以我国登记在册的志愿者为研究对象，采用质性研究方法，探讨志愿者心理资本的结构维度、影响因素及其与志愿行为可持续的关系。根据目的性抽样和理论抽样相结合的方法，于2018年5月至2018年10月随机抽取某市10余个不同性质的志愿者机构中的33名志愿者进行初次访谈。然后，在初次抽样访谈的基础上，参考年龄、职业性质、教育程度以及资料丰富性等信息，选取资料更丰富且更具代表性的28名志愿者作为最终研究对象，并对其进行逐一编号。其中，男性15人，女性13人；从事志愿服务年限在3~15年；年龄在16~68周岁，涉及老、中、青三个不同年龄段的志愿者，包括学生、公务员、企事业单位工作者、自由职业者、已退休人员等。在对第18位志愿者到第20位志愿者的信息资料进行编码时，一直未能发现新的概念，因而可认为前18名志愿者的相关资料已基本达到了理论饱和。为确保访谈资料达到理论饱和，本研究将剩余的10名志愿者的访谈资料用于理论饱和度检验。研究对象的基本信息具体见表3-1。每名志愿者的访谈时间约为50分钟。

---

① 李林英、徐礼平：《重大科研项目团队心理资本维度及与创新绩效的关系》，载《科技进步与对策》2017年第20期，第132-138页。

表 3-1 志愿者基本信息一览

编号	性别	年龄	教育程度	职业性质	服务年限
1	男	26	本科	某社工站站长（全职志愿者）	6
2	男	45	本科	旅行家（国产车环游世界第一人）	10
3	男	23	本科在读	留学生、CISV 亚太青年分部常任理事	8
4	男	16	高中在读	学生	3
5	男	37	本科	商业项目负责人	15
6	女	62	本科	原某文工团主持人（退休）	14
7	女	37	硕士	某大学英语教师	4
8	女	30	硕士	某火车站行政文员	4
9	男	56	硕士	原某单位公务员（退休）	3
10	女	67	大专	原银行高管（退休）	3
11	男	37	本科	某区第二实验小学老师	4
12	女	25	本科	某协会全职志愿者	6
13	男	42	本科	电信工程师、某区志愿驿站站长	3
14	男	16	高中在读	学生	4
15	女	20	本科	待业（应届毕业生）	4
16	男	37	高中	自由职业	7
17	女	25	本科	全职志愿者	4
18	男	22	本科	支教教师	3
19	女	21	大专在读	学生	3
20	女	30	本科	某幼儿辅导机构教师	8
21	女	55	高中	原某单位残障工人（退休）	3
22	女	55	大专	原某医院护士（退休）	3
23	男	27	硕士在读	在读研究生	4
24	女	68	本科	某艺术团体职工（退休）	10
25	男	46	本科	某回民小学教导主任	12
26	男	23	本科	待业（应届毕业生）	4
27	女	47	本科	房地产销售	3
28	男	20	本科在读	学生	6

(2) 研究工具。本研究的研究工具有两种，一是将访谈者作为一个研究工具，对研究资料进行客观记录，并根据自身的学识进行理解和解释；二是半结构式访谈提纲。本研究采用半结构式访谈的方式展开，访谈包括："填写你所在的志愿组织及你的基本情况。""您能否谈谈自己做志愿服务的初衷？通过志愿活动是否实现了您的初衷？请结合自身的志愿经历谈一谈。""通过开展志愿活动取得了成绩，你觉得是因为您的努力、能力还是其他原因？""谈谈您之前做过的志愿活动，在参与这些志愿活动之前，您是否有信心将它做好？做好这些志愿活动您觉得自己有哪些优势？""您认为是什么使得您持续地参与志愿服务？通过志愿活动的开展，您认为自己是个有潜力的人吗？请结合自身志愿经历谈一谈。""当您在志愿活动中面临着重大任务，遇到困难和阻力时，您是如何应对和设法解决的？请结合自身志愿经历或案例谈一谈。""您对志愿者和志愿服务是怎么看待的？您觉得社会上对志愿者及其服务是如何评价和看待的？对此您有何感想？""您的家人或朋友是否支持您的志愿工作？请结合自身志愿经历谈一谈。""志愿服务的过程离不开组织/团队成员、团队与其他团队间的协同合作，请问您所在的组织/团队与其他团队或组织有过协同合作吗？您觉得这种协作有必要吗？请结合自己的志愿经历谈谈。""您能谈谈志愿工作、家庭、身心健康和奉献之间的关系吗？在平衡这些关系，尤其是平衡奉献与身心健康的关系当中，采取了哪些措施？""您觉得影响志愿者个人持续参与志愿服务的因素有哪些？您从志愿者的角度，对志愿服务的可持续性发展有何建议？"等问题。

3.2.1.3 访谈的基本程序

（1）访谈提纲的编制与认证。研究者根据已有的研究成果、本研究的目标以及日常对志愿者的基本认知编制了半结构访谈提纲，提纲编制完成后，邀请两名课题组成员对访谈提纲进行推敲和认证，以确保访谈提纲通俗易懂、避免出现理解偏差等。

（2）对访谈者的培训。为确保访谈质量，研究者对访谈者进行了培训工作，培训的主要内容包括：研究的目标和内容、访谈提纲条目所要测查的内容、访谈关系的建立、访谈过程中所需的技巧以及访谈伦理问题等。研究者在访谈过程中需时刻注意总结问题和技巧，包括如何适时打断对方话语，如何消除社会赞许性倾向，如何追问并深入挖掘相关资料，以及采用何种口气，等等。培训采取参与式方法，由项目负责人针对访谈中经常出现的一些问题（如伦理问题、被研究者答非所问和转移话题等）进行深入分析，进一步明确整个访谈流程、访谈目标、访谈意义以及注意事项等。

（3）正式实施访谈。正式访谈的访谈人员由研究者本人和1名学生担任。被访谈者根据自身的实际情况对访谈提纲的内容逐一进行回答。正式访谈前，访谈者需向被访谈对象介绍自己、说明访谈目的和意义，告知访谈资料的使用、本研究的匿名性和保密性，以及对访谈过程进行全程录音等情况。在征得被访谈者的同意并签字确认后，正式进入访谈（包括面对面访谈和电话访谈两种方式）。在访谈过程中，"访谈者结合被试的回答进行追问，将不够清晰和相对抽象的答案具体化、通俗化和细节化，并在访谈提纲上进行简单记录，更好地捕捉访谈的信息和组织访谈的节奏。访谈员对被试的叙述进行及时的总结和澄清，不做任何的价值判断，鼓励其自由地分享观点和感受"[①]。访谈结束后要对被访谈的对象表示感谢，并适当解答被试的问题。访谈回来后，访谈者要及时撰写访谈日志，记录访谈提纲中的问题以及对被试的印象或感受，总结访谈策略和技巧。随后，采用"讯飞听见"软件对访谈录音进行转录，转录完成后，研究者要根据录音资料对所用文本资料进行核查、校对，以保证转录的原生态和转录信度，还需对一些语言不通顺的地方稍作调整，同时向被访谈对象反馈已整理的资料信息，以便进一步对访谈内容资料进行修正、补充和完善，为资料分析提供初步的思路。通过多次访谈、沟通和反馈，研究者最终获得约20.4万字的访谈资料。在此基础上，严格按照扎根理论的三级编码程序——开放式登录编码（open coding）、关联式登录编码（associative coding）和核心式登录编码（core coding）对访谈资料进行编码，并在此过程中对访谈资料进行反复比较，直至达到理论饱和。

3.2.1.4 可信度和可靠度分析

为确保本研究的可信度和可靠度，采取了如下措施：一是将所有访谈的电子材料与录音资料逐一进行核对，以确保访谈资料的完整性和原创性。二是在初始概念的编码时，研究者以完全开放且不带任何偏见的态度进行编码，并且基本上都采用访谈中的原始语句作为标签，以便发现初始概念。三是为确保初始编码所产生概念的可信度，由两人分别对访谈资料进行仔细编码，得出编码的归类一致性系数（category agreement，CA），即"指编码者对同一访谈资料的

---

① 陈向明：《质的研究方法与社会科学研究》，教育科学出版社2015年版。

编码归类相同的个数占编码总数的百分比"[①]。用 R_1 表示甲编码者的归类个数、R_2 表示乙编码者的归类个数，$R_1 \cap R_2$ 表示两位编码者相同的编码归类个数，$R_1 \cup R_2$ 表示两位编码者总共编码的个数。归类一致性系数（CA）$= 2 \times R_1 \cap R_2/R_1 \cup R_2$。通过计算发现，访谈资料中两位编码者的编码归类一致性系数 CA 均在 0.80 以上，这表明本研究的编码情况具有较好的可信度。

3.2.1.5 理论饱和度检验

本研究将编号为 1~18 号志愿者的访谈资料逐一进行编码和信息择取，并采用扎根理论的三级编码方式构建志愿者心理资本维度及其对志愿行为影响的初始模型。然后，对剩余的 10 名志愿者访谈资料进行逐句分析以发现新的概念。通过多次比对发现，在剩余的 10 名志愿者访谈资料中并未发现志愿者心理资本维度及其对志愿行为影响的新概念和新理论，因而构建的理论已达到饱和。

3.2.2 个案研究方法与资料来源

3.2.2.1 个案研究方法

个案研究是定性调查最常用的方法之一，但它既不是新的也不是纯粹的定性研究方法。个案研究不是一种方法论的选择，而是对研究对象的选择。个案研究是指对单一或某一类研究对象进行全面、深入和具体分析的方法。"研究者可以通过反复测量，用分析的方法或整体的方法来研究个案，也可以从阐释的、有机的、文化的角度或多种角度研究个案"[②]。随着对个案研究认识的不断深入，研究者认为"个案研究的目的不仅在于对现象的理解或解释，而且在于发现新的概念和思路，甚至是进行理论创建"[③]。本研究将探索心理资本视角下志愿行为可持续发展的过程性因素，并分析志愿行为可持续发展的原因，即对心理资本视角下志愿行为可持续核心影响因素的诠释和理解，进而构建可能的理论模型。因此，本研究采用个案研究法对深度访谈、参与式观察和所收集的文

[①] 王国猛、郑全全、赵曙明：《团队心理授权的维度结构与测量研究》，载《南开管理评论》2012 年第 15 期，第 48-58 页。

[②] 诺曼·K. 邓津、伊冯娜·S. 林肯：《定性研究：经验资料收集与分析的方法》，重庆大学出版社 2007 年版。

[③] 徐礼平、李林英：《知识协同视角的高校重大科研项目团队创新绩效：个案剖析》，载《现代教育管理》2018 年第 6 期，第 29-34 页。

本资料进行深入剖析是可取的。

3.2.2.2 个案的选择

本研究根据质性研究取向方式，采用目的性抽样方法选取北京某著名志愿服务组织 M 作为个案进行剖析。该组织成立于 1988 年 10 月，是一个以志愿者为主体的开放的妇女阵地，也是中国第一家民间妇女组织，由妇女问题专家 W 及一些热心妇女事业的知识女性自愿组织成立。该志愿组织有全职人员 9 人，兼职人员 4 人，共 13 个人，他们均为办公室核心人员，且均为志愿者。之所以选择该组织作为个案进行研究，主要原因有三点：一是 M 组织是中国第一家民间妇女组织，是由妇女问题专家 W 及一些热心妇女事业的知识女性自愿组织成立的，成立时间早（1988 年），而彼时也是中国妇女在改革开放中经历新困难和新问题的一年。二是该组织自成立至今已有 30 余年，组织成员遵纪守法，得到了国家以及社会的肯定。我国社会组织数量庞大，仅 2018 年受到撤销登记处罚而被列入中国社会组织公共服务平台严重违法失信名单的社会组织就有 1600 余个。三是该组织自成立起，通过不断的探索和实践，走出了一条既符合自身实际，又有助于他人的可持续的道路，其成就获得了国内外的一致好评。

3.2.2.3 资料来源

为了提高理论的效度，本研究对多种资料来源进行个案剖析，资料来源主要包括对 M 组织的领导 W 老师的深度访谈、与团队成员的日常交谈、对 M 组织的参与式观察，同时还收集了 M 组织网站的相关材料。①深度访谈。研究者在征得研究对象知情同意的情况下，于 2017 年 5 月至 2017 年 6 月对 M 组织的成员进行了一对一的深度访谈，共访谈了 2 人（M 组织的领导者 W 老师和 1 名在该组织长期服务的志愿者 T），两人均为女性。对每位组织成员访谈的时间约为 40 分钟，并在访谈前拟定半结构式访谈提纲。在访谈的过程中，并不局限于访谈提纲中涉及的内容，会不时地对访谈内容进行调整。总体而言，访谈至少涉及组织基本情况、组织领导、组织目标及其实现、积极心理资本、志愿行为可持续等方面的内容。在进行正式访谈时，研究者介绍了研究目的，并承诺坚持保密原则，即使用的资料会隐去相关信息，确保资料的使用符合伦理规范，且访谈进行全程录音，并于当天进行转录。②日常交流。笔者于 2016 年 6 月至 2016 年 11 月以合作机构志愿者的身份参与 M 组织的项目中，在项目进行过程中，常常和该组织志愿者进行交谈，内容涉及志愿者们参与志愿活动的原因、收获、遇到的困难以及是否继续参与等方面，交谈后对要点进行详细记录。③

文本资料研究。搜集了 M 组织及其创始人 X 的文本资料，主要来源于《中国发展简报》《志愿北京》《中国妇女报》及 M 组织的网站等。

3.3 志愿者心理资本与志愿行为可持续关系的扎根理论分析

3.3.1 志愿者心理资本维度及其与志愿行为关系的构建

3.3.1.1 开放式登录编码

开放式登录编码是对初始资料进行分析和提炼的第一阶段，是获取初始概念、基本范畴以及对概念进行分析的基本步骤（陈向明，2015）。为确保资料的真实可靠性，避免自我定见和个人偏见，本研究中的初始概念均采用原始语句表述。采用学术界通用标准，即"一个基本范畴至少有 3 个初始概念"①，最终从原始语句中提取出 67 个有意义的初始概念并进行编码，得到 12 个基本范畴。编码采用编号—段落—句数（N-d-s）的基本编码方式。如从原始材料"当遇到重大困难的时候，我可能会参考以往的一些项目和以往的咨询经验"中提取"遇到困难设法解决"（N1d3s3）；从原始材料"当有来自其他方面的非议的时候，要有强大的内心去承受"中提取"承受力"（N3d6s5）；从原始材料"在遭遇棘手事情时，如果我不站出来，事情可能会更加糟糕"中提取"勇敢面对问题"（N6d8s13）；从原始材料"在外地做志愿服务，有些事情只有自己承受，只能学会坚强"中提取"要坚强"（N15d21s11）；等等。结合"韧性"的相关研究和理论，可将上述几个初始概念纳入"坚强韧性"的范畴。开放式登录编码得到的初始概念和基本范畴详见表 3-2。

---

① 邝宏达、徐礼平、李林英：《教练员心理资本对工作绩效影响的质性研究》，载《中国体育科技》2018 年第 11 期，第 57-63 页。

表 3-2 访谈资料开放式登录编码结果

基本范畴	初始概念
感恩感戴	同情心，感恩，容易感动，感谢，难受，怜悯之心
责任使命	有义务，义不容辞，责任驱使，以身作则，做好分内事，关心他人，不推卸责任，自己无欲无求，公益，慈善，听党话、跟党走
乐观希望	目标明确，准备很充分，活动前考虑周全，为实现目标而努力，为团队获得了荣誉
坚强韧性	遇到困难设法解决，承受力，勇敢面对问题，坚强，面对困难时考虑更周全，沉着冷静地面对困难，坚持坚持再坚持
自我效能	有能力做好，活动有意义和价值，能助人为乐，一切都有可能，勇敢尝试，相信自己和团队的能力，没有理由做不好
组织支持	因为组织而聚在一起，组织为我们提供了机会，集体智慧，团队成员合作，团队成员相互帮助和支持，在这个平台不断学习进步
领导行为	率先垂范，领导魅力，有领导号召力，关心下属，待人真诚
组织气氛	关系融洽，相互帮助，工作情绪高，分工协作，权责明确
家人支持	父母的关心和支持，爱人很支持，家人也是志愿者
价值表达	让我很开心，能够帮助他人，精神寄托，助人非常重要，助人助己
知识获取	获得知识，增长才干，提高管理能力，从新视角看待问题，学到经验
社会交际	学会与人打交道，结交新朋友，积攒人脉，排解不良情绪
认同形象	喜欢志愿者称号，为荣誉挺身而出，志愿形象很重要，为他人做榜样
认同工作	志愿工作很投入，志愿工作很快乐，志愿工作有意义

3.3.1.2 关联式登录编码

关联式登录编码是在开放式登录编码的基础上，对基本范畴语义相同、内涵相近、情景一致、相关对等的内容再次进行归纳总结，上升到更加抽象、更加高度概括范畴的编码过程（陈向明，2015）。这一编码过程需要研究者反复推敲，并在"肯定—否定—再肯定"的否定之否定规律的指导下，最终形成概念的主范畴和副范畴。事实上，关联式登录编码中存在副范畴与主范畴一致的情形，即主范畴直接由初始概念进行范畴化而来。如副范畴"感恩感戴"最初考虑作为主范畴，因为以往的研究中有探讨感戴或移情与志愿动机关系的研究。但在充分考虑心理资本的内涵和外延后，以符合积极组织行为学标准，即可开发、可测量、可以用来提高志愿行为的积极心理品质为边界，感恩感戴作为一种能激发志愿动机的积极心理品质，同样符合心理资本的内涵。因此，本研究将副范畴"感恩感戴"作为主范畴"志愿者心理资本"的一个重要内容。访谈资料的关联式登录编码结果详见表3-3。

表3-3 访谈资料的关联式登录编码结果

主范畴	副范畴
心理资本	感恩感戴，责任使命，乐观希望，坚强韧性，自我效能
社会支持	组织支持，家庭关怀（关心和支持）
领导行为	率先垂范，领导魅力，领导号召力，关心下属，待人真诚
组织气氛	关系融洽，相互帮助，工作情绪高涨，分工协作，权责明确
志愿动机	价值表达，知识获取，社会交际
角色认同	认同形象，认同工作

3.3.1.3 核心式登录编码

核心式登录编码是将开放式登录编码和关联式登录编码所提炼出的主范畴和副范畴根据一定的逻辑脉络或故事线进行有效整合，最终形成较为成熟的理论框架的编码过程（陈向明，2015）。核心式登录编码是扎根理论的关键环节，它要求研究者具有一定的理论功底，能够较为系统地把握研究领域内的现状和发展趋势。通过对文献的梳理和把握，结合有关志愿行为发展的理论观点，系统地总结、归纳和比较研究资料，最终确定本研究的核心范畴，即以"组织气氛、领导行为—志愿者心理资本—中介或调节变量—志愿行为可持续"为故事线。围绕核心范畴的逻辑脉络，提炼出志愿者心理资本的结构维度，包括感恩感戴、责任使命、乐观希望、坚强韧性和自我效能5个维度，且各个维度对志愿行为均具有积极作用。此外，根据已有的研究成果和本研究的访谈资料，构建了"组织气氛、领导行为（前因变量）通过志愿者心理资本对其志愿行为可持续起作用"的理论，同时还构建了"社会支持和志愿动机在心理资本与志愿行为可持续关系中的链式中介效应，角色认同在心理资本与志愿行为关系中的调节效应"的理论。志愿者心理资本的影响因素及其对志愿行为影响的理论模型如图3-1所示。

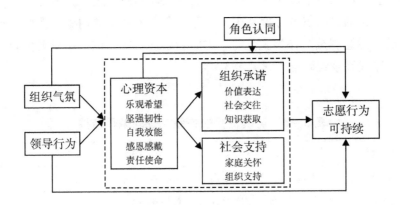

图 3-1　志愿者心理资本的影响因素及其对志愿行为可持续影响的理论模型

3.3.2　扎根理论结果的分析与讨论

3.3.2.1　志愿者心理资本维度及其对志愿行为可持续的影响分析

志愿者心理资本是指志愿者在开展志愿活动过程中所体现出的积极的心理品质或心理状态,是促进志愿行为可持续发展的原动力。本研究发现,志愿者心理资本包括感恩感戴、责任使命、乐观希望、坚强韧性和自我效能5个维度,均符合 Luthans（2007）及其团队提出的"积极组织行为学标准"。志愿者心理资本与其他人群心理资本有相似之处,涵盖了乐观希望、坚强韧性和自我效能等核心要素。此外,本研究还发现志愿者独特的心理资本结构要素,即将感恩感戴、责任使命纳入了其结构当中,具体讨论如下。

(1) 感恩感戴对志愿行为可持续的影响。"感恩感戴是指个体在得到一种利他行为的恩惠后,面对同样需要帮扶的个人或群体时内心所产生的怜悯之心以及想要做出回报行为的积极心理状态,它可以促进个体做出回报行为。"[①] 本研究中的"感恩感戴"是志愿者出于人生感慨或由于类似的生活经历而产生

---

① 颜志强、苏金龙、苏彦捷:《共情与同情:词源、概念和测量》,载《心理与行为研究》2018年第4期,第433-440页。

的、对志愿服务对象的同情和怜悯之心，是个体心理容易被感动并产生积极情绪的积极心理状态，对志愿服务行为的产生具有重要意义。如志愿者"看到他人生活在水深火热当中，想到生活赐予的美好，不免产生感激之情和回报之心"（N5d10s6）；"看到地震中的那种惨象，怜悯之心油然而生，脑袋里没有其他的，只想着赶紧帮忙"（N2d7s5）；等等。

（2）责任使命对志愿行为可持续的影响。"责任使命是一种价值信念，是个体对自己所肩负的社会责任和基本任务的确定，是个体在追求社会价值和履行社会职责过程中所表现出的正义坦荡和无所愧疚的积极心理品质"[①]。本研究中的"责任使命"是指对志愿服务分内与分外事情义不容辞、以身作则的担当精神，具体表现为责任驱使（N1d2s11）、造福人类（N7d7s6）、友情奉献（N9d6s6）、公益（N3d3s6）以及听党话、跟党走（N6d4s8）等积极的心理行为状态。正是志愿者高度的责任感和使命担当精神，使得他们当中的一些优秀代表获得了荣誉和赞誉，也有部分志愿者认为这是伟大时代的召唤，他们满怀对党和国家的感激之情，因此毫无所求、倾情奉献，体现了新时代志愿者的责任担当和崇高精神。这与Cheung（2015）等人的结论一致。

（3）乐观希望对志愿行为可持续的影响。"乐观希望是个体对其所从事职业、工作等的期待和真切的愿望，表现为对目标的锲而不舍以及为取得成功对目标进行调整的路径和方法。"[②] 本研究中的"乐观希望"是指志愿服务过程中对志愿服务质量和效果的期待，以及为高质量完成志愿服务工作而采取的具体途径。志愿者或志愿组织大都"目标明确"（N17d3s9）、"准备充分"（N11d7s4），并"为实现目标而考虑周全"（N16d4s5）。正是因为志愿者尤其是志愿服务组织者对志愿服务质量和目标的期待，促使其积极思考、妥善准备、周密安排，进而在志愿服务的开展过程中游刃有余，取得了实效，获得了赞誉。

（4）坚强韧性对志愿行为可持续的影响。坚强韧性（resilience）又被称为心理弹性、韧性和复原力，是个体身处逆境、困难或重大压力时迎难而上、不屈不挠，并最终能有效应对困境进而实现目标的积极心理品质。本研究中的"坚强韧性"表现为在志愿行为中，"遇到困难设法解决"（N1d3s3）、"能较好地承受志愿过程中的压力"（N3d6s5）、"在压力和困境中学会了坚强并勇敢地

---

① 王月琴、夏从亚：《战略性创新人才心理资本探析与培育》，载《科技管理研究》2019年第4期，第106-113页。

② 邝宏达、徐礼平、李林英：《教练员心理资本对工作绩效影响的质性研究》，载《中国体育科技》2018年第11期，第57-63页。

面对"（N6d8s13）。正是志愿者这种迎难而上、百折不挠的精神品质，促使其在志愿服务过程中锲而不舍，勇敢地接受一次又一次的挑战，积极并持续性地参与志愿实践。

（5）自我效能对志愿行为可持续的影响。"自我效能又称为自信，是指在面对挑战性工作时能积极地评价和归因，并坚信通过自身努力可以获得成功的心理品质。"[①] 在本研究中体现为志愿者坚信自己可以通过激发心理潜能、转变认知策略，勇于尝试、敏于实行并最终取得实效的强烈信心，是对自身能力、志愿行为的价值和意义做出客观正向评判的确认，也是对志愿服务行为的理性表达和信念与信心。正是志愿者那份强烈的自信和乐观的态度，使得其在志愿服务过程中永葆生机和活力。相信自己能行，对自我充满信心并对自我行为理性评判等优秀品质是志愿服务行为可持续发展的重要精神之源。若没有对志愿服务行为的信心，志愿行为便成了"胡作非为"，就谈不上助人利他，更谈不上与"两个一百年"奋斗目标同向同行。

3.3.2.2 志愿者心理资本对志愿行为可持续影响中的中介或调节效应分析

（1）社会支持的中介效应。"社会支持是个体在自己的关系网中所获得的，来自重要他人、群体、组织或社会等精神或物质方面的支持、关心和帮助。"[②] 对访谈资料进行分析发现，社会支持在志愿者心理资本和志愿行为关系中起中介作用，即志愿者心理资本既会直接影响志愿行为的发展，同时又通过社会支持这一中介变量对志愿行为起间接作用。志愿者认为志愿组织给予了其施展才华的空间和更好地服务他人的平台，"因为组织而聚一起"（N11d3s3），"组织为我们提供了机会"（N5d3s9）；同时，家人们是其开展志愿行为的重要支柱，"我的爱人也是志愿者，她非常支持我开展志愿服务"（N8d7s13），"我的父母非常支持我所从事的志愿服务工作"（N9d11s8）。志愿者在原本具有感恩感戴、责任使命等心理资本的条件下，又得到了志愿组织的有利引导和家庭的关心和支持，促使他们更加积极、主动和持续地开展志愿服务行为。

（2）志愿动机的中介效应。"志愿动机是指志愿者出于对志愿服务本身的

[①] 邝宏达、徐礼平、李林英：《教练员心理资本对工作绩效影响的质性研究》，载《中国体育科技》2018 年第 1 期，载 57 - 63 页。

[②] 徐礼平、李林英：《中国诺贝尔奖获得者心理资本与创新绩效关系》，载《科技进步与对策》2016 年第 33 期，第 1 - 6 页。

需要、认同、兴趣或偏好，而产生的一种促进其开展志愿服务的内驱力，表现为符合某种价值的表达、能够获取必要的知识、促进社会交际等等。"① 通过类属分析的三级编码发现，志愿动机也在志愿者心理资本与其志愿行为关系中起中介作用，即志愿者心理资本会激发和唤起志愿服务的动机（Ryan & Deci, 2000），同时，志愿者的目标、需求又直接诱导、维持或激发志愿行为的产生（Li et al., 2016）。志愿者认为，开展志愿服务有助于"获得知识和增长才干"（N3d5s11），还可以"积攒人脉"（N5d5s7），甚至可以"排解不良情绪"（N10d6s4）。动机理论（theory of motivation）认为，"不同个体具有类似的志愿行为恰恰体现了其满足了志愿者不同的动机需求，这种动机需求对行为的产生具有激活、指引和导向作用"②。

（3）角色认同的调节效应。"角色认同是指个体或群体对某一角色的社会期待和要求的认可和遵从，并按此种角色规范行事的状况。"③ 角色认同在志愿者心理资本与志愿行为关系中起调节作用，即积极的角色认同正向调节心理资本对志愿行为的效应，而消极的角色认同则对其产生负向减弱的效应。志愿者认为"志愿工作很快乐"（N9d2s11）并且"很有意义"（N2d2s8），这种对志愿者角色的积极认同激发了其开展志愿行为的动力并提高了其频率。Penner（2010）认为，个体对志愿者角色认同的程度是其开展志愿行为最持久和最直接的原因；Cheung（2015）认为，个体对志愿者角色的认同强度越高，越有可能花更多的时间开展志愿行为并持续性发展，反之志愿行为时间越少，可持续性越差。可见，角色认同强度与志愿行为的可持续密切相关，不可忽视志愿者角色认同在其关系中的调节效应。

3.3.2.3 志愿者心理资本的前因对志愿行为可持续影响机制的分析

（1）领导行为对志愿行为可持续的影响机制。"志愿组织领导行为是指领导和组织志愿服务的领导者在开展志愿服务过程中的不同阶段因任务或情境等

---

① 侯二秀、陈树文、长青：《企业知识员工心理资本、内在动机及创新绩效关系研究》，载《大连理工大学学报（社会科学版）》2012年第33期，第65-70页。
② Snyder M, Omoto A M. "Volunteerism: Social Issues Perspectives and Social Policy Implication". *Social Issues Policy Review*, 2008, 2 (1): 1-36.
③ Stryker S. *Symbolic interactionism: A Social Structural Version*. Menlo Park: Benjamin Cummings. 1980.

方面的需要所表现出的不同领导行为。"① 领导行为理论认为，"领导者自身的背景、个性、知识、能力、经验、价值观念以及对志愿者和志愿服务工作的态度和看法等，都可能影响组织目标的确定、领导行为方式的选择以及领导行为的效率"②。在本研究中不难发现，志愿组织领导行为对志愿者参与、保持和持续性地开展志愿活动具有重要意义，志愿者认为"如若不是我们的'头儿'（这里指志愿组织领导）率先垂范、人品俱佳，或许我也不会一直坚持到现在"（N12d2s3），"她的很多行为都感染了我，让我感受到帮助他人的价值和意义"（N12d3s1）。正是志愿组织领导者自身的个性、背景、知识、能力、经验、价值观念以及其对志愿者和志愿服务工作的态度和看法，使其他志愿者深受感染，从而进一步增强了其志愿服务的信心（自信）、坚定了为他人服务的目标和愿望（乐观希望）、提升了面对困境愈挫愈勇的韧性（韧性），而这种积极的心理品质的进一步内化又会转化为一种外在的行为倾向。社会学习理论表明，下属会在社会化的过程中潜移默化地使自己与领导者保持一致的道德行为（Wright et al. , 2016）；同时，领导者自身的道德行为也可以为下属做出榜样，从而激励下属在行事时站在公共利益的角度（Stazyk et al. , 2015），换言之，就是志愿者在外在志愿组织领导者行为的影响下，会激发其内在积极品质的形成、产生和发展，如同感心、责任感等心理品质或心理状态（心理资本）的形成，这种内在的积极心理品质或心理状态又会进一步促进志愿行为的保持和发展。

（2）组织气氛对志愿行为可持续的影响机制。组织气氛是组织内部环境相对持久的特性，体现了组织成员的经验和组织的特定价值观，可以影响组织成员的行为（Nelson et al. , 1970）。社会信息加工理论认为，社会信息不仅能够影响个体的态度和行为，还有助于塑造团队层面的相关结果。个体周围的社会信息提供了帮助个体解读工作环境的社会线索，而个体对工作环境的不同解读会导致个体产生不同的态度和行为（Salancik et al. , 1978）。换言之，组织的环境或气氛状态可以通过个体知觉、心理品质和心理状态等因素反映到个体的态度和行为表现上。在本研究中不难发现，权责明确、关系融洽、分工协作、工作情绪高涨的志愿组织往往更能调动志愿者积极的心理状态，更有助于志愿者个体朝着目标要求奋力前行，从而更进一步激发他们做好志愿服务工作的态度和信心。志愿者表示"开展志愿服务过程中大家都带着相同的目的，没有利益

---

① 卞政明、瞿畅、陈光玖：《企业变革型领导行为对员工心理资本开发的影响》，载《中国管理信息化》2017年第20期，第113–114页。

② 罗宾斯、贾奇：《组织行为学（第14版）》，中国人民大学出版社2012年版。

纠葛，志愿者之间关系融洽，根据所领任务分工协作，把工作做好，大家都感觉有价值、有意义、有成就感"（N22d3s2）。志愿服务工作的特性从某种程度上决定了志愿组织良好的组织气氛，一个权责明确、目标导向、关系融洽的服务性组织有助于个体获得更多的正向信息，进而有助于增强个体的责任使命感（责任使命）、有助于培养个体把工作做好的信心和态度（自我效能），有助于塑造个体干事创业百折不饶的毅力和韧劲（坚强韧性）。如此，就会进一步强化个体对志愿服务工作的价值感和意义感，促进个体志愿行为的可持续发展。

3.3.2.4 志愿者心理资本影响因素及其对志愿行为的综合机制模型分析

根据访谈资料、有关理论以及以往的研究成果，本研究构建出的志愿者心理资本影响因素及其对志愿行为可持续的机制模型显示，领导行为、组织气氛通过志愿者心理资本对其志愿行为可持续产生作用；社会支持和志愿动机在心理资本与志愿行为关系中起链式中介效应，角色认同在其关系中起调节效应。简约模型直观地反映了资料及以往研究成果所呈现的"志愿者心理资本、影响因素及其对志愿行为可持续影响机制"的具体过程。以往有关志愿行为可持续的研究更多是从其相关因素方面去探讨，而鲜有揭示其内在机制。本研究不仅提出了社会支持和志愿动机分别在志愿者心理资本对其志愿行为可持续影响中的中介效应、角色认同在其关系中的调节效应，还提出了志愿者心理资本在领导行为、组织气氛对志愿行为可持续影响中的中介效应。对此，前文已就有关内容进行了分析与讨论。在此基础上，本研究又考察了社会支持与志愿动机的关系，得到了志愿者心理资本影响志愿行为可持续的综合机制模型。有研究表明，"个体所知觉到的社会支持程度越高，越可能强化其志愿动机，进而越有可能产生持久的志愿服务行为"[①]。可见，志愿行为的产生和发展并非社会支持、志愿动机或角色认同等某一孤立要素作用的结果，它是一个复杂的动态系统，伴随着心理资本的出现而增强，并常常以组合协同的方式出现。例如，心理资本水平较高的个体，往往具有较高的内在动机（Datu et al., 2016）和公共服务动机（ChyiLu, 2016），同时，得到了志愿组织、家庭、社会的关心和支持的志愿者，在双重协同效应的作用下，会孕育并持续发展志愿服务行为。此外，在

---

① Kumar S, Calvo R, Avendano M, et al. "Social Support, Volunteering and Health around the World: Cross-National Evidence from 139 Countries". *Social Science & Medicine*, 2012, 74 (5): 696 – 706.

不同角色认同程度水平的影响下,其志愿动机会随之发生变化,进而对志愿行为产生影响。再者,角色认同在志愿者心理资本影响其志愿行为可持续的哪个阶段起调节作用,也会影响志愿行为的意愿、强度和可持续性。

3.4 志愿者心理资本与志愿行为可持续关系的个案剖析

3.4.1 研究发现与结果阐释

3.4.1.1 组织的专业性和创新性为志愿者心理资本的产生和发展提供了良好条件

作为一个民间非营利性志愿组织,M组织自成立之初就确立了需要肩负的责任和要完成的使命,因此,作为其主体的志愿者,具有责任心、使命感、乐于奉献等志愿精神是毋庸置疑的。W老师也谈到,项目参与者品质的好坏与这个项目是否能成功有必然关系。由于M组织是一个纯粹的"草根"组织,没有任何官方的背景与支持,完全是一些知识女性从理想主义出发的自愿行为,因此,它从诞生时起,就注定要走一条艰难的道路。直到成立6年后,M组织才开始通过设计项目摸索到一条寻找资金的道路,不过这条路依然走得很困难。但无论是从创始人还是志愿者,他们都有一种韧性,遇到困难时不断努力克服困难,不断提升自己,逐渐走向专业化道路,并且在解决问题时创新性地提出了很多实用性的理论和方法,正如W老师所说,"很多问题请教专家也得不到最利于志愿组织发展的建议,我们都是摸着石头过河,所以我们的理论、方法等都是我们用血汗换来的"。M组织的志愿者也表示,"有时候做课程设计时,心里一点谱都没有,不知道怎么做,做好了之后到现场又发现是另外一回事,我这就是不断啃硬骨头、不断创新、不断摸着石头过河的过程"。在团队中,因为有一群志同道合的、拥有共同理想的志愿者伙伴,所以在面对困难时,他们敢于表达观点(大方向上一致,哪怕是当时争论得面红耳赤,过后还是达成一致,一起完成目标)、坚定自己为他人奉献的目标、相互鼓励扶持、攻坚克难、越挫越勇,最终走出了一条适合团队可持续发展的道路。M组织的发展历程,就是志愿者不断发挥潜力、克服困难、最终成为更好的自己的历程,在这个过程中，一批批志愿者勇往直前，不仅奉献了自己的力量，也成为了更好的自己。

3.4.1.2 专业、创新和支持的志愿组织气氛有助于志愿行为的可持续性

M组织自成立之初，就被定位为以志愿者为主体的组织，但志愿者的流失率高又是志愿组织最常遇到的问题。"根据我们的访谈发现志愿者流失率高，因为很多志愿者都不知道为什么要来参加这个活动，好像参加完之后也没有什么特别的感觉和收获。"为此，M组织探索出了一条专业化道路，从志愿者招募到培训、管理，都有一系列标准化的流程。M组织先指导志愿者在网上报名，然后对资料进行筛选，筛选之后再安排面试，面试后对志愿者进行一个为期8天的培训，然后从接听热线开始及接听热线3次后分别安排一对一的督导，之后再确定他们是否可以成为M组织的志愿者。成为真正的志愿者之后，可能会参与到项目、讲课等活动中，但无论是什么活动，他们内部都有一套相应的评价反馈体制，让志愿者明白自己在干什么以及干得怎么样，甚至还创新了一条"志愿者劝退机制"，对于不符合组织志愿理念和志愿精神的志愿者，会有技巧地对其进行劝退，这与以往只需要对方愿参与，对志愿者考核松散的情况大不相同。M组织原来的大多数成员都不是心理咨询专业人员，但是，经过不断的学习与实践，目前有超过半数的志愿者都取得了心理咨询师的职业资格证书。"M组织是一个非营利性的民间组织，资金要自筹，得不到经费的支持，导致M组织的工作难以为继。初期开办的经费是几个发起人筹集的，主要通过设计项目向基金会提出申请，以项目经费来开展工作。2016年年底，M组织注册了民办非企业组织后，可以从政府那里购买服务，增加了一个筹集资金的渠道。"缺少经费的支持，最直接的影响就是办公地点，W老师说"我们搬了几次家，距离太远的志愿者就没法来了，有些年纪较大的志愿者也无法过来"，其次是对相关工作运行的影响，比如志愿者的交通补贴等，W老师说："志愿者来参加志愿服务项目，不能让人家贴钱干活，必要的补贴必须要给他，贴钱参加志愿服务肯定不能持续下去。"M组织的服务有两个特点：一是创新性，二是品牌意识。因此，它开展的许多活动都是社会首创。M组织的创始人X希望组织所做过的项目能在理论上有所提升、在方式方法上有所归结，形成一种模型加以推广，让更多的人群受益，并把这种做法称作品牌意识。创始人X认为，民间组织也需要创造具有自己特色的品牌进行传播与推广，以造福更多的人群。这种品牌意识促使M组织在选择项目时会考虑项目的可持续性以及可复制性，"我们一般很少做短期项目，因为我们肯定是希望所做的项目是要有可复制性的、

能推广的",而项目能持续且做得好,又为该组织提供了良好的经费保障,有了经费支持、办公的地点、合适的项目运作方式,志愿者培训等就能获得保障,就能有效降低志愿者流失率,志愿行为也就更有可能可持续发展。

3.4.1.3 志愿组织领导的专业性和个人魅力有助于志愿行为的可持续性

对于 M 组织来说,很多项目都是第一次做,因此,一路上需要不断"啃硬骨头"、不断创新、不断摸着石头过河,在这个过程中遇到了很多困难,那么,是什么支持着大家一往无前地做这件事呢?W 老师认为:"我们就爱干别人没干过的事情,会感到很有劲头。还有就是大家在一起工作的时候,心里觉得很痛快。"对于 W 老师来说,这份工作就是她热爱并愿意为之百分百奉献的事业。铁杆志愿者 T 补充道:"W 老师非常专业,这个组织如果换个负责人,导致没有这种专业支持的话,很多事情做起来就实在太难了。大家愿意和 W 老师一起做事就是因为她的专业度,如果负责人专业度不够,公益组织服务就会变得很松散。"作为团队的领导者,W 老师不仅自己专业十分过硬,而且以身作则,"其实我觉得做志愿者是最轻松的事情,我一直渴望回归到志愿者的队伍,有很大的自由度选择自己喜欢的项目去做,还可以自己掌握时间,但是作为管理者不管愿不愿意都得承担一定的责任,作为专职的志愿者,遇到困难的时候肯定要冲在前面,就算是一些你不想做的、认为没价值的事情,也得去做,要起到带头作用"。志愿者和管理者的双重身份也使得 W 老师更加关注志愿者的个人成长,而志愿者获得个人成长会使其更愿意待在这个团队,在遇到困难时也会紧跟领导者的步伐,不轻易退缩。

当有人提出不同的声音和反对意见的时候,W 老师认为"肯定会有的,就我负责的这些项目,要是出错我觉得也很正常,我们在做某些项目的中间环节时,志愿者会有不同意见,有时候我们也会争得面红耳赤。但是,如果你认为这件事可执行,又有人支持你,那么这个项目就能干得起来"。"我们也会为志愿者提供一些培训和督导,但有时候也会有照顾不到的地方。一般我都会尽力照顾,比如我们在课程休息的时候会一起谈论,大家都可以畅所欲言。我也带实习生,设计课上我的学生很多时候也跟我意见相左,但最终肯定都能达成一致,这其实都需要专业技能和负责人的内在力量,相信自己你才能允许别人提出不同意见。"W 老师不论是在志愿活动中还是与志愿者的交流中,表现出来的都是开放、包容的态度,一种不畏困难、勇往直前的精神,这种为了实现目标,满怀希望、攻坚克难的精神又深深感染着团队中的志愿者,使得大批志愿者克服重重困难，持续开展志愿服务，从而促进了志愿组织的发展。

3.4.1.4　志愿者心理资本的形成和发展有助于催生志愿者与志愿组织间的情感联结，进而促进志愿行为的产生和可持续性

志愿者参与志愿活动与产生志愿行为往往是自发的，但在实际中常常遇到的一个情况就是志愿者乘兴而来败兴而归。志愿者T表示，"为了使志愿行为可持续，M组织采取了一些激励机制，从关心每一位志愿者的基本需求入手，志愿服务的组织者经常对志愿者们嘘寒问暖，关心我们的所思所想；同时，对志愿者提出的基本要求或问题做到立行立改，这些措施和做法拉近了我们与M组织之间的距离，久而久之，我们对M组织产生了一种情感上的依恋感，这种依恋感进一步使得我们更加坚信自己所从事的活动的价值和意义"。志愿组织承诺就是志愿者在参与志愿服务过程中与志愿组织互动所产生的一种情感联结，这种情感联结会增加志愿者的职业热情，强化职业使命感，这种职业使命和热情进而转化为积极的志愿服务行为，进一步推进了志愿行为的持续发展。有研究发现，"个体心理资本水平更高的个体，更能感知到来自组织、社会或他人的帮助，更能体验到某种积极的氛围和情境"[1]。此外，以往的研究还发现，心理资本能正向预测志愿行为。换句话说，志愿者拥有的心理资本越强，志愿行为的可持续性也就越有保障。志愿者本身往往已经具有诸如奉献、责任使命感等特质，当他们进入一个组织时，专业、支持的团队氛围更能使其在遇到困难时得到专业的支持且不畏困难（坚强韧性），有信心、有方法（乐观希望）去战胜困难，而团队领导的示范作用和人格魅力又能使得团队氛围良好，使其更加愿意待在组织中（责任使命），长期的志愿服务和他人的良好反馈又能增强其志愿精神（感恩感戴），由此进一步强化志愿者与志愿组织的情感联结，坚定个体志愿服务工作的价值感和意义感，进而使得个体志愿行为更加具有持续性。在M组织中，服务年限超过5年的志愿者有上百人，甚至10年以上的志愿者也有50多人，他们真正做到了与M组织共同成长。

---

[1] Luthans F, Avolio B J, Avey J B, et al. "Positive Psychological Capital: Measurement and Relationship with Performance and Satisfaction". *Personnel Psychology*, 2007, 60 (3): 541-572.

3.4.2 个案研究结果的分析与讨论

3.4.2.1 心理资本视角下志愿行为可持续发展的过程

对 M 组织来说，经过实践和探索，他们坚持要走一条专业化、创新性的道路（组织专业化和创新性）。M 组织的创始人 X 老师以及团队领导 W 老师几十年如一日地践行该组织成立时的精神，去完成他们所肩负的使命，正如一位志愿者所说"看见他们就像看到了定海神针"，他们不仅是带领者，也是志愿者，与大家共同进退，也正因为这样，一批批志愿者愿意坚持下来，该组织的项目及任务才得以完成。再者，从领导人到志愿者，都以此为目标，不断提升自己，克服重重困难，组织内形成了一种追求专业和创新的共赢氛围（组织气氛），而这样的氛围以及志愿组织领导的专业性和个人魅力（志愿者领导）不仅有利于组织的发展，更使得志愿者得到强有力的支持，使得志愿者增强了其开展资源服务的目标、信心、抗挫力以及使命感（心理资本），增进了志愿者与志愿组织之间的情感联结，自身得到成长，使得志愿行为可持续。志愿行为可持续发展的影响因素模型如图 3-2 所示。

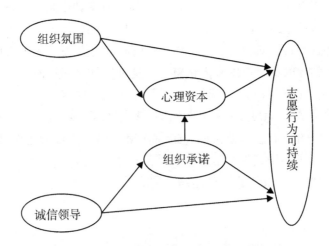

图 3-2 志愿行为可持续发展的影响因素模型

3.4.2.2 志愿行为可持续发展过程的影响因素

本研究认为，志愿组织气氛、志愿组织领导、志愿者组织承诺以及志愿者心理资本等都是影响志愿行为可持续发展的重要因素。

（1）组织气氛。组织气氛是成员对组织内部环境的主观认知，这种群体认知会反过来影响个体行为，在志愿组织中，这种组织气氛往往表现为一种组织特有的"组织精神"，或称为"志愿精神"，而志愿组织往往由于其自发性，因此在专业性上有所欠缺，表现为对志愿者管理松散、对志愿活动目标的不明确，志愿行为不可持续方面。但是，M组织创新性地走了一条专业化道路，形成了一套志愿者的选拔与管理制度，进而形成了具有自己特色的志愿者精神，从"爱人、爱生命、爱社会"到"用生命影响生命"。"用生命影响生命"不仅成为该组织的志愿精神，而且成为该组织一如既往坚持的理念和价值观。在这样的团队里，志愿者的自我价值得到提升，遇到困难能得到专业支持和强有力的精神支持，志愿者能更好地解决问题，志愿行为更具有可持续性。因此，对于志愿组织而言，走专业化、标准化的创新道路，创造更强有力支持的成长氛围，更能留住志愿者，使得志愿行为更具有可持续性。

（2）组织领导。领导是一个团队的核心，领导者的行为方式和行事风格对于团队的成败有决定性作用，特别是在志愿组织中。每个组织都具有其独特的志愿精神和责任使命，如果领导者自身就与组织的理念不合，那么，就难以使组织走在正确的道路上，再加上志愿行为本身是由志愿者自发产生的，对于领导者的不满和不认可，往往阻碍着志愿行为的产生，甚至有志愿者因为不喜欢团队领导者而不再从事志愿活动。但在M组织中，领导者W老师以身作则，实实在在地践行组织的志愿精神，并以其过硬的专业能力、宽大的胸怀以及对他人的用心关怀，吸引了一批铁杆志愿者，培养出了一支乐于奉献、专业过硬、不畏艰难、共同进退的志愿者团队。

（3）组织承诺。志愿者组织承诺是反映个体与志愿组织的情感连接、价值认同和忠诚投入的重要变量，是衡量志愿者与志愿组织关系质量的心理指标。一般而言，志愿者组织承诺水平越高，志愿者对志愿组织以及志愿者工作的认同度越高，换言之，就是情感越深厚，越有助于个体将这种认知和情感转化为一种促进组织和志愿者自身发展的行为。在M组织中，组织领导的专业性和个人魅力，以及专业、创新和支持的组织气氛使不少志愿者与志愿组织产生深厚的情感联结，并具有价值认同感，促进了其志愿行为的可持续发展。

（4）志愿者心理资本。我国社会组织正处于从追求数量增长的高速度发展阶段向追求质量和效益的高质量发展阶段转型。社会组织向高质量转型发展，一方面，是因为政府对社会组织的监管之严、处罚力度之大，为近二十年所未有，倒逼社会组织必须走规范化、透明化的高质量发展之路；另一方面，来自政府和社会组织系统内部的支持力量越来越大，社会组织的支持网络更加健全，能够获取的各类资源更加丰富，这两大支持力量正成为社会组织走上高质量发展之路的双轮驱动力量，推动社会组织向专业化、品牌化的高质量阶段发展（黄晓勇，2019）。同时，社会组织的专业化、品牌化道路，离不开组织领导者，特别是志愿者的专业化，做志愿者也不再像以往仅凭一腔热血就能皆大欢喜。作为志愿者本身，提升自己的心理资本，拥有感恩感戴、责任使命等积极心理品质，更倾向于产生志愿行为，遇到困难不退缩，拥有克服困难的决心和愿景，并有良好的归因方式和实现目标的方法，无论是对志愿者还是服务对象甚至是志愿组织来说都是共赢的。而志愿者是组织的组成部分，根据角色认同理论，志愿者越是认同该组织（包含领导者、该组织理念等），就越倾向于按照该组织的要求行动。因此，志愿组织能提供良好平台，并给予专业、支持的氛围，以及有一个充满魅力的领导者，更能使志愿行为可持续发展。

本章小结

本部分通过质性研究，从心理资本的视角揭示了志愿行为可持续性发展机制，既弥补了志愿者心理资本研究的不足，又拓展了志愿行为发生和发展的分析角度。具体而言：一方面，通过扎根理论研究方法探索出志愿者心理资本包括感恩感戴、责任使命、乐观希望、坚强韧性和自我效能五个方面的内容，同时发现志愿者心理资本能正向预测志愿行为。此外，通过扎根理论研究，还发现了志愿者心理资本在领导行为、组织气氛和志愿行为可持续影响中的中介效应；社会支持和志愿动机在心理资本与志愿行为关系中的链式中介效应；角色认同在其关系中的调节效应。即领导行为和组织气氛会激发个体心理资本水平，同时志愿者在心理资本水平的作用下，又得到了志愿组织的有利引导和家庭的关心、支持，进一步强化了志愿动机，进而促进了志愿服务行为的产生；同时，积极的角色认同可以正向调节心理资本对志愿行为影响机制的效应，而消极的角色认同则对其产生负向减弱的效应。另一方面，通过个案剖析揭示了组织的专业性和创新性为志愿者心理资本的产生和发展提供了良好条件，同时还揭示了志愿组织气氛、志愿组织领导、志愿者组织承诺以及志愿者心理资本等是影响志愿行为可持续发展的重要因素。

然而，质性研究也有其内在缺憾，加之所构建理论模型的复杂性，有必要通过量化研究进行进一步确证。事实上，质性研究的可靠性需要通过量化研究才能得以证实。同时，志愿者心理资本的结构维度是否能得到确证，且在所构建的影响机制综合模型中，角色认同到底在心理资本影响志愿行为中的哪个阶段起调节效应，还有待量化研究的深入探究。再者，社会支持包括家庭支持、家庭关怀以及组织支持等方面的内容，下一步可以考虑将家庭关怀因素作为一个独立变量进行考察。综上所述，在后续的研究中，有必要采用量化研究的方式，进一步探究志愿组织气氛、志愿组织领导、志愿者组织承诺、角色认同、领悟社会支持、家庭关怀度等在志愿者心理资本与志愿行为可持续性关系中的作用，即有必要揭示其中的调节效应、中介效应或交互效应，以较全面地揭示心理资本视角下志愿行为可持续性发展机制。

第 4 章
志愿者心理资本、志愿行为可持续与人口学变量的关系

4.1 研究目的

本章旨在进一步验证志愿者心理资本维度结构,揭示志愿者心理资本、志愿行为可持续现状及其关系,探索人口学变量对其心理资本、志愿行为的影响,以期为开展有针对性的心理健康教育、促进志愿者心理健康、推动志愿行为的可持续发展提供一定的理论依据和参考。

4.2 研究 2a:志愿者心理资本维度验证及问卷编制

4.2.1 题项来源

根据第三章扎根理论成果,志愿者心理资本包括责任使命、感恩感戴、自我效能、坚强韧性和乐观希望 5 个维度。在分析国内外心理资本调查问卷后,选取张阔等(2014)编制的大学生心理资本问卷的题项作为志愿者心理资本问卷设计的基础,包括自我效能、希望、乐观和韧性 4 个维度,共 26 个题项,对各维度进行编号(V12~V37),其中,自我效能维度为 V12~V18、坚强韧性维度为 V19~V25、希望维度为 V26~V31、乐观维度为 V32~V37。虽然心理资本概念的提出者 Luthans(2005)也编制了心理资本问卷,但考虑到该问卷主

要考察企业员工的工作情境，因而不太适合中国志愿者的情境。本研究以志愿者为研究对象，其中有很大一部分为大学生群体，张阔等（2014）编制的中国大学生心理资本问卷比较符合一般情境。在此基础上，增加了 McCullough（2001）编制的感戴问卷的全部题项共 6 个，并对各题项编号为 V64～V69；增加了根据徐礼平（2018）编制的团队心理资本问卷中责任使命维度的 4 个题项改编或转移而来的责任使命题项，对各题项编号为 V38～V41。如将高校情境转移为志愿服务情境，而责任使命则由团队层面全部转移为个体层面。责任使命的 4 个题项分别是"我们义不容辞地对弱势群体展开力所能及的帮扶""我们有义务做好每一件有益于国家和社会发展的事情""只要国家和社会需要，即便从事不喜欢的职业我也乐意"和"我很清楚活着不仅是为了自己，还为了他人、社会和国家"。同时，还包括对志愿者帮助他人、担当的品质、集体利益和无私奉献等意识的考察。志愿者心理资本初始问卷共汇编 36 个题项。采用李克特 7 点评分法从"非常不同意"到"非常同意"分别计为 1～7 分，志愿者心理资本及各维度得分越高，心理资本及各维度水平越高。此外，本研究在此基础上还设计了志愿者人口学特征调查表，包括志愿者性别、年龄、职业性质、志愿服务年限、教育（学科）背景和志愿服务频率等变量。

4.2.2 研究对象与方法

4.2.2.1 研究对象

本研究采用问卷测量的方法，根据方便取样的原则，于 2019 年 3—6 月分别在广东省、上海市、江西省和贵州省四个省市的华南理工大学、南方医科大学、宜春学院、遵义医科大学珠海校区、广东农工商职业技术学院、广东工贸职业技术学院、广东外语艺术职业学院 7 所高校，以及上海市嘉定区（1 个）、珠海市香洲区（2 个）、广州市海珠区（1 个）、遵义市汇川区（2 个）的 6 个社工组织进行施测。笔者和团队成员联了各单位志愿组织的负责人，在他们的帮助下随机发放了 100～200 份问卷。参与者在知情同意后现场独立完成调查，所有参与者都是志愿者，没有任何补偿，填写的数据完全匿名。

高校和社工组织各发放 800 份调查问卷，共 1600 份，回收问卷 1204 份，剔除信息填写不完整的问卷 39 份，得到有效问卷 1165 份，问卷有效率 96.8%。本研究中参与者的纳入标准为在全国志愿服务信息系统中登记在册的志愿者个体。所有参与者都在社区参与过服务，包括社区秩序和环境维护、帮助孤儿和学龄儿童，以及健康知识推广。从被试的性别分布情况看，男性461人（39.6%），女性704人（60.4%）；从被试的年龄分布情况看，17岁以下的有78人（6.7%），18~25岁的有628人（53.9%），26~40岁的有250人（21.5%），41~60岁的有157人（13.5%），61岁以上的有52人（4.4%）；从学科背景上看，文科223人（19.2%），理工科299人（25.7%），医科259人（22.2%），管理学科113人（9.7%），艺术学科53人（4.5%），其他218人（18.7%）；从被试的职业性质分布情况看，在读大学生603人（51.8%），公务员40人（3.4%），企事业单位工作者239人（20.5%），自由职业者195人（16.7%），退休人员88人（7.6%）；从被试的志愿服务年限分布情况看，1年以下的有489人（42.0%），1~3年的有408人（35.0%），3~5年的有172人（14.8%），5年以上的有96人（8.2%）；从被试的志愿服务频率分布情况看，经常参加的有495人（42.5%），长期固定参加的有98人（8.4%），偶尔参加的有542人（46.5%），从未参加过的有30人（2.6%）。具体数据详见表4-1。

表4-1 被调查者的分布统计

统计内容	分类	样本量/人	所占比例/%
性别	男	461	39.6
	女	704	60.4
年龄	17岁以下	78	6.7
	18~25岁	628	53.9
	26~40岁	250	21.5
	41~60岁	157	13.5
	61岁及以上	52	4.4
学科背景	文科	223	19.2
	理工科	299	25.7
	医科	259	22.2
	管理学科	113	9.7
	艺术学科	53	4.5
	其他	218	18.7

续表 4-1

统计内容	分类	样本量/人	所占比例/%
职业性质	在读大学生	603	51.8
	公务员	40	3.4
	企事业单位工作者	239	20.5
	自由职业	195	16.7
	退休人员	88	7.6
志愿服务年限	1年以下	489	42.0
	1～3年	408	35.0
	3～5年	172	14.8
	5年以上	96	8.2
志愿服务频率	经常参加	495	42.5
	长期固定参加	98	8.4
	偶尔参加	542	46.5
	从不参加	30	2.6

4.2.2.2 数据统计方法

本研究采用 SPSS 22.0 和 AMOS 21.0 对调查数据进行统计分析。首先，从总样本中随机抽取了 552 份（占总数的 47.4%）调查数据；接着，采用 SPSS 22.0 对 552 份调查数据进行志愿者心理资本维度结构的探索性因子分析，同时比对剩余的 613 份（占总数的 52.6%）调查数据；最后，采用 AMOS 21.0 对志愿者心理资本维度结构进行验证性因子分析。

4.2.3 研究结果

4.2.3.1 志愿者心理资本探索性因子及维度分析

（1）志愿者心理资本探索性因子分析。随机抽取了 552 份（占总数的 47.4%）调查数据进行志愿者心理资本探索性因子分析，发现 KMO 值为 0.920，$p < 0.001$（详见表 4-2），说明各项目中变量的共同因素较多，有必要

进行因素分析。

表4-2 志愿者心理资本KMO检验和巴特利特检验结果

KMO 取样适切性量数	巴特利特球形度检验	
	近似卡方	9127.404
0.920	df	666
	Sig.	0.000

（2）志愿者心理资本的初步确定。根据本书中第3章扎根理论研究的结果：志愿者心理资本包括责任使命、感恩感戴、自我效能、坚强韧性和乐观希望5个维度，由此，将因子提取数设置为5。此外，分析发现部分题项有较明显的交叉载荷，删除有关题项后，经过多次调试仍无法得到可接受的5个维度模型。为此，不对因子提取数设置进行主轴分析和正交旋转，结果表明在第5个因子处陡坡逐渐趋于平缓（如图4-1所示）。

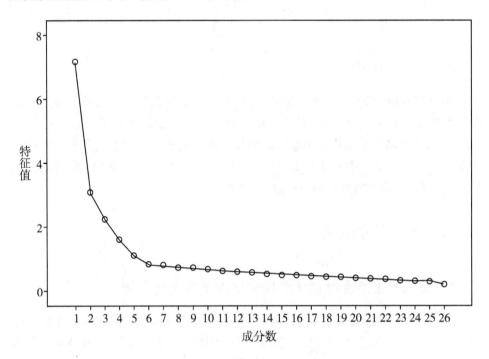

图4-1 志愿者心理资本因子分析

第4章 志愿者心理资本、志愿行为可持续与人口学变量的关系

根据问卷编制的五个基本原则："一是每个因子特征值至少大于1；二是因子在旋转前至少能解释2%的总变异；三是因子符合陡阶检验；四是因子比较好命名；五是至少保留2个及以上的题项。"（罗伯特，2004）通过正交旋转，得到因子负荷分布情况。36个题项分布于6个成分当中，其中，题项的最高负荷值为0.799，最低值为0.431。题项的共同度值均在0.4以上。

在题项分布的不同成分上，成分1包括V12、V13、V14、V15、V16、V17、V33，共7个题项；成分2包括V26、V27、V28、V29、V30、V32、V34、V35、V37，共9个题项；成分3包括V64、V65、V66、V67、V68、V69、V70，共7个题项；成分4包括V31、V38、V39、V40、V41，共5个题项；成分5包括V19、V21、V23、V25、V36，共5个题项；成分6包括V20、V18、V22、V24，共4个题项。通过对各题项进行分析发现，成分1中除V33外，反映的均是自我效能；成分2反映的是乐观和希望；成分3反映的是感恩感戴；成分4除V31外，反映的均是责任使命；而成分5和成分6中除V36外，各题项反映的均是韧性水平，根据各题项载荷情况，删除载荷较低的成分6。然后，对删减后的题项进行探索性因子分析，并经过多次正交旋转，最终保留了5个成分，成分1为自我效能，包括V12、V13、V14、V15、V16、V17，共6个题项；成分2为乐观希望，包括V27、V29、V33、V35、V37，共5个题项；成分3为感恩感戴，包括V64、V65、V66、V67、V68、V69，共6个题项；成分4为责任使命，包括V38、V39、V40、V41，共4个题项；成分5为坚强韧性，包括V19、V21、V23、V25，共4个题项（详见表4-3）。考虑到每个维度题项数目的一致性，对超过最低题项4个的成分根据题项的载荷高低保留前4个题项，即每个维度均保留4个题项，其他题项予以删除，从而得到志愿者心理资本问卷最终保留的20个题项。

表4-3 志愿者心理资本的探索性因子分析结果

题项	1	5	2	4	3	共同度
V14	0.826					0.751
V12	0.782					0.657
V15	0.736					0.662
V16	0.725					0.641
V17	0.344					0.614

续表 4-3

题项	1	5	2	4	3	共同度
V13	0.357					0.632
V23		0.799				0.655
V21		0.753				0.598
V25		0.750				0.564
V19		0.744				0.576
V27			0.789			0.689
V29			0.741			0.650
V37			0.530			0.515
V35			0.507			0.543
V33			0.368			0.515
V39				0.577		0.801
V38				0.789		0.723
V40				0.668		0.719
V41				0.744		0.581
V41				0.356		0.519
V68					0.783	0.647
V66					0.751	0.677
V69					0.745	0.589
V64					0.717	0.426
V65					0.328	0.547
V67					0.391	0.516

对删除题项后的志愿者心理资本问卷（包括20个题项）再次进行探索性因子分析，发现问卷的 KMO 值为 0.858，$p<0.001$，表明较为适合进行因子分析。在此基础上，再次进行正交旋转，得到新的因子负荷表（详见表4-4）。同时，满足问卷编制中因子提取条件的只有五因子模型，分别是成分1自我效能（包括 V12、V14、V15、V16）、成分2乐观希望（包括 V27、V29、V35、V37）、成分3感恩感戴（包括 V64、V66、V68、V69）、成分4责任使命（包括 V38、V39、V40、V41）以及成分5坚强韧性（包括 V19、V21、V23、V25），其解释

变异量为 62.819%。至此，志愿者心理资本调查问卷正式形成，其结构维度包括自我效能、乐观希望、感恩感戴、责任使命和坚强韧性 5 个方面。

表 4-4　志愿者心理资本的探索性因子分析结果

题项	1	5	2	4	3	共同度
V14	0.826					0.751
V12	0.782					0.657
V15	0.736					0.662
V16	0.725					0.641
V23		0.799				0.655
V21		0.753				0.598
V25		0.750				0.564
V19		0.744				0.576
V27			0.789			0.689
V29			0.741			0.650
V37			0.530			0.515
V35			0.507			0.543
V39				0.577		0.801
V38				0.789		0.723
V40				0.668		0.719
V41				0.744		0.581
V68					0.783	0.647
V66					0.751	0.677
V69					0.745	0.589
V64					0.717	0.426

4.2.3.2　志愿者心理资本结构维度内部一致性信度分析

信度（reliability）是考察调查工具质量高低的重要标尺。一般而言，信度系数越高表明调查工具越可信，内部一致性信度（Cronbach's α）>0.7 时可认为调查工具内部一致性信度较好。通过分析发现，自我效能、乐观希望、坚强韧性、责任使命和感恩感戴的内部一致性信度（Cronbach's α）分别为0.817、0.815、0.701、0.759、0.733，志愿者心理资本的内部一致性信度（Cronbach's α）为0.857，这表明志愿者心理资本问卷的内部一致性信度（Cronbach's α）良好（详见表4-5）。

表4-5 志愿者心理资本及其各维度内部一致性信度

	自我效能	乐观希望	坚强韧性	责任使命	感恩感戴	志愿者心理资本
题项数	4	4	4	4	4	20
信度系数	0.817	0.815	0.701	0.759	0.733	0.857

4.2.3.3 志愿者心理资本结构维度效度检验

通过采用随机抽取后剩余的613份（占总数的52.6%）调查数据对志愿者心理资本及其各维度进行一阶验证性因子分析，发现志愿者心理资本初始模型拟合指数 CMN/DF 为3.743，小于5；NFI、IFI、TLI、CFI 分别为0.858、0.892、0.874、0.891，均超过0.8；$RMSEA$ 为0.067，小于0.08，表明志愿者心理资本的结构维度模型拟合良好，即志愿者心理资本调查问卷有良好的结构效度。志愿者心理资本验证性因子结构模型如图4-2所示。

至此，志愿者心理资本问卷正式形成。志愿者心理资本，是指志愿者在开展志愿活动过程中所体现出的积极的心理品质或心理状态，是促进志愿行为可持续发展的原动力，主要包括责任使命、感戴感恩、自我效能、坚强韧性和乐观希望5个维度，各维度的题项内容见文后附录3中相关志愿者心理资本（修订后）。其中，责任使命是指个体在追求社会价值和社会责任的过程中产生的一种积极的心理责任和使命感；感恩感戴是指个体在接受利他行为的恩惠后产生的同情和积极的心理状态；自我效能是指个体认为自己有能力完成任务并取得成功的自我意识；坚强韧性是指个体从逆境、挫折和失败中迅速恢复的能力；乐观希望是指个体通过各种途径达到预定目标的积极状态。

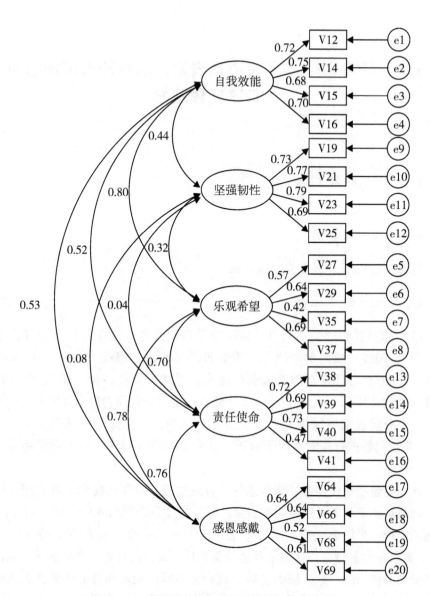

图4-2 志愿者心理资本验证性因子结构模型

4.3 研究 2b：志愿者心理资本、志愿行为可持续的人口学变量差异

4.3.1 研究对象与方法

4.3.1.1 研究对象

与 4.2 研究 2a 中的研究对象一致。

4.3.1.2 研究工具

（1）志愿者心理资本问卷。该问卷系自编问卷，是在前期扎根理论研究（徐礼平，2020）成果的基础上，采纳张阔（2010）根据 Luthans、Youssef 和 Avolio（2007）心理资本理论编制的问卷，增加了责任使命（徐礼平，2019）和感恩感戴（McCullough，2001）2 个题项；遵循修订问卷探索性因子分析和验证性因子分析数据不能重叠或重复的基本原则，从总样本中随机抽取 552 份（47.4%）问卷进行探索性因子分析，其余 613 份（52.6%）问卷采用验证性因子分析。

该问卷包括责任使命、感恩感戴、自我效能、坚强韧性和乐观希望 5 个维度。加载量小于 0.3 的题项均被删除，每个维度最终保留 4 个题项。问卷由 20 个题项组成，采用李克特 7 点评分法，从 1 分（完全不符）到 7 分（完全符合）。责任使命是指个体在追求社会价值和社会责任的过程中产生的一种积极的心理责任和使命感。这一层面包括"我们义不容辞地对弱势群体展开力所能及的帮扶"等 4 项内容。感恩感戴是指个体在接受利他行为的恩惠后产生的同情和积极的心理状态。这个维度包含 4 个题项，比如"我感激生活赐予我的许多美好的东西"等。自我效能是指个体认为自己有能力完成任务并取得成功的自我意识。这个维度包含 4 个题项，比如"我的见解和能力超过一般人"。坚强韧性是指个体从逆境、挫折和失败中迅速恢复的能力。这个维度包含 4 个题项，比如"遇到挫折时，我能很快地恢复过来"等。乐观希望是指通过各种途径达到预定目标的积极状态。这个维度包括 4 项，如"我觉得生活是美好的"等。

我们计算了每个维度的平均分，维度得分越高，则因素水平越高。该量表的结构效度是充分的（$\chi^2/df = 3.743$；$NFI = 0.858$；$IFI = 0.892$；$TLI = 0.874$；$CFI = 0.891$；$RMSEA = 0.067$）。本研究的信度为 0.911。

（2）志愿行为倾向问卷。本研究采用 Carlo（2005）开发的志愿行为问卷，该问卷由四项组成，旨在考察志愿者开展志愿服务行为的倾向性，由此也可推测志愿者志愿行为的可持续性水平。问卷内容包括询问志愿者是否曾参与过志愿服务（1 = 是，0 = 否），目前是否正在参与志愿服务（1 = 是，0 = 否），未来一年内是否有志愿服务计划（1 = 是，0 = 否），以及他们将在校园与社区参与志愿服务项目的可能性（4 = 肯定会，3 = 很可能会，2 = 也许会，1 = 可能没有，0 = 完全没有）。平均得分为每个项目的总分除以 4。该问卷的最终得分在 0 到 1.75 之间，平均分越高，表示参与志愿活动的倾向性越高。本研究问卷的信度为 0.762。

4.3.1.3 数据统计方法

采用 SPSS 22.0 对符合正态分布的数据以 $\bar{X} \pm s$ 表示。采用单因变量多因素方差分析（GLM univariate）检验变量间的交互作用；采用独立样本 t 检验和方差分析，同时方差分析中多重比较采用 LSD-t 检验，以 $p < 0.05$ 表示差异有统计学意义。

4.3.2 研究结果

4.3.2.1 志愿者心理资本与志愿行为可持续的描述性统计

志愿者心理资本及其各维度与志愿行为可持续的描述性统计以及两两相关系数见表 4-6。

表 4-6 志愿者心理资本及其各维度与志愿行为可持续的描述统计以及相关系数（r）

因素	均值	标准差	a	b	c	d	e	1
a 自我效能	5.09	1.05	1					
b 坚强韧性	4.51	1.29	0.294**	1				

续表 4-6

因素	均值	标准差	a	b	c	d	e	1
c 乐观希望	5.28	0.99	0.548**	0.186*	1			
d 责任使命	5.57	0.96	0.403**	0.044	0.535**	1		
e 感恩感戴	3.99	0.64	0.336**	0.049	0.468**	0.488**	1	
1 心理资本	4.89	0.67	0.769**	0.567**	0.762**	0.658**	0.587**	1
2 志愿行为可持续	1.38	0.41	0.351**	0.203**	0.346**	0.374**	0.320**	0.461**

注：*表示 $p<0.05$；**表示 $p<0.01$。

从表 4-6 可知，除志愿者心理资本的责任使命、感恩感戴与坚强韧性相关系数不显著外，志愿者心理资本及其各维度与志愿行为可持续呈显著相关，相关系数均在 0.186～0.769（$p<0.01$），其中，志愿者心理资本与志愿行为可持续显著相关。可见，进一步揭示志愿者心理资本与其志愿行为可持续之间的关系很有必要。此外，志愿者心理资本得分（4.89±0.67）与志愿行为可持续得分（1.38±0.41）同各自的最高分比较，均处于中等水平，由此可认为志愿者心理资本与其志愿行为可持续的总体得分呈中等水平。感恩感戴维度的得分（3.99±0.64）相对其他维度较低，责任使命维度的得分（5.57±0.96）最高。

4.3.2.2　各变量交互作用检验

考虑到人口学变量较多，因而采用单因变量多因素方差分析（GLM univariate）检验变量间的交互作用，发现志愿者心理资本、志愿行为可持续与其性别、年龄、职业性质、服务年限和服务频率等人口学特征间的交互作用均不显著（$p>0.05$）。

4.3.2.3　志愿者心理资本、志愿行为可持续与人口学变量关系

采用独立样本 t 检验和单因素 ANOVA 检验考察人口学变量，包括性别、年龄、职业性质、服务年限和服务频率等与志愿者心理资本、志愿行为的关系（详见表 4-7），揭示人口学变量对志愿者心理资本和志愿行为可持续的影响。

（1）性别与志愿者心理资本、志愿行为可持续的关系。男性志愿者在自我效能维度的得分高于女性志愿者，差异具有统计学意义（$p<0.05$）；在志愿者心理资本总分及坚强韧性、乐观希望、责任使命和感恩感戴的得分上，男性志愿者和女性志愿者得分差异无统计学意义（$p>0.05$）。志愿者志愿行为可持续在性别上的得分差异不明显，无统计学意义（$p>0.05$）。

表4-7 志愿者心理资本、志愿行为可持续与人口学变量的关系（$\bar{X} \pm s$）

	类别	数量	自我效能	坚强韧性	乐观希望	责任使命	感恩感戴	心理资本	志愿行为可持续
性别	男	461	5.16±1.032	4.57±1.311	5.34±0.963	5.56±0.962	3.96±0.643	4.93±0.665	1.38±0.467
	女	704	5.03±1.055	4.47±1.278	5.24±1.006	5.58±0.953	4.01±0.631	4.87±0.661	1.38±0.371
	t	—	2.167	1.332	1.806	-0.303	-1.358	1.588	0.071
	p	—	0.030*	0.183	0.071	0.762	0.175	0.113	0.944
年龄	①17岁以下	78	5.15±1.175	4.40±1.414	5.08±1.177	5.46±1.276	3.77±0.800	4.77±0.762	1.28±0.401
	②18~25岁	628	4.88±1.023	4.30±1.180	5.11±0.949	5.42±0.943	3.91±0.614	4.74±0.613	1.28±0.364
	③26~40岁	250	5.38±0.943	4.96±1.326	5.52±0.945	5.71±0.837	4.07±0.604	5.13±0.643	1.50±0.324
	④41~60岁	157	5.19±1.094	4.62±1.341	5.53±0.974	5.80±0.909	4.17±0.619	5.06±0.678	1.49±0.327
	⑤61岁以上	52	5.73±0.821	4.63±1.506	5.67±0.961	6.13±0.813	4.34±0.512	5.30±0.522	1.76±0.877
	F	—	17.262**	12.442**	14.284**	12.320**	13.478**	26.303**	32.815
	p	—	0.000	0.000	0.000	0.000	0.000	0.000	0.000
	事后多重比较	—	①、②<③、④<⑤	①、②<③、④<⑤	①、②<③、④、⑤	①、②<③、④<⑤	①、②<③、④<⑤	①、②<③、④<⑤	①、②<③、④、⑤
职业性质	①大学生	603	4.81±1.029	4.19±1.157	5.02±0.979	5.39±1.002	3.88±0.646	4.67±0.596	1.27±0.368
	②公务员	40	5.57±0.981	5.43±1.005	5.54±0.993	5.61±0.757	3.86±0.546	5.20±0.695	1.50±0.272
	③企事业单位人员	239	5.40±0.907	4.81±1.319	5.57±0.880	5.79±0.837	4.09±0.608	5.13±0.609	1.46±0.352
	④自由职业者	195	5.25±1.068	4.81±1.375	5.52±0.964	5.71±0.907	4.14±0.599	5.08±0.701	1.51±0.555

续表 4-7

分组	类别	数量	自我效能	坚强韧性	乐观希望	责任使命	感恩感戴	心理资本	志愿行为可持续
职业性质	⑤退休人员	88	5.51±1.000	4.79±1.412	5.56±0.972	5.90±0.867	4.18±0.612	5.19±0.619	1.57±0.287
	F	—	24.147**	22.890**	21.875**	12.565**	11.772**	39.382**	26.383**
	p	—	0.000	0.000	0.000	0.000	0.000	0.000	0.000
	事后多重比较	—	①<④<②,③,⑤	①<③,④,⑤<②	①<②,③,④<⑤	①<②,③,④<⑤	①,②<③,④,⑤	①<②,③,④,⑤	①<②,③,④,⑤
服务年限	①1年以下	489	4.79±1.024	4.18±1.203	5.02±1.005	5.40±1.021	3.88±0.667	4.67±0.619	1.26±0.373
	②1～3年	408	5.20±1.022	4.69±1.191	5.34±0.953	5.59±0.902	3.98±0.597	4.97±0.654	1.39±0.359
	③3～5年	172	5.51±0.936	5.10±1.366	5.70±0.796	5.82±0.809	4.18±0.598	5.26±0.586	1.54±0.284
	④5年以上	96	5.34±1.053	4.32±1.476	5.54±1.028	5.91±0.902	4.22±0.564	5.07±0.643	1.61±0.703
	F	—	27.522**	28.217**	25.774**	12.964**	14.990**	44.658**	35.029**
	p	—	0.000	0.000	0.000	0.000	0.000	0.000	0.000
	事后多重比较	—	①<②,③,④	①<④<②<③	①<②,③,④	①<②,③,④	①<②<③,④	①<②,③,④	①<②,③,④
服务频率	①偶尔	542	4.83±1.053	4.22±1.183	5.03±1.006	5.39±1.012	3.89±0.642	4.69±0.642	1.25±0.357
	②经常参加	495	5.37±0.965	4.83±1.321	5.51±0.889	5.74±0.855	4.10±0.580	5.11±0.626	1.49±0.329
	③长期固定	98	5.17±1.070	4.49±1.458	5.50±0.966	5.77±0.913	4.04±0.708	4.99±0.601	1.58±0.702
	④从不参加	30	4.71±0.970	4.42±0.821	5.13±1.301	5.32±1.019	3.71±0.812	4.66±0.609	1.17±0.470
	F	—	25.584**	20.334**	23.048**	14.114**	12.076**	41.898**	45.921**
	p	—	0.000	0.000	0.000	0.000	0.000	0.000	0.000
	事后多重比较	—	①,④<②,③	①<②,③	①,④<②,③	①,④<②,③	①,④<②,③	①,④<②,③	①,④<②,③

（2）年龄与志愿者心理资本、志愿行为可持续的关系。不同年龄阶段的志愿者在心理资本总分及各维度的得分方面，差异具有统计学意义（$p < 0.05$）。多重比较的事后检验（LSD-t）结果表明，26岁以上各年龄阶段的志愿者在心理资本总分及各维度的得分上高于25岁以下各年龄阶段的志愿者；61岁以上的志愿者在心理资本总分及自我效能、坚强韧性、责任使命和感恩感戴维度上的得分均高于其他年龄阶段志愿者，差异具有统计学意义（$p < 0.05$）。不同年龄阶段的志愿者在志愿行为可持续的得分上，差异具有统计学意义（$p < 0.05$）。多重比较的事后检验（LSD-t）结果表明，26岁以上各年龄阶段的志愿者在志愿行为可持续的得分上高于25岁以下各年龄阶段的志愿者。

（3）职业性质与志愿者心理资本、志愿行为可持续的关系。职业性质不同的志愿者在心理资本总分及各维度的得分上，差异具有统计学意义（$p < 0.05$）。多重比较的事后检验（LSD-t）结果表明，大学生志愿者在心理资本总分及自我效能、坚强韧性、乐观希望和责任使命等维度上的得分均低于其他职业类型志愿者，差异具有统计学意义（$p < 0.05$）；自由职业的志愿者在自我效能上的得分低于公务员、企事业单位工作者和退休人员，差异具有统计学意义（$p < 0.05$）；公务员志愿者在坚强韧性上的得分高于其他职业类型志愿者，差异具有统计学意义（$p < 0.05$）；退休人员志愿者在乐观希望上的得分高于其他职业类型志愿者，差异具有统计学意义（$p < 0.05$）；自由职业、企事业单位和退休人员志愿者在感恩感戴维度的得分上高于大学生和公务员志愿者，差异具有统计学意义（$p < 0.05$）。不同职业性质的志愿者在志愿行为可持续的得分上，差异具有统计学意义（$p < 0.05$）。多重比较的事后检验（LSD-t）结果表明，大学生志愿者在志愿行为可持续的得分上低于其他职业性质的志愿者，差异具有统计学意义（$p < 0.05$）。

（4）服务年限与志愿者心理资本、志愿行为可持续的关系。服务年限不同的志愿者在心理资本总分及各维度的得分上，差异具有统计学意义（$p < 0.05$）。多重比较的事后检验（LSD-t）结果表明，服务年限为1年以下的志愿者在心理资本总分及各维度的得分上低于1年以上各水平服务年限的志愿者，差异具有统计学意义（$p < 0.05$）；服务年限为1～5年的志愿者在坚强韧性上的得分高于服务年限为1年以下及5年以上的志愿者，差异具有统计学意义（$p < 0.05$）；服务年限为3年以上的志愿者在责任使命和感恩感戴上的得分高于服务年限为3年以下的志愿者，差异具有统计学意义（$p < 0.05$）。不同服务年限的志愿者在志愿行为可持续的得分上，差异具有统计学意义（$p < 0.05$）；多重比较的事后检验（LSD-t）结果表明，服务年限为1年以下的志愿者在志愿行为可持续的得

分上低于 1 年以上各水平服务年限的志愿者,差异具有统计学意义 ($p<0.05$)。

(5) 服务频率与志愿者心理资本、志愿行为可持续的关系。服务频率不同的志愿者在心理资本总分及各维度的得分上,差异具有统计学意义 ($p<0.05$);多重比较的事后检验(LSD-t)结果表明,经常参加和长期固定参加志愿活动的志愿者在心理资本总分及各维度上的得分均高于偶尔参加和从不参加志愿活动的志愿者,差异具有统计学意义 ($p<0.05$)。不同服务频率的志愿者在志愿行为可持续的得分上,差异具有统计学意义 ($p<0.05$);多重比较的事后检验(LSD-t)结果表明,经常参加和长期固定参加志愿活动的志愿者在志愿行为可持续的得分上均高于偶尔参加和从不参加志愿活动的志愿者,差异具有统计学意义 ($p<0.05$)。

4.4 分析与讨论

4.4.1 志愿者心理资本问卷及结构维度有新的特点

研究结果显示,志愿者心理资本问卷共包括 20 个题项,其结构包括责任使命、感恩感戴、自我效能、坚强韧性和乐观希望 5 个维度,每个维度都有 4 个题项。其中,责任使命是一种价值信念,是个体对自己所肩负的社会责任和基本任务的确定(王月琴、夏从亚,2019),是志愿者履行社会职责和追求社会价值时所表现出的担当品质、集体利益和无私奉献等意识的积极心理品质;感恩感戴是志愿者正在得到或曾经得到过他人的恩惠后,内心产生想要做出回报行为的积极心理状态(刘建岭,2010;颜志强 等,2018);自我效能是指在面对挑战性工作时能积极地评价和归因,并坚信通过自身努力可以获得成功的心理品质(Luthans et al.,20014);坚强韧性是志愿者身处困境、遭遇重大挫折或压力时不屈不挠、迎难而上,最终能有效应对困境并迅速恢复的积极心理品质(Luthans et al.,2007);乐观希望是志愿者对其所从事职业、工作等的期待和真切的愿望,表现为对目标的锲而不舍以及为取得成功对目标进行调整的路径和方法(Luthans & Youssef,2007)。这一结果与扎根理论结果一致,表明志愿者心理资本既与普通个体心理资本有相同的结构维度,如自我效能、坚强韧性和乐观希望维度,又有其独特性,如责任使命和感恩感戴维度。志愿者心理资本的责任使命和感恩感戴这两个独特维度，恰恰也体现了志愿者无偿性和利他性的特点，同时也符合志愿服务的情境、符合积极组织行为学（POB）纳入标准（Luthans et al.，2004），可被认为是志愿者心理资本的有效结构维度。该问卷采用李克特 7 点评分方法，从 1（非常不同意）到 7（非常同意）计分。同时，该问卷及各维度均具有良好的信度，自我效能、乐观希望、坚强韧性、责任使命和感恩感戴各维度的内部一致性信度（Cronbach's α）分别为 0.817、0.815、0.701、0.759、0.733，志愿者心理资本的内部一致性信度（Cronbach's α）为 0.857。此外，志愿者心理资本问卷还具有良好的结构效度。该问卷的初始模型拟合指数 CMN/DF 为 3.743，小于 5；NFI、IFI、TLI、CFI 分别为 0.858、0.892、0.874、0.891，均超过 0.8；$RMSEA$ 为 0.067，小于 0.08，表明志愿者心理资本的结构维度模型拟合良好。志愿者心理资本及各维度得分越高，表明在志愿者心理资本或某一方面的心理资本水平越高。根据问卷编制的基本原则（罗伯特，2004）以及志愿者心理资本问卷信度、效度的基本情况，可以认为志愿者心理资本问卷具有可行性，可用来对志愿者进行大规模的测量。

4.4.2 志愿者心理资本、志愿行为可持续现状及其关系分析

研究结果显示，志愿者心理资本、志愿行为可持续平均得分与最高分相比差距并不大，处于中等水平，这也恰恰符合了以往研究者得出的志愿行为可持续得分不高的基本判断（王薇，2020；张勤，2012）。而志愿者心理资本水平方面的差距可能与调查对象大多为大学生志愿者（51.8%）有关。大学生志愿者学业繁重，实战经验和业务能力相对缺乏，且大多开展志愿服务时间不太长，这些都有可能影响其开展志愿服务的信心和抗挫力等方面的心理资本。本研究还发现，志愿者在责任使命上的得分最高，这可能与中国文化背景特别重视个人的道德品行有关。而且，开展志愿服务工作本身就是一件有道德、有品格，为国家和社会谋利益、为广大民众谋幸福的公益活动，从这一点看，志愿者表现出较为突出的责任使命感就不难理解。

此外，本研究结果表明，志愿者心理资本及其各维度与志愿行为可持续均存在显著正相关，这与李敏（2017）、吴玉芳（2016）等人的研究结果一致。这表明志愿者积极乐观的心理预期和理性的归因方式，强烈的责任心和使命感，强大的抗挫力和心理复原力，以及自信乐观、目标明晰、感恩戴德的心理品质与个体志愿行为可持续有着密切的关系。因此，强化志愿者心理资本水平建设

有助于提升志愿者志愿行为水平，促进其志愿行为的可持续。

4.4.3 志愿者心理资本和志愿行为可持续的人口学变量差异分析

4.4.3.1 不同性别的志愿者心理资本有显著差异，而志愿行为可持续方面差异不明显

本研究结果发现，男性志愿者比女性志愿者在自我效能维度的得分更高，但志愿者心理资本总分及其他维度则无此差异。这与国内外的部分研究结果大体一致（Aliyev & Tunc, 2015；Klassen, 2010；Feingold, 1994），与另一些研究结果不一致（杨芷英、韩小娟，2017；徐涛、毛志雄，2016；Huang, 2013）。男性志愿者比女性志愿者的自我效能水平更高，一方面，这可能是男性志愿者在志愿服务工作中的更高胜任感导致的。有研究认为，男性身份认同与掌握身份认同有密切的关系（Stets, 1995），而掌握身份认同往往意味着自我效能水平较高（周天梅、周开济，2017）。另一方面，这可能与不同性别的生物基础有关，不同性别个体的心理资本与脑电电位差异有一定关系（Peterson et al., 2008）。而志愿行为可持续在性别上无显著差异，这与邓少婷（2018）、Einolf（2011）等的研究结论不一致。这可能与大学生样本居多有一定关系，由于大学生课业相对繁重，多数学生志愿者在很多时候可能无暇兼顾志愿服务工作。

4.4.3.2 随着年龄的增长，个人心理资本和志愿行为可持续水平也可能会增加

本研究结果表明，26岁以上各年龄阶段的志愿者在心理资本总分及各维度的得分上高于25岁以下各年龄阶段的志愿者；年龄在61岁以上的志愿者在心理资本总分及自我效能、坚强韧性、责任使命和感恩感戴维度上的得分均高于其他年龄阶段的志愿者。这与以往的研究结果较为相似，即心理资本会随着年龄的增长而有所提高（方必基，2012）。年纪更大的志愿者尤其是61岁以上的老者，其经历得更多，历练也更多，丰富的经验和历练造就了更高的自我效能，磨砺了坚强韧性的品质。同时，丰富的经验和历练促使个体对世间百态的洞察更为深邃，对国家和社会的发展有更深切的体会，更容易具备更高的感恩感戴品质，深深地体会到作为一名长者的责任和担当。Bandura（1992）认为，自我效能与个体以往成败的经历和所处的情境有密切的关系，而志愿者坚强韧性、

责任使命和感恩感戴品质的形成同样与个体的经验以及志愿服务情境密切相关。本研究还发现，26 岁以上各年龄阶段的志愿者，志愿行为可持续水平高于 25 岁以下各年龄阶段的志愿者，这与 Wilson（2002）的研究结论一致，他认为随着年龄的增长，个人资本也可能会不断增加，个体发生志愿行为的概率也会有所变化。

4.4.3.3 志愿者心理资本和志愿行为可持续在职业类型上存在显著差异

本研究结果发现，大学生志愿者比其他职业类型志愿者的心理资本及自我效能、坚强韧性、乐观希望和责任使命水平更低；自由职业志愿者比公务员、企事业单位工作者和退休人员的自我效能水平更低；公务员志愿者比其他职业类型志愿者的坚强韧性水平更高；退休人员志愿者比其他职业类型志愿者的乐观希望水平更高；自由职业、企事业单位、退休人员志愿者比公务员和大学生志愿者的感恩感戴水平更高。大学生志愿者心理资本各维度水平比其他职业类型志愿者低，这可能与大学生志愿者涉世未深、心智尚不完全成熟、自我调控能力还较弱等因素有关（帕帕拉、奥尔兹，2003）。当前，志愿服务不仅强调日常性、无偿性和利他性，还更加强调专业化和专门化（Van，2013），自由职业的志愿者可能存在专业化和专门化水平相对较低的情况，面对专业化志愿服务，往往力不从心，而自我效能恰恰是对自己"做事"的自我评价（陈建文、王滔，2007），从这一点上就不难理解其自我效能水平为何低于公务员、企事业单位工作者和退休人员。有研究认为，当前公务员面临重重压力，缺乏有效的缓解渠道，从而产生了无奈和忍受的心理认知（柳士双，2012）。由此认为，公务员志愿者坚强韧性水平之所以更高，一方面，正是因为其所面临的压力，使其形成了志愿者所需的坚忍、承受、耐挫的心理品质；另一方面，在于其即便身处压力之中，依然坚持开展志愿服务，而志愿服务有助于缓解压力（Glass & Hastings，1992），促进身心健康（Lum，2005），进而促进个体心理韧性水平的发展。此外，退休人员志愿者比其他职业类型志愿者的乐观希望水平更高，这与退休人员志愿者丰富的人生阅历以及其所处的人生状态密切相关。一方面，退休人员丰富的人生阅历有助于其形成合理的归因方式、理性的认知，以及具备有效地设定目标并调整目标的方法和手段等积极的心理品质；另一方面，退休人员志愿者收入稳定且大都衣食无忧，这些因素都是保护性因素（向琦祺等，2017），有助于乐观希望品质的发展。而自由职业、企事业单位、退休人员志愿者的感恩感戴水平比公务员志愿者更高，这或许与公务员群体因压力过大而形成了麻木的心理认知有关（柳士双，2012）。本研究还发现，大学生志愿行为可持续与其他职业群体相比更差，这可能与大学生繁重的学业以及学校志愿服务气氛存在一定关系，而其他职业志愿者无论是公务员、企事业单位工作者还是退休人员，相对拥有更为自由的时间，在不同需求目标的驱使或长期开展志愿服务工作的习惯下，其志愿行为可持续表现出更高的水平。

4.4.3.4 服务时间更长的志愿者表现出更高的心理资本和志愿行为可持续水平

本研究结果发现，服务年限为1年以下（短期）的志愿者心理资本水平低于服务年限为1年以上（长期）的志愿者。这表明志愿者心理资本与服务年限密切相关，短期志愿者比长期志愿者的心理资本水平更低，这也从侧面进一步表明志愿服务行为有助于身心健康（Lum，2005）。服务年限为1～5年的志愿者坚强韧性水平高于服务年限为1年以下及5年以上的志愿者。这表明不同服务年限的志愿者坚强韧性水平呈现倒"U"形趋势，服务年限为1～5年是志愿者坚强韧性水平发展的关键时期。此外，有关服务年限为3年以上的志愿者为何责任使命和感恩感戴水平高于服务年限为3年以下的志愿者的具体原因，还有待进一步探索。这提示我们服务年限有助于感恩之心、感戴之情的形成，有助于担当精神、责任使命等积极心理品质的发展。本研究还发现，服务年限为1年以下（短期）的志愿者，其志愿行为可持续水平低于服务年限为1年以上（长期）的志愿者。对于志愿者而言，其服务时间越长越表明其本身就具有某种内在品质驱使其志愿行为的开展；再者，Thoits 和 Hewit（2001）将参与志愿服务的时长作为考察志愿者志愿行为可持续的一个重要方面，服务时间越长，其可持续的程度越高。

4.4.3.5 志愿服务频率越高的志愿者心理资本和志愿行为可持续水平越高

本研究结果表明，经常参加和长期固定参加志愿活动的志愿者心理资本水平高于偶尔参加和从不参加志愿活动的志愿者，这表明长期固定参加和经常参加志愿活动有助于个体的身心健康。这与以往的研究结果基本一致，即志愿活动不仅为个体提供了活跃和参与社会的机会，同时还可以改善个体身心健康，增加个体幸福感（Willigen，2000；Morrow-Howell et al.，1999；Lum，2005）。此外，Kulik（2007）从生态模型理论视角也进一步说明了志愿服务对自身健康具有促进作用的关系问题。同时，国内有关城市老年人的相关研究也表明，参与志愿服务活动可以正向影响日常生活能力、工具性日常生活能力和健康自评（高翔、温兴祥，2019）。社会心理学家马赛尔（2009）认为，如果不参与到一个包括义务社团类的社会圈子之中，则身份解体会导致个体深陷抑郁和痛苦之中，这也恰恰说明参与志愿服务活动对于身心健康的重要性。本研究还发现，经常参加和长期固定参加志愿活动的志愿者志愿行为可持续水平高于偶尔参加和从不参加志愿活动的志愿者。经常参加和长期固定参加志愿服务工作本身就是考察志愿行为可持续的一个重要方面（郑爽 等，2020），经常参加和长期固定参加志愿服务工作的志愿者，其志愿行为水平更高，这也从侧面进一步印证了志愿行为倾向问卷考察志愿行为可持续性的可信度。

本章小结

本章一是通过对志愿者心理资本结构维度的验证及志愿者心理资本问卷的编制，发现了志愿者心理资本中责任使命、感恩感戴等符合志愿者特点的新维度，为之后对志愿者心理资本开展大规模的调查研究工作提供了更加简洁、客观、可信和可靠的测量工具。二是揭示了志愿者心理资本、志愿行为可持续现状及其关系，发现志愿者心理资本、志愿行为可持续水平还不高，处于中等水平，其中志愿者心理资本的责任使命维度得分最高；同时，研究还发现志愿者心理资本及其各维度与志愿行为可持续存在显著正相关，说明增强志愿者心理资本水平有助于提升个体志愿行为可持续。三是揭示了人口社会学变量与志愿者心理资本、志愿行为可持续的关系，发现不同性别的志愿者心理资本有明显差异，而在其志愿行为可持续方面差异不显著；职业类型对志愿者心理资本和其志愿行为可持续具有显著影响；随着年龄的增长，个体心理资本和志愿行为可持续水平也可能会增加；服务时间更长的志愿者表现出更高的心理资本和志愿行为可持续水平；志愿服务频率越高的个体，其心理资本和志愿行为可持续水平越高。这些发现为志愿组织对志愿者的选择、招募具有一定指导意义，同时，也为志愿组织就如何促进志愿者志愿行为可持续发展提供了一定的理论基础。例如，对于大学生群体而言，应采用多种方式强化其心理资本水平的提升，为其志愿行为可持续培育积极乐观的心理预期和理性的归因方式，以涵养强大的心理复原力和使命感，永葆感恩感戴之心，不断推进志愿行为的可持续性发展。

第 5 章
志愿者心理资本对志愿行为可持续的影响机制

5.1 研究目的

本章以资源保存理论、自我决定理论和社会交换理论等为基础,旨在探究志愿者心理资本、相关因素与志愿行为可持续间的关系,考察志愿者心理资本对其志愿行为可持续的影响机制,揭示领悟社会支持、志愿动机、组织承诺、角色认同等因素在志愿者心理资本与其志愿行为可持续关系中可能存在的中介效应、调节效应或动态效应,以构建相应的机制模型,与质性研究的有关理论模型互为参照。

5.2 研究 3a:领悟社会支持和志愿动机的链式中介作用

5.2.1 研究假设

5.2.1.1 志愿者心理资本对志愿行为可持续的正向预测作用

在志愿行为的发生、发展和形成过程中,除宏观、外部、中观环境的影响外,志愿者品质、情感和认知,如心理资本、志愿动机、领悟社会支持等心理资源与志愿行为的关系密切(Xu et al., 2020; Hobfoll et al., 2018)。资源保存理论认为，心理资本是个体成长和发展过程中表现出的积极心理品质和心理状态，是个体综合性的心理资源，对个体积极态度和行为的产生具有促进作用（Xu et al., 2020；Luthans, 2004）。然而，当前有关志愿者心理资本的研究还鲜有报告，已有的研究也主要是沿用以往普通个体心理资本的构念。志愿者作为一个特殊的群体，其心理资本的结构维度具有鲜明的特征。在之前的研究中，我们指出志愿者心理资本，即志愿者在志愿服务过程中所具有的积极的心理素质或状态，决定了个体是否能够继续参与志愿活动并有效地进行志愿服务，包括自我效能、乐观希望、坚强韧性、责任使命和感恩感戴5个维度（徐礼平，2020）。然而，以往关于志愿者心理资本与其志愿行为之间关系的报道较少。此外，心理资本与利他行为关系的研究（Gholampour et al., 2017）、服务行为（Cheng & Yang, 2018）和组织公民行为（Avey & Palmer, 2010；Harms & Luthans, 2012）的研究表明，高水平的心理资本对于利他行为、服务行为和组织公民行为的产生和发展具有重要意义。这些研究为志愿者心理资本如何有效地刺激或促进志愿行为的产生、稳定和发展提供了理论参考。因此，本研究提出：志愿者心理资本对其志愿行为具有正向预测作用（假设1）。

5.2.1.2 志愿者领悟社会支持的中介效应

领悟社会支持是指个体自我理解和自我感知到的社会支持，即感知到的来自家庭、朋友和他人的社会支持水平（Blumenthal & Zimet, 1987），它不是想象出来的，而是对外部环境客观支持的感知（Thoits, 1983），是社会支持的一个重要方面（Blumenthal & Zimet, 1987）。领悟社会支持作为个体认知的一个要素，也反映了个体对与他人可靠关系的认知评估（Barrera, 1996）。积极心理学理论认为，心理资本是一种能够促进个体积极认知和行动倾向的心理状态或品质（Avey, Avolio, & Luthans, 2011；Luthans & Avolio, 2007；Zhu & Wang, 2011）。以往的研究发现，高校教师专业心理资本对领悟社会支持具有正向预测作用（Jiankun & Division, 2018）。此外，心理资本使个体感受到积极的心理素质和能量，通常表现为积极的认知、理性的归因、强烈的抗挫折能力等（Luthans et al., 2004），从而可以增强个体对来自朋友、家庭和社会的支持的感知（Jiankun & Division, 2018）。也就是说，心理资本作为一种积极的心理品质或状态，可以帮助个体形成积极的归因方式和思维，从而获得更多的朋友、家庭和社会的支持。并且，领悟到的社会支持作为一种主观支持，可能比实际支持更有意义。尽管主观支持不是客观现实，感知的现实是心理现实，而心理现实被认为是影响人类行为和发展的实际（中介变量）变量（Thoits, 1983）。

换言之，领悟社会支持也可以有效地预测个体行为的发生。同时，根据资源保护理论，领悟社会支持被认为是另一种心理资源，可以促进个体行为的发生（Hobfoll，1989）。由此可见，提高志愿者的心理资本有助于提高个体的领悟社会支持，从而促进个体志愿行为的发展。综上所述，基于这些发现，本研究提出：领悟社会支持在志愿者心理资本对其志愿行为的影响中起中介作用（假设2）。

5.2.1.3 志愿者志愿动机的中介效应

志愿服务动机与激励个人参与志愿服务的内在心理过程和行为动力以及维持可持续的志愿行为有关，是个体被志愿服务目标或对象所激励、引导和维持的内在心理过程（Omoto & Snyder，1995）。志愿行为是志愿动机的外在表现（Compton et al.，2004）。以往的研究更多是从理论上探讨志愿行为与志愿行为之间的关系，从而产生了自我决定理论（Ryan & Deci，1985）、动机行为理论（Snyder & Omoto，2008）、特质理论模型理论（Carlo & Guzman，2005）、系统生活质量理论（Shye，2010）和综合模型理论（Penner，2010）。这些理论从不同的角度揭示了志愿动机对志愿行为的产生、发展和可持续性的预测作用。例如，自我决定理论是人类行为的动机理论，揭示了外部干预影响个体动机的有效途径，阐述了外部环境促进内部动机和外部动机内化从而改变行为的过程（Deci & Ryan，1985）。同时，这种内在动机可以帮助促进个体志愿行为的激活、定向、维持和发展（Li & Kee，2016；Scheuthle & Kaiser，2005；Snyder & Omoto，2008）。Clary 和 Snyder（1998）认为，个体志愿行为的动机主要包括六个方面："提高价值表达、专业技能、社会交往、自我提升、自我保护和知识理解。"以往的相关实证研究也证实了志愿动机对志愿行为的正向预测作用（Dickson et al.，2015；Okun & Enders，2015；Shipway，Hallmann，& Harms，2012）。此外，心理资本对个体内在动机的改善有激励作用（Datu，King，& Valdez，2016；Siu，Bakker，& Jiang，2013）。研究表明，心理资本和角色行为之间的关系存在内在动机的中介效应（Kwon，2018），而且，心理资本和创新行为之间存在内在动机的中介效应（Quan，2017）。因此，本研究提出：志愿动机在志愿者心理资本对其志愿行为的影响中起中介作用（假设3）。

5.2.1.4 志愿者领悟社会支持与志愿动机的链式中介作用

上述研究分别分析了领悟社会支持与志愿动机的中介作用。志愿者的心理资本作为一种积极的心理品质，可以作为一种心理资源，对个体的认知、态度和行为具有预测作用（Luthans & avolio，2007），可以增强个体对他人支持的强烈感知（Jiankun & division，2018）。根据资源保护理论，资源被定义为个人认为的帮助他实现目标的东西（Halbesleben et al.，2014）。这个定义强调对具体事物是否有助于其实现目标的主观感知和评价，并强调具体资源的价值取决于它与个人当前需求或目标的匹配程度（Halbesleben et al.，2014；Hobfoll et al.，2018）。因此，领悟社会支持作为一种积极的认知，受心理资本的影响（Luthans & Avolio，2007）。同时，感知到的社会支持也被认为是一种心理资源，可以帮助个体实现他们的目标（Halbesleben et al.，2014），可以激发志愿者的动机，从而促进志愿行为的发展（Oman et al.，1999）。再者，Horowitz 等（2001）发现，有明确目标的、积极寻求帮助的个体在良好的心理状态下很可能获得积极的结果，这说明领悟社会支持通过个体内部的心理动机，对行为有显著的影响。基于上述原因，本研究提出：志愿者领悟社会支持和志愿动机在志愿者心理资本对其志愿行为的影响中起链式中介作用（假设4）。

综上所述，本研究旨在探讨志愿者心理资本与其志愿行为之间的关系，以及领悟社会支持与志愿动机之间的连锁中介作用。根据本研究的理论和假设，构建了领悟社会支持与志愿动机链式中介效应的理论模型（如图5-1所示）。

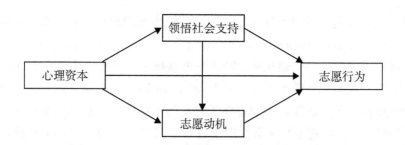

图 5-1 领悟社会支持和志愿动机的链式中介效应的理论模型

5.2.2 研究对象与方法

5.2.2.1 研究对象与程序

本研究对来自在广东、江西、山东、贵州和上海等省市的华南理工大学、南方医科大学、宜春学院、临沂大学、遵义医科大学珠海校区、广东农工商职业技术学院、广东工贸职业技术学院、广东外语艺术职业学院等8所高校，以及上海市嘉定区（1个）、珠海市香洲区（2个）、广州市海珠区（1个）、遵义市汇川区（2个）等地的6个社工组织进行了施测，团队成员联系了各单位志愿组织的负责人，在他们的帮助下随机发放了100～200份问卷。参与者在知情同意后于现场独立完成调查，所有参与者都是志愿者，没有任何补偿，填写的数据完全匿名。

本次调查共发放问卷1600份，回收问卷1204份，剔除39份信息不完整的问卷，最终得到有效问卷1165份，问卷有效率为96.8%。参与者的入选标准为已在全国志愿服务信息系统中登记在册的志愿者个体。所有参与者都在社区参与过服务，包括社区秩序和环境维护、帮助孤儿和学龄儿童，以及健康知识推广。调查对象为60.4%的女性（704人）和39.6%的男性（461人），年龄在16岁至68岁之间。就教育背景而言，文科占19.2%（223人），理工科占25.7%（299人），医科占22.2%（259人），管理学科占9.7%（113人），艺术学科占4.5%（53人），其他占18.7%（218人）。此外，调查对象中有3.4%是公务员（40人），51.8%是大学生（603人），16.7%是自由职业者（195人），20.5%是企事业单位工作者（239人），7.6%是退休人员（88人）。

5.2.2.2　测量工具

（1）志愿者的心理资本问卷。该问卷是张阔（2010）在心理资本问卷的基础上，根据Luthans、Youssef和Avolio（2007）的理论编制而成。同时，在前期基于扎根理论研究成果（徐礼平，2020）的基础上，增加了责任使命4项（徐礼平，2019）和感恩感戴6项（McCullough，2001）。遵循修订问卷探索性因子分析和验证性因子分析数据不能重叠或重复的基本原则，从总样本中随机抽取552份（47.4%）问卷进行探索性因子分析，其余613份（52.6%）问卷采用验证性因子分析。该问卷包括责任使命、感恩感戴、自我效能、坚强韧性和乐观希望5个维度。加载量小于0.3的项均被删除，每个维度最终保留4个题项。问卷由20个题项组成，采用李克特7点评分法，从1分（完全不符）到7分（完全符合）不等。责任感是指个体在追求社会价值和社会责任的过程中产生的一种积极的心理责任感，这一层面包括"我们义不容辞地对弱势群体展开力所能及的帮扶"等4项内容。感恩感戴是指个体在接受利他行为的恩惠后产生的那种同情和积极的心理状态，这个维度包含4个题项，比如"我感激生活赐予我的许多美好的事物"。自我效能感是指个体认为自己有能力完成任务并取得成功的自我意识，这个维度包含4个题项，比如"我的见解和能力超过一般人"。坚强韧性是指个体从逆境、挫折和失败中迅速恢复的能力，这个维度包含

4个题项，比如"遇到挫折时，我能很快地恢复过来"。乐观希望是指通过各种途径达到预定目标的积极状态，这个维度包括4项内容，比如"我觉得生活是美好的"。我们计算了每个项目的平均分，各维度得分越高则各因素水平越高。该量表的结构效度是充分的（$\chi^2/df = 3.743$；$NFI = 0.858$；$IFI = 0.892$；$TLI = 0.874$；$CFI = 0.891$；$RMSEA = 0.067$）。本研究问卷的信度为0.911。

（2）领悟社会支持问卷。本研究采用Blumenthal等（1987）编制、姜乾金等（1996）翻译的领悟社会支持量表。领悟社会支持是指个体感知来自家庭、社会、朋友和他人的社会支持的程度。该量表采用李克特7点评分法（1 = 完全不符合，7 = 完全符合），包括"我的家庭能够切实具体地给我帮助"等12个项目。我们计算了每个项目的平均分。平均得分越高，表明对他人社会支持的感知水平越高。本研究问卷的信度为0.897。

（3）志愿动机问卷。本研究采用香港中文大学Clary（1998）编制并经Law（2011）修订的志愿者功能动机量表，包括理解功能动机、增强功能动机、保护功能动机、功能价值动机、社会功能动机和职业功能动机6个维度。该问卷共30个题项，采用李克特7点评分法，从1分（完全不贴切）到7分（完全贴切）不等。理解功能动机是指旨在参与获得新知识和锻炼技能的志愿活动。这个维度包括5个题项，比如"志愿者活动的经历可以为我从事喜欢的工作迈出第一步"。增强功能动机是指寻求心理成长和发展，如体验自我价值、增强自尊等。这个维度包括5个题项，比如"志愿者活动提升了我的自尊"。保护性功能动机是指通过参与志愿者工作来缓解负面情绪。这个维度包括5个题项，比如"参加志愿者活动后，我不再动不动就感到孤独"。价值功能动机是指表现或践行人道主义、利他主义等个人价值观。这个维度包括5个题项，比如"志愿活动让我感到自己很重要"。社会功能动机指的是加强社会联系。这个维度包含5个题项，比如"志愿者活动是一种结交新朋友的方式"。职业功能动机是指获得与职业相关的经验。这个维度包括5个题项，比如"志愿者活动为我提供了探索不同职业的机会"。我们计算了每个项目的平均分，各维度得分越高，说明个体感知到的自愿动机水平越高。本研究问卷的信度为0.956。

（4）志愿行为倾向问卷。本研究采用Carlo（2005）开发的志愿行为问卷。该问卷由4个题项组成，包括：是否曾参与过志愿活动（1 = 是，0 = 否）；目前是否正在参与志愿活动（1 = 是，0 = 否）；未来一年内是否会参与志愿活动（1 = 是，0 = 否）；将在校园与社区参与志愿服务项目的可能性（4 = 肯定会，3 = 很可能会，2 = 也许会，1 = 可能没有，0 = 完全没有）。我们计算的平均得分为每个项目的总分除以4。该问卷的最终得分在0到1.75之间，平均分越高，表示被试参与志愿活动的倾向性越高。本研究问卷的信度为 0.762。

5.2.2.3 统计分析

本研究使用 SPSS 24.0 计算 1165 份问卷的 Cronbach's α 系数,并采用 SPSS 24.0 中的 Process 宏程序及该程序下的 Bootstrap 检验,进行描述性统计和项间相关性分析(Hayes,2013)。旨在探讨感知社会支持和志愿动机在志愿者心理资本与其志愿行为可持续之间的关系中所起的作用。

5.2.3 研究结果

5.2.3.1 共同方法偏差检验

采用哈曼(Harman)单因子因素分析对以上 4 个因素的数据进行共同方法偏差检验(common method deviation analysis,CMDA),发现初始特征值(feature root value,FRV)大于 1 的成分有 11 个,且第一个成分所解释的变异量为 14.956%,小于 40% 的临界值。上述信息表明本研究的共同方法偏差不显著。

5.2.3.2 描述统计与相关分析

描述统计及相关分析结果见表 5-1,志愿者心理资本与领悟社会支持、志愿动机、志愿行为等因素呈正相关,其相关系数在 0.281~0.651($p<0.01$)。

表 5-1 志愿者各因素描述统计和相关分析

因素	M	SD	1	2	3
1 心理资本	4.89	0.67	—		
2 领悟社会支持	5.59	0.92	0.544**	—	
3 志愿动机	5.39	0.84	0.651**	0.606**	—
4 志愿行为	1.38	0.41	0.461**	0.281**	0.384**

注:*表示 $p<0.05$;**表示 $p<0.01$。

5.2.3.3 志愿者心理资本影响志愿行为的链式中介效应

以往的研究表明,年龄、教育和职业是影响志愿行为的重要因素(Musick & Wilson,2003;Haski-leventhal et al.,2008),而且女性比男性更有可能去做志愿者(Moore et al.,2014)。因此,在控制性别、年龄、教育程度和职业性质的条件下,采用 SPSS 22.0 中的 Process 宏程序 Model 6(该模型假设两个变量在自变量和因变量关系中起链式中介效应,符合本研究的理论模型)对领悟社会支持和志愿动机在志愿者心理资本影响其志愿行为的中介效应的95%置信区间进行检验,Bootstrap 样本设置为5000次。

结果显示,志愿者心理资本对其志愿行为的总效应显著($\beta = 0.256$,$p < 0.01$),且能够正向预测志愿行为($\beta = 0.21$,$p < 0.01$),假设1成立。志愿者心理资本不仅能够显著正向预测领悟社会支持($\beta = 0.79$,$p < 0.01$),而且还能够显著正向预测志愿动机($\beta = 0.55$,$p < 0.01$);同时,志愿动机能够显著正向预测志愿行为可持续($\beta = 0.06$,$p < 0.01$)。详见表5-2。

中介效应分析显示(详见表5-3和如图5-2所示):领悟社会支持和志愿动机的中介效应的 Bootstrap 95% 置信区间为 [0.166, 0.253],不包括0,表明领悟社会支持和志愿动机是志愿者心理资本影响其志愿行为的中介变量,中介效应值为0.047,占总效应(0.256)的18.4%,而志愿者心理资本对其志愿行为的直接效应占总效应的81.6%。领悟社会支持和志愿动机在志愿者心理资本影响其志愿行为中的中介效应主要通过以下两条路径实现,即间接效应2(0.016):心理资本→志愿动机→志愿行为的途径产生的中介效应(假设3成立),以及间接效应3(0.033):心理资本→领悟社会支持→志愿动机→志愿行为的途径产生的链式中介效应(假设4成立)。间接效应2和间接效应3分别占总效应的6.1%和13.1%。间接效应1(-0.002):心理资本→领悟社会支持→志愿行为的中介效应路径不显著(假设2不成立)。

表 5-2 链式中介模型分析

回归方程		整体拟合指数			回归系数显著性			
结果变量	预测变量	R	R^2	F	β	$LLCI$	$ULCI$	t
志愿行为	整体	0.50	0.25	75.847				
	性别				0.012	-0.030	0.054	0.56
	年龄				0.075	0.042	0.107	4.46**
	职业				0.001	-0.029	0.026	0.03
	教育背景				-0.020	-0.047	0.008	-1.40
	心理资本				0.256	0.223	0.289	15.34**
领悟社会支持	整体	0.56	0.32	106.74**				
	性别				0.170	0.077	0.258	3.63**
	年龄				0.140	0.068	0.208	3.85**
	职业				-0.100	-0.152	-0.049	-3.84**
	教育背景				0.030	-0.037	0.081	0.73
	心理资本				0.785	0.715	0.855	21.97**
志愿动机	整体	0.72	0.52	209.85**				
	性别				0.010	-0.057	0.081	0.34
	年龄				0.040	-0.016	0.092	1.37
	职业				0.010	-0.034	0.044	0.25
	教育背景				-0.060	-0.100	-0.010	-2.40*
	领悟社会支持				0.327	0.293	0.371	14.62**
	心理资本				0.553	0.489	0.616	17.06**
志愿行为	整体	0.51	0.25	56.54**				
	性别				0.010	-0.038	0.051	0.39
	年龄				0.070	-0.016	0.092	4.17**
	职业				0.002	-0.022	0.026	0.15
	教育背景				-0.020	-0.044	-0.011	-1.12*
	领悟社会支持				-0.003	-0.032	0.027	-0.17**
	志愿动机				0.060	0.025	0.096	3.37**
	心理资本				0.209	0.166	0.253	9.46**

注：*表示 $p<0.05$；**表示 $p<0.01$。

表 5-3 中介效应检验

效应	间接效应值	Boot 标准误	Boot CI 下限	Boot CI 上限	相对中介效应
总间接效应	0.047	0.015	0.018	0.077	18.4%
间接效应 1	-0.002	0.011	-0.023	0.202	-0.8%
间接效应 2	0.016	0.006	0.005	0.027	6.1%
间接效应 3	0.033	0.012	0.011	0.057	13.1%

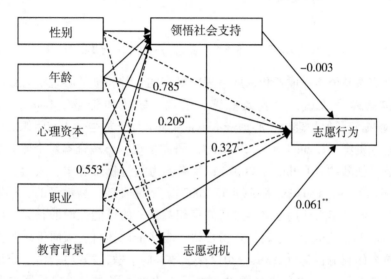

图 5-2 链式中介示意

注：人口学变量对各要素影响中的实线表示 $p<0.05$；虚线表示 $p>0.05$。图中数字表示路径系数。

5.3 研究3b：组织承诺的中介以及角色认同和领悟社会支持的联合调节

5.3.1 研究假设

5.3.1.1 志愿者心理资本对志愿服务的正向预测作用

心理资本是个体在成长和发展过程中具有的一种积极的心理状态或心理素质，它包括四个维度：自我效能感、乐观、韧性和希望（Luthans et al., 2004）。根据资源保护理论，心理资本也是一种有助于加强个人与组织之间情感联系的心理资源（Hobfoll et al., 2018）。研究发现，心理资本对个体态度和行为的影响是强烈的（Luthans, 2007），其影响力超过物质资本、人力资本和社会资本（Luthans, Youssef, & Avolio, 2007）。研究发现，高水平的心理资本和志愿服务，与老年人使用互联网进行健康相关任务的可能性增加有关（Choi 和 Dinitto, 2013）。更自信/有效、充满希望、能够抵抗挫折、倾向于乐观的个体表现出更多的利他行为（Myers, 2012；李敏、周洁敏, 2017）。由于志愿服务是一种利他行为，因此本研究假设：志愿者的心理资本会正向预测志愿服务（假设1）。

5.3.1.2 志愿者组织承诺的中介效应

组织承诺被定义为一种衡量志愿者及其与志愿组织关系质量的心理指标（Meyer, Allen, & Smith, 1993）。研究表明，个体的心理资本能够有效预测组织承诺和价值观（Green & Chalip, 2004；Larson & Luthans, 2006；Shahnawaz & Jafri, 2009），个体的组织承诺和价值观对其态度和行为具有正向预测作用（Edwards, 2007；Matsuba, Hart, & Atkins, 2007；Cooper-Hakim, 2005）。目前，志愿者的高退出率和志愿者的心理不稳定等因素极大地影响了积极工作气氛的形成，严重阻碍了志愿者工作的可持续发展。面对这一挑战，志愿组织有必要通过各种方式培养志愿者的组织承诺，以增强志愿者与其所处组织间的心理依恋和情感联系。研究表明，个体进入组织后的前六个月通常是发展其角色认同和组织承诺的关键时期（Kramer，1994）。因此，本研究假设：组织承诺在志愿者心理资本对志愿服务的影响中发挥中介作用（假设2）。

5.3.1.3 角色认同与领悟社会支持的共同调节作用

角色认同是个体所拥有的角色期望的内化或自我定义（Stryker & Burke，2000）。角色认同也是自我概念和个体在一定社会水平上的自我形象的重要来源（McCall，1966），并与捐赠和志愿活动密切相关（Finkelstein，2008；Finkelstein, Penner, & Brannick，2005；Grube & Piliavin，2000）。资源保护理论认为，角色认同是增加志愿行为的另一种心理资源。而角色认同理论认为，自我概念和社会关系是自我认同的两个重要来源（Riley & Burke，1995）。根据资源保护理论（Hobfoll et al.，2018），角色认同也是增加组织承诺的重要心理资源。

志愿者的角色认同会随着社会期望和其他志愿者的反馈、志愿者的自我评价和觉醒、成功和失败经历等因素的改变而改变（Callero et al.，1987；Riley & Burke，1995）。具有中国文化背景的志愿者角色认同通常表现为价值认同、情感联系、个体对志愿组织的忠诚奉献等方面；这种投入的水平将导致组织承诺的改变（Edwards，2005）。因此，可以推测角色认同对志愿者心理资本与组织承诺关系的影响。此外，特质激活理论和资源保护理论都认为，个体的行为和态度受到其内部心理资源和外部环境的影响，因此，我们不能孤立于外部环境来考察内部心理因素（Tet & Guterman，2000）。角色认同的调节效应只有在特定情况下才能有效发挥作用。

领悟社会支持是指个体从朋友、家人和其他人那里感知到的不同层次的社会支持，可被认为是一种外部环境资源。研究发现，领悟社会支持对激活角色认同水平、调节心理资本与志愿服务的关系具有重要作用。根据社会交换理论，人与人之间存在交换关系，当一个人从别人那里得到帮助和支持时，他们倾向于把帮助和支持传递给他人（Wilson, Sin, & Conlon，2010）。研究表明，支持性反馈环境有助于提高员工角色清晰度、工作满意度和绩效，以及护士的职业适应性（Gong，2019）。志愿者视来自组织、家庭和朋友的支持为一种潜在的压力和发展的驱动力，因此，他们尽最大努力以自己的利他行为来回应。研究发现，高水平的感知社会支持（Conn, Fernandez, & O'boyle，2004；Kim & Hopkins，2015）和角色认同（Kumar，2012）对提高组织承诺（Griffin, Colella, & Goparaju，2000）和增加志愿服务（Piliavin & Callero，1991）具有正向预测作用。基于这些研究结果，本研究假设如下：角色认同在志愿者心理资本影响组织承诺中起调节效应（假设3）；角色认同和领悟社会支持在志愿者心理资本影响组织承诺中起联合调节效应（假设4）。

志愿者心理资本对其志愿行为影响机制的理论模型如图5-3所示。

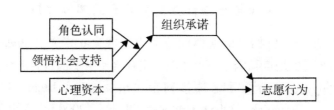

图5-3 志愿者心理资本对其志愿行为的影响机制

5.3.2 研究对象与方法

5.3.2.1 研究对象与程序

与研究3a相同。

5.3.2.2 测量工具

（1）组织承诺量表。该量表采用了Meyer（1993）编制的组织承诺量表的修订版，包括情感承诺、规范承诺和继续承诺3个维度。问卷共18项，采用李克特5点评分法（1=完全不符合，5=完全符合）。情感承诺是指对组织的情感依恋和认同，这个维度包含6个题项，如"我对所在的志愿组织有强烈的归属感"。规范性承诺是指个体对留在组织中的个人承诺，这个维度包含6个题项，如"我愿意尽力配合志愿组织中各种制度措施"。持续承诺是基于功利主义考量而留在组织中的意愿。这个维度包含6个题项，例如"我会继续并长期待在本志愿组织进行活动"。我们计算了每个项目的平均分；平均得分越高，则组织承诺水平越高。该量表在本研究中可靠（Cronbach's $\alpha = 0.917$）。

（2）角色认同量表。该量表修订了Saleh和Hosek（1976）编制的工作角色鉴定量表的项目说明，例如，将"工作"改为"志愿服务工作"。量表由4个题项组成，如"对于现有的志愿者角色，我是非常投入的"。所有的项目都按照5分制评分，从1分（完全不符合）到5分（完全符合）。我们计算了每个项目的平均分，平均分越高，则个体对自己在志愿服务中的角色认同越强。该量表在本研究中可靠（Cronbach's $\alpha = 0.745$）。

其余调查问卷或量表，与5.2中研究3a相同。

5.3.2.3 统计分析

本研究采用 SPSS 22.0 和 AMOS 21.0 分别对 552 份问卷（占总数的 47.4%）进行探索性因子分析，对剩余的 613 份问卷（占总数的 52.6%）进行验证性因子分析；采用 SPSS 22.0 对 1165 份问卷进行描述性统计和相关分析，并采用 SPSS 22.0 中的 Process 宏程序及该程序下的 Bootstrap 检验（Hayes, 2014），考察组织承诺在志愿者心理资本和其志愿行为中的中介效应、角色认同和领悟社会支持在其关系中的共同调节效应。

5.3.3 研究结果

5.3.3.1 共同方法偏差检验

采用哈曼（Harman）单因子分析对所有的有效数据进行共同方法偏差检验，结果发现有17个特征根值大于1的因子，且第一个因子所解释的变异量为 27.322%，小于40%的临界值。此外，单因素模型的验证性分析结果也表明模型拟合很差（$\chi^2/df = 21.13$、$CFI = 0.46$、$TLI = 0.45$、$RMSEA = 0.13$），即本研究的共同方法偏差不显著。

5.3.3.2 描述统计与相关分析

描述统计及相关分析结果见表5-4，志愿者心理资本与志愿行为、组织承诺、角色认同等因素呈正相关，其相关系数均在 0.346~0.652（$p < 0.01$），表明有必要进一步揭示各因素间的内在关系。

表5-4 志愿者心理资本及各因素描述统计和相关分析

因素	M	SD	1	2	3
1 心理资本	4.89	0.67	—		
2 志愿行为	1.38	0.41	0.461**	—	
3 组织承诺	4.03	0.56	0.580**	0.375**	—
4 角色认同	4.04	0.62	0.520**	0.346**	0.652**

注：*表示 $p < 0.05$；**表示 $p < 0.01$。

5.3.3.3 假设检验

国内外研究表明,性别是影响志愿服务行为可持续的重要因素(Haski-Leventhal et al., 2008);且以往研究认为,女性比男性更有可能参与志愿活动(Moore, Warta, & Erichsen, 2014)。因此,本研究在分析志愿者心理资本与其志愿行为可持续关系的联合调节模型时,将性别作为控制变量。同时,本研究对变量数据进行了集中处理,避免了变量之间的多重共线性。在此基础上,采用 Process 宏程序中的 Model 11(该模型假设综合变量调节中介模型的前半段路径,符合本研究的理论模型)对有调节的中介模型进行 Bootstrap 检验,设置自抽样数为 5000 次。

联合调节中介效应的结果显示,志愿者心理资本对其志愿行为可持续的预测有显著影响($\beta = 0.256$, $p < 0.01$),因此,假设 1 成立。将所有研究因素纳入回归方程后,志愿者心理资本对其志愿行为和组织承诺均具有正向预测作用(详见表 5-5),中介作用的显著性也表明组织承诺具有中介作用。Bootstrap 的 95% 置信区间不包含 0,说明志愿者心理资本通过组织承诺的中介作用对志愿活动产生正向影响。据此,假设 2 也成立。此外,志愿者的心理资本与角色认同的交互作用($\beta = 0.287$, $p < 0.05$)、志愿者心理资本与领悟社会支持的交互作用($\beta = 0.244$, $p < 0.01$)、志愿者角色认同与领悟社会支持的交互作用($\beta = 0.370$, $p < 0.01$)均对组织承诺具有显著的正向预测能力。同时,志愿者心理资本、角色认同和领悟社会支持的交互作用对组织承诺具有显著的负预测力($\beta = -0.068$, $p < 0.01$)。结果表明,角色认同和领悟社会支持不仅能对志愿者心理资本与组织承诺之间的关系进行个体调节,而且对其有共同中介作用。由此,假设 3 和假设 4 均成立。

表 5-5 联合调节效应分析

回归方程		适度指标			回归系数显著性			
结果变量	预测变量	R	R^2	F	β	LLCI	ULCI	t
志愿行为可持续	整体	0.40	0.16	111.54**				
	性别				0.030	-0.019	0.070	1.130
	心理资本				0.256	0.223	0.289	15.34**

续表 5-5

回归方程		适度指标			回归系数显著性			
结果变量	预测变量	R	R^2	F	β	$LLCI$	$ULCI$	t
组织承诺	整体	0.73	0.54	168.91**				
	性别				0.043	-0.002	0.088	1.862
	心理资本				-0.756	-1.757	-0.246	-1.841*
	角色认同				-1.188	-2.264	-0.112	-2.167**
	心理资本×角色认同				0.287	0.041	0.533	2.290**
	领悟社会支持				-1.123	-2.046	-0.401	-2.935**
	心理资本×领悟社会支持				0.244	0.061	0.428	2.618**
	角色认同×领悟社会支持				0.370	0.170	0.570	3.629**
	心理资本×角色认同×领悟社会支持				-0.068	-0.112	-0.024	-3.052**
志愿行为可持续	整体	0.48	0.23	115.35**				
	性别				0.007	-0.036	0.049	0.296
	组织承诺				0.119	0.189	0.267	11.562**
	心理资本				0.228	0.122	0.189	9.107**

注：*表示 $p<0.05$；**表示 $p<0.01$。

为了更好地揭示角色认同和领悟社会支持在志愿者心理资本与组织承诺之间的共同调节趋势，本研究计算了一个简单的斜率（详见表 5-6）并绘制了一个调节效应图（如图 5-4 所示）。结果显示，高角色认同和高领悟社会支持［简单斜率（高）= 0.034，$t=0.561$，$p>0.05$］，这表明志愿者心理资本更容易诱发组织承诺。低角色认同和低领悟社会支持［简单斜率（低）= 0.280，$t=5.105$，$p<0.01$］，高角色认同和低领悟社会支持［简单斜率（高-低）= 0.239，$t=3.576$］，低角色认同和高领悟社会支持［简单斜率（低-高）= 0.353，$t=3.895$，$p<0.01$］。即低角色认同和低领悟社会支持、高角色认同和

低领悟社会支持、低角色认同和高领悟社会支持的志愿者在心理资本较高时，对组织承诺的影响更强；而高角色认同和高领悟社会支持的志愿者在心理资本较低时，对组织承诺的影响更强。

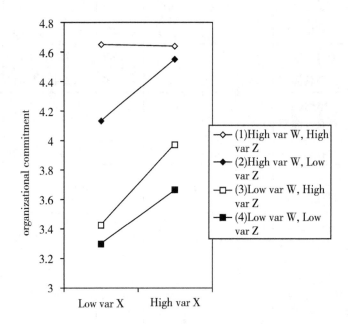

图 5-4　角色认同和领悟社会支持的联合调节效应

表 5-6　斜率差异的显著性检验

简单斜率	B	SE
(1) VS (2)	-0.213**	0.074
(1) VS (3)	-0.321*	0.131
(1) VS (4)	-0.248**	0.091
(2) VS (3)	-0.109	0.131
(2) VS (4)	-0.042	0.102
(3) VS (4)	0.074	0.095

注：*表示 $p<0.05$；**表示 $p<0.01$。

5.4 分析与讨论

5.4.1 领悟社会支持和志愿动机的链式中介作用的讨论

本研究通过引入领悟社会支持和志愿动机两个要素，探讨了心理资本与志愿行为两者间的中介路径，并采用整合研究的方式揭示了志愿者心理资本对志愿行为的影响及其作用机制的"黑箱"。这不仅有助于从资源保存理论和自我决定理论的视角理解志愿者心理资本如何影响志愿行为产生、保持和可持续发展的问题，而且有助于整合资源保存理论和自我决定理论模型，提高中介效应的解释力。

本研究表明，志愿者心理资本是其志愿行为的直接预测因素，同时也是影响志愿行为的远端因素。心理资本是个体在开展志愿活动过程中体现出的积极的心理品质或心理状态，包括乐观希望、自我效能、坚强韧性等维度，是个体是否持续参与志愿活动并有效开展志愿行为的原动力。志愿者心理资本水平较高的个体往往表现出较高的志愿行为倾向，这与徐礼平（2017）、李敏（2017）等的研究结论基本一致。

本研究发现，志愿动机在志愿者心理资本影响其志愿行为中的中介效应显著。心理资本作为一种积极的心理品质或心理状态，对个体志愿动机具有唤醒和激发作用（Luthans et al., 2004；侯二秀，2012）；同时，根据资源保存理论，心理资本被认为是一种心理资源，可以强化个体更多的积极行为（Xu et al., 2020；Hobfoll et al., 2018）。此外，自我决定理论认为志愿服务在激活、诱导、指导和维持个人志愿服务行为方面发挥着重要作用，使得志愿服务需求和目标明确（Li, Wu, & Kee, 2016；Ryan & Deci, 2000）。这与以往研究结论基本一致，即志愿动机是心理资本影响个体志愿行为的近端因素（徐礼平，2017）。本研究结果显示，领悟社会支持对于志愿者心理资本影响个体志愿行为的间接效应不显著，但志愿者心理资本是领悟社会支持的直接预测因素。也就是说，志愿者的领悟社会支持可能通过一个或多个变量对志愿行为产生影响。而且，志愿者的心理资本能够积极预测和理解社会支持，与心理资本作为一种积极的心理资源，能够提高个体感知和体验外部环境支持和帮助的能力有关（Hobfoll et al.，2018；Jiankun & division，2018）。

本研究还发现，"领悟社会支持→志愿动机"构成的链式中介也是志愿者心理资本影响其志愿行为的重要途径。国内外虽未发现领悟社会支持影响志愿动机的直接研究，但有关大学生社会支持与学习动机关系的研究表明，社会支持正向显著影响学习动机（石学云，2005）；学习自我效能感和来自家庭的领悟支持对学业动机有正向预测作用（Bagci，2018）。领悟社会支持是个体所感知到的、在自己的关系网中获得的来自家庭、社会或组织等的精神或物质方面的支持、关心和帮助（Wentzel & Kathryn，1994），它是一种对来自外部环境的客观支持的感知（Thoits，1983）；而志愿动机是个体由志愿目标或服务对象所激发、引导和维持志愿服务行为的内在心理过程（Compton et al.，2004）。自我决定理论认为，动机是任何个体身上固有的一种状态，而这种状态并非完全类属于一种内部状态，这种状态受到激发与否主要依赖个体作为一个行动者与环境之间的动态交互作用（Ryan et al.，2009）。志愿动机的激发是付诸志愿行为的志愿者与所处环境动态交互作用的结果。志愿者在与环境进行互动过程中往往具有多重需求和目标，这就需要志愿者对环境进行有效的感知调节（Myers，2006）。自我决定理论认为，个人积极目标的形成和发展与外部环境的共同作用密不可分。志愿者对于新目标的确立及其动机的程度，取决于他们的目标和意图的动力是否能够有效地与他们对家庭、社会或组织的外部支持的感知力相匹配（Muradian & Rival，2012）。当个人能够充分感受到来自家庭、社会或志愿组织的支持时，其志愿目标和意图就会被进一步激发，促进志愿行为的形成、稳定和可持续发展。

本研究通过构建链式中介模型，揭示了志愿者心理资本影响其志愿行为的部分机制问题，即志愿者心理资本能够通过志愿动机的独立中介作用以及领悟社会支持和志愿动机的链式中介作用预测志愿行为。志愿动机的独立中介作用的结果从某种程度上支持了自我决定理论；而领悟社会支持和志愿动机的链式中介作用有效整合了资源保存理论和自我决定理论，对揭示领悟社会支持和志愿动机在志愿者心理资本与其志愿行为之间的联合作用具有重要价值，表明提升志愿者心理资本水平会进一步激发志愿动机以促进其志愿行为的发生，即提升志愿者心理资本水平又可以通过领悟社会支持激发志愿目标和意图，以促进志愿动机的增强，进而促进其志愿行为的形成和发展。与此同时，本研究中的中介效应分析显示心理资本对其志愿行为的直接效应远大于间接效应。这一结果提示我们：一方面，在促进志愿行为形成和可持续发展中，要切实关注志愿者心理资本的变化发展，通过采取一定的干预方式不断提升志愿者心理资本水平，进而促进其志愿行为；另一方面，在志愿者心理资本影响其志愿行为的过程中，还可能存在其他重要变量。在今后的研究中，应继续强化质性研究，探寻志愿者心理资本在促进其志愿行为发展过程中的其他核心要素。此外，本研究只探讨了志愿者心理资本如何预测其志愿行为的问题，往后的研究还需引入调节变量，对志愿者心理资本"何时"影响其志愿行为进行深入探讨。例如，可以考虑角色认同的中介或调节效应（李敏、周明洁，2017；李宗波、代远菊、韩雪亮，2018；Callero & Piliavin，1987），也可以考虑领悟社会支持作为一个调节变量而不是中介变量（胡艳华、曹雪梅，2016；郭成、杨玉洁、李振兴，2017），等等。在研究设计上，本研究仅采用了横断研究，今后有必要采用纵向实验研究进行更深入的分析。

5.4.2 组织承诺的中介以及角色认同和领悟社会支持的联合调节的讨论

组织承诺的中介以及角色认同和领悟社会支持的联合调节效应中的相关分析表明，志愿者心理资本与角色认同、志愿服务和组织承诺之间存在显著正相关关系，这与以往心理资本与角色认同（李敏，2017）、组织承诺（Green & Chalip，2004；Edwards，2005；Bogler & Somech，2019）和志愿行为（Myers，2012；李敏，2017）的研究结果具有一致性。这意味着志愿者的积极心理素质和积极思维状态不仅可以刺激志愿服务组织的个人承诺，也可以使个人在更大程度上接受自己所扮演的角色，从而使他们获得更多的社会支持（Grube & Piliavin，2000）。此外，心理资本作为一种积极的心理资源，具有补充能量和激励动机的作用（吴伟炯，2012；Datu，King，& Valdez，2016）。心理资本高的个体有更好的情绪调节能力和认知策略。他们可以更好地调动积极心理潜能，更有可能帮助他人（Luthans，Youssef，& Avolio，2007；Myers，2012）。

通过中介效应分析发现，志愿者心理资本不仅可以直接预测志愿服务，还可以通过组织承诺的中介作用对志愿服务产生间接影响。本研究结果表明，志愿者心理资本对志愿活动有直接的正向预测作用，这与之前的研究结果基本一致（李敏，2017；Cheng，Hong，& Yang，2018）。此外，心理资本强调个体应充分发挥其积极主动性和内在的潜在优势（Larson & Luthans，2006）。心理资本水平较高的志愿者不仅能够更好地完成自己的工作，而且更有可能帮助其他志愿者，保护志愿组织和社会资源，有效地开展自己的志愿任务和相关任务

（Kragh 等，2016）。

　　志愿者组织承诺是指志愿者与志愿组织之间存在的一种能够促进组织持续健康发展的心理关系（Francesco & Chen，2004）。换句话说，它是志愿者对其组织的心理依恋，是志愿者对志愿组织和其他志愿者的无偿贡献。一项研究认为，志愿者非常重视他们为组织所做的工作，他们的组织承诺被认为是情感承诺和继续承诺的结合（Edwards，2007）。本研究发现，志愿者的心理资本、角色认同和领悟社会支持对组织承诺有显著的负向预测作用。具体表现为：低角色认同、低领悟社会支持，高角色认同、低领悟社会支持以及低角色认同、高领悟社会支持这三类志愿者，其高水平心理资本较低水平心理资本对组织承诺的影响速度更快；而高角色认同、高领悟社会支持的志愿者，其高水平心理资本较低水平心理资本对组织承诺的影响速度更缓慢。资源保存理论认为，在心理资源叠加的过程中，资源容易被分散（Wilson，Sin，& Conlon，2010）。此外，根据社会交换理论（Roch et al.，2019），高水平的领悟社会支持有助于刺激识别高水平的作用，但志愿者可能因此产生溢出效应和负面效应，这些溢出和负面影响增加了志愿者的奖励压力。因此，志愿者会主动降低组织承诺的水平，以平息或平衡这些心理状态。

　　根据资源保护理论，高角色认同和低领悟社会支持、低角色认同和高领悟社会支持的志愿者并没有过多地消耗资源，因为他们的心理资源存在重叠（Wilson，Sin，& Conlon，2010）。同时，根据角色理论（Jeffrey，2015；Broderick，1998）和社会支持理论（Lakey，2000），角色认同和领悟社会支持是多种行为的有效预测因子。因此，即使是领悟社会支持较低或角色认同较低的个体，也可能会强烈地投入到组织中，从而出现更多的志愿行为。对于低角色认同和低领悟社会支持的志愿者，他们的资源并没有因为高回报或环境的变化而枯竭或被分散。由此可见，当心理资本水平较高时，低角色认同和低领悟社会支持的志愿者对组织承诺的影响大于高角色认同和高领悟社会支持的志愿者。

　　研究还发现，志愿者领悟社会支持和角色认同调节心理资本影响组织承诺程度具有边际效应。这就提示我们在志愿者刚进入志愿组织，其角色认同还不高或社会支持系统尚未建立之时，应从提升个体的责任使命、感恩感戴、自我效能、坚强韧性和乐观希望5个维度入手，不断调整个体与志愿组织之间能够促进志愿组织持续健康发展的心理关系，进而提高志愿行为再次发生的可能性。同时，志愿者角色认同水平较高、领悟社会支持水平较高、较成熟的志愿组织应更加关注志愿者心理压力与志愿目标之间的平衡，引导志愿者深刻认知自身的优势和不足，对目标任务进行合理有效的评估（Larson，2017；Griffin，

Colella, & Goparaju, 2000; Kramer, 1994); 并且, 应根据志愿者自身的优势和特点, 分派更加匹配的志愿服务活动, 通过增加更多成功的体验以排解内心压力, 促进其心理平衡。

　　本研究在理论上至少有三个重要意义: 首先, 揭示了心理资本对志愿行为的影响。以往国内外对志愿服务的研究多集中在文化资本、社会资本和人力资本方面, 而对与志愿服务相关的心理资本的研究至今还未出现。因此, 我们的研究拓展了志愿者可持续发展机制研究的视角。其次, 丰富了心理资本的研究。以往对心理资本的研究主要集中在大学生、教师、员工和研究者, 而我们的研究以志愿者为研究对象, 填补了心理资本研究的空白。最后, 通过整合研究, 探索志愿者心理资本对志愿服务的"黑箱"及其作用机制。本研究整合了资源保护理论和组织承诺的主效应模型, 揭示了志愿者心理资本对志愿服务的影响。这些发现在以往的研究中均没有被报道过, 因此, 极大地丰富了关于志愿者的研究内容。

　　此外, 本研究从实践角度出发, 以社区服务志愿者为研究对象, 探讨心理资本对志愿服务的影响。之前的研究已有为来自特定组织的志愿者设计了培训计划, 包括博物馆和奥运会的志愿者, 以便他们的志愿行为能够有可持续性 (Green & Chalip, 2004; Edwards, 2005; Dickson, 2013; Darcy, 2014; Dickson, 2015)。我们的研究可以为社区志愿者的可持续发展提供一些方向。例如, 增加志愿者的心理资本。志愿组织可以通过干预心理资本来帮助志愿者学习心理调节, 从而平衡心理压力和明确志愿目标。对于参加志愿组织时间较短的志愿者, 建议他们要不断提高心理资本, 加强组织承诺, 从而促进志愿活动的开展。以往的研究表明, 志愿组织承诺对志愿行为有积极影响 (Edwards, 2007; Matsuba, Hart, & Atkins, 2007)。本研究还发现, 领悟社会支持和角色认同在心理资本对组织承诺的影响中具有共同中介作用。因此, 志愿组织在干预志愿者心理资本以提高组织承诺时, 需要考虑领悟社会支持和角色认同方面的作用。例如, 只有在领悟社会支持增加和角色认同减少, 或领悟社会支持减少和角色认同增加, 或领悟社会支持和角色认同同时减少时, 志愿组织干预才能达到预期效果。

本章小结

本章的研究发现：一方面，志愿者心理资本可以通过志愿动机的中介效应对其志愿行为产生间接影响，领悟社会支持和志愿动机在志愿者心理资本影响其志愿行为中起链式中介效应；另一方面，志愿者心理资本可以通过组织承诺的中介效应对其志愿行为产生间接影响。同时，组织承诺在志愿者心理资本与志愿行为之间的中介效应会受到角色认同和领悟社会支持的联合调节，表现为低角色认同、低领悟社会支持，高角色认同、低领悟社会支持和低角色认同、高领悟社会支持的志愿者，其高水平心理资本较低水平心理资本对组织承诺的影响速度更快；而高角色认同、高领悟社会支持的志愿者，其低水平心理资本较高水平心理资本对组织承诺的影响速度更快。这一结论为志愿组织对志愿者开展培训、干预等工作提供了有力支撑，为志愿者自我达到心理平衡、促进志愿行为可持续发展提供了理论依据。然而，本研究也存在一定的局限性。首先，本研究是横断面的，虽然时滞数据减少了常见的方法偏差（Podsakoff et al., 2003），但本研究可能会限制因果推论。因此，我们鼓励在未来的研究中使用纵向实验设计来得出因果推论。其次，年龄在 16～68 岁的志愿者被纳入调查，而年龄在 68 岁以上的志愿者未被纳入调查。此外，我们将志愿者作为一个整体来看待，并没有考虑年轻和年老志愿者之间的差异（比如生活经验、服务年限、对志愿者服务的看法和态度的差异）（Windsor, 2008）。因此，今后的研究有必要加强对青年志愿者和老年志愿者的比较研究。再次，由于本研究模型的复杂性，没有涉及更详细的措施。例如，我们研究了综合心理资本对志愿活动的作用机制，但没有研究心理资本的个体维度对志愿活动的影响。因此，我们鼓励研究者要加强对心理资本与志愿服务关系的研究，以揭示组织承诺、角色认同和社会支持的作用。最后，国内外对志愿者心理资本的研究较少，这可能导致本研究缺乏对假设的深入分析和讨论。随着积极心理学的知识体系和积极组织行为研究的不断丰富，个人或群体的许多特殊优势和美德被提出，许多因素被发现符合积极组织行为学（POB）标准（Luthans, 2007）。而志愿者作为一个特殊的群体，其心理资本的内涵和结构可能会有不一样的特点。因此，我们希望有更多的研究者关注和研究志愿者的心理资本。

第6章
志愿者心理资本的前因对志愿行为可持续的影响机制

6.1 研究目的

本章从资源保存理论和社会信息加工理论视角出发,采用横断和纵向交叉的研究方法,旨在探讨志愿组织诚信领导、组织气氛对志愿行为可持续的影响,同时,把志愿者心理资本和家庭关怀纳入研究框架,构建有调节的中介模型,揭示志愿组织因素对志愿者志愿行为可持续的影响及过程,揭示心理资本在其中的积极意义,以拓宽志愿行为可持续发展的研究领域。

6.2 研究假设

6.2.1 诚信领导、志愿组织气氛对志愿行为的积极影响

志愿行为是指个体自愿、无偿、非义务性地帮助他人的有组织性的服务行为活动(Hustinx et al., 2010)。志愿者因其特殊性而有其特定的组织机构或社团组织,也有其特定的组织领导和组织气氛。诚信领导是指领导者将自身的积极心理能力与高度发展的组织情景相结合,以激发领导者和下属强烈的自我意识和积极的自我调节行为,最终促进双方积极的自我发展的过程(Luthans et al., 2003)。组织中有较高的诚信领导,领导者和下属在工作中则会有更高水

平的自我意识、内化的道德观、平衡处理信息的能力和关系的透明度（Walumbwa et al.，2008）。同时，诚信领导者持有积极的道德观（Avoliot et al.，2005）。这种积极的道德观可以促使领导者做出更多服务公共利益的道德行为。自我决定理论认为，倾向于参与公务服务类工作的个体会更积极地参加志愿服务活动（Judge et al.，2005）。研究表明，领导者自身的道德行为可以为下属做出榜样，从而激励下属在行事时站在公共利益的角度（Stazyk et al.，2015）。社会信息加工理论表明，下属会在社会化的过程中通过对自身行为的加工和规范使之与领导者保持一致的道德行为（Wright et al.，2016）。所以，本研究认为，志愿组织中诚信领导者的诚信道德行为可以激发志愿者的志愿行为。基于此，本研究提出假设：诚信领导对志愿行为有积极影响（假设1）。

组织气氛是组织内部环境相对持久的特性，体现了组织成员的经验和组织的特定价值观，可以影响组织成员的行为（Nelson et al.，1970）。较好的组织气氛可以使组织成员之间形成良好的沟通和创新合作，致使组织和成员之间的支持性较高（Wallach，1983）。特质激活理论认为，组织情景可以激活组织内个体与该情景相匹配的特质，从而表现出该特质的显性行为（Tett & Burnett，2003）。另外，志愿行为模型提出用文化资本（主要指宗教信仰和帮助价值）来预测志愿行为（Wilson et al.，1997），而志愿组织气氛也可以作为志愿组织中的文化资本。资源保存理论认为，文化资本可以作为组织中的一种环境资源而对个体行为产生积极影响（Hobfoll et al.，2018）。此外，社会信息加工理论认为，个体的心理与行为不仅取决于个体的需要或目标，还受周围环境线索的影响，这些环境线索提供了能够影响、调节个体心理或行为的多种社会信息（Salancik，1978）。在组织情境中，组织气氛作为一种蕴含一系列社会信息的社会环境，其中的组织成员往往会将其作为信息线索的来源，并由此调整自身心理状态。本研究认为，志愿组织气氛体现了志愿组织成员自愿不计报酬或名利地服务社会公共利益的价值取向，这种价值取向可以作为志愿组织的文化资本，而这种文化资本可以看作志愿组织的志愿服务情景以及资源，进而对大学生志愿行为产生积极影响。基于此，本研究提出假设：志愿组织气氛对志愿行为有积极影响（假设2）。

6.2.2 志愿者心理资本的中介作用

心理资本是个体在成长和发展过程中所具备的积极心理状态或心理素质，包含自我效能、韧性、乐观和希望四个维度（Luthans et al.，2004）。研究表明，志愿者心理资本对其志愿行为可持续存在积极影响（Xu et al., 2020），但关于志愿者心理资本的研究却鲜有报道。志愿者作为特殊群体，其心理资本的结构维度具有特殊性，为此，在之前的研究中我们提出，志愿者心理资本是指志愿者在志愿活动过程中的积极心理素质或状态，是个体是否持续参与志愿活动并有效开展志愿行为的心理资源，它包括自我效能、乐观希望、坚强韧性、责任使命和感恩感戴五个维度（徐礼平，2020）。研究表明，那些自我效能水平更高、做事更乐观且有希望、更能应对挫折的个体可以做出更多的利他行为（Myers, 2012；李敏，2017），而志愿行为便是一种利他行为。

资源保存理论认为，心理资本是个体内部积极的心理资源，是可以加强个体和组织之间的情感联系的因素（Hobfoll et al., 2018）。也就是说，志愿者心理资本可以加强志愿者与组织方面（如领导者）之间的情感联系。在组织中，诚信领导者可以将自身积极的心理能力和组织中积极情境相融合，有效激发自身和下属的积极自我意识（Luthans et al., 2003）。领导—成员交换理论认为，领导者和下属之间的积极资源交换有利于组织行为结果（Hobfoll et al., 2018）。研究发现，诚信领导者拥有希望和可信的特质，可以增强下属的希望和自我效能，对下属的心理资本有积极影响（Rego et al., 2012；Tak et al., 2019）。因此，本研究认为，志愿组织诚信领导作为一种积极的领导风格，是志愿者在志愿活动中的重要支持性资源，可以提升志愿者自我效能、韧性、责任感、感恩、希望的心理资本，从而有效促进其志愿行为。基于此，本研究提出如下假设：志愿组织诚信领导显著正向预测心理资本（假设3）；志愿组织诚信领导通过心理资本对志愿行为产生间接影响（假设4）。

气氛理论认为，组织成员从心理意义的角度感知和理解组织的政策、实践和程序（Rentsch & Joan, 1990），志愿服务气氛提供了志愿服务的文化资本和情景，从而为志愿者从心理意义的角度理解志愿组织的政策、实践和程序提供了情景资源支持。根据资源保存理论，这种对组织内个体心理抱有支持性的积极外部情景资源可以有效促进个体的积极心理资源，如自我效能（Hobfoll et al., 2018）。本研究认为，志愿组织气氛是在志愿组织中促进志愿者进行志愿活动的积极的外部情景资源，其可以对志愿者心理资本产生积极影响。基于此，本研究提出如下假设：志愿组织气氛显著正向预测心理资本（假设5）；志愿组织气氛通过心理资本对志愿行为产生间接影响（假设6）。

6.2.3 志愿者家庭关怀的调节作用

家庭是人类社会最基本、最重要的生活单位。家庭的价值、期望，以及成员之间的相互影响都会对个体健康和行为产生影响。健康的家庭作为一种资源而言，是其成员认为它具有凝聚力，可以提供个体成长或面临生活中挑战时所需的情感资源，当家庭成员之间以及家庭成员与朋友或其他社团组织间存在平衡的沟通渠道时，这些资源才是有效的；同时，家庭关怀体现了个体对家庭功能的满意程度以及家庭资源的有效性（Smilkstein et al., 1984）。另外，与重要他人（家人）的人际关系是一种社会资本，个体可以从与重要他人的关系结构中获得资源（Coleman, 1988）。所以，家庭资源可以作为一种社会资源。根据资源保存理论，社会资源的获得可以增强个体行为与应对挑战的意识（Hobfoll et al., 2018）。研究表明，个体对志愿活动的参与会受其社会关系（家庭关系）的影响（Wilson et al., 1997），志愿者行为多因素模型指出，家庭是影响志愿行为的中介因素（Matsuba et al., 2007）。同时，研究发现，志愿者参与志愿活动经常是被家人影响的（Matsuba et al., 2007）。而且，志愿行为的产生与父母对志愿活动的态度、期望与实践息息相关（Sundeen & Raskoff, 1994；Rosenthal et al., 1998）。可见，家庭作为志愿者的一种社会资源，可以对志愿行为产生影响，且获得越多家庭资源的志愿者越想做更多的志愿活动。所以，家庭关怀可作为体现家庭资源有效性的指标。综上所述，志愿者心理资本作为个体内部的积极心理资源，可以和家庭社会资源相互作用从而对志愿行为产生影响。基于此，本研究提出如下假设：志愿者家庭关怀调节志愿组织诚信领导通过心理资本对志愿行为产生间接积极影响的强度，并且家庭关怀越好强度越高（假设7）；志愿者家庭关怀调节志愿组织气氛通过心理资本对志愿行为产生间接积极影响的强度，并且家庭关怀越好强度越高（假设8）。

本研究重点探讨志愿组织诚信领导与志愿组织气氛分别与志愿行为的关系，以及志愿者心理资本的中介作用和家庭关怀的调节作用。根据以上理论假设，本研究构建了志愿组织诚信领导与组织气氛对志愿行为的作用机制理论假设模型（如图6-1所示）。

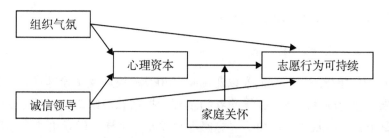

图 6-1　志愿组织诚信领导与志愿组织气氛对志愿行为的作用机制理论假设模型

6.3　横断研究

6.3.1　研究方法

6.3.1.1　被试和程序

本研究对北京体育大学、临沂大学、青岛滨海学院、山东水利职业学院 4 所高校的志愿组织进行问卷调查。调查过程经过 4 所高校的志愿组织领导同意后,对施测者进行培训,培训完成后由施测者携带纸质问卷现场随机发放,参与者知情同意并进行匿名回答。

其中,在北京体育大学发放 120 份问卷,回收 113 份;在临沂大学发放 800 份问卷,回收 534 份;在青岛滨海学院发放 150 份问卷,回收 121 份;在山东水利职业学院发放 220 份问卷,回收 199 份。4 所高校共回收问卷 967 份,回收率为 75%。同时,剔除志愿行为得分为 0 的问卷 22 份,得到有效问卷 945 份,有效率为 73.3%。参与测试的都是在学校志愿组织中过去参与过、正在参与或者将要参加志愿活动的大学生。参与者中有 275 名男性（29.1%）,670 名女性（70.9%）;年龄在 17 岁以下的有 19 人（2%）,18～25 岁的有 912 人（96.5%）,26～40 岁的有 14 人（1.5%）;从事志愿者服务年限在 1 年以下的有 695 人（73.5%）,1～3 年的有 215 人（22.8%）,3～5 年的有 23 人（2.4%）,5 年以上的有 12 人（1.3%）;参加志愿活动频率为偶尔的有 715 人（75.7%）,经常参加的有 156 人（16.5%）,长期固定参加的有 42 人

(4.4%),从不参加的有 32 人(3.4%)。

6.3.1.2 测量工具

(1)诚信领导问卷。该问卷以谢衡晓(2007)根据凌文辁等(1987)的品德绩效维系理论编制的诚信领导问卷为基础,根据志愿组织工作情景进行了修订,在每个题目的叙述上增加了"志愿组织领导"字样。问卷由 5 个维度的 23 个题项构成。分别是:"志愿者导向"包括志愿组织领导可以如实评价志愿者贡献、尊重志愿者、不离间志愿者、说话算数以及能兑现自己的诺言 5 个题项;"循规蹈矩"包括志愿组织领导可以遵守社会公德、恪守自己的信念、遵纪守法、以身作则、自觉遵守组织的规章制度、坚持原则 5 个题项;"领导特质"包括志愿组织领导有远见、有激情、敢于创新、有亲和力、有魄力 5 个题项;"诚实不欺"包括志愿组织领导不发布虚假信息、不弄虚作假、不说一套做一套、不口是心非 4 个题项;"正直无私"包括真诚对待下属、做事公平公正、对上对下的态度一致、不会为个人私利而损害组织或下属利益 4 个题项。问卷采用李克特 7 点评分法(1 = 完全不符,7 = 完全符合),计算平均分,得分越高表示志愿组织诚信领导水平越高。该问卷内部一致性信度为 0.97。

(2)志愿组织气氛问卷。该问卷以王刚(2005)修订的 Litwin 和 Stringer(1968)编制的组织气氛问卷为基础,根据志愿组织工作情景对问卷题目进行了语言描述性修订,如把"本单位"修订为"本志愿组织"。该问卷包括 5 个维度的 13 个题项,分别是:志愿组织结构(structure),指志愿者对组织中规则、条例、程序约束的感受,气氛强调繁文缛节还是较宽松,包含 2 个题项,如"本志愿组织的工作效率经常因为缺少良好的计划和组织而受到影响"等;温暖(warmth),指志愿组织内部人际关系的融洽程度,包含 3 个题项,如"本志愿组织上下级间的关系比较融洽"等。责任(responsibility),指志愿工作中用于承担责任的气氛,包含 3 个题项,如"本志愿组织几乎每一件事都需要经过上级批准,不怎么需要本人的判断"等。约束(constraint),指志愿者在组织中感受到受约束的程度,包含 2 个题项,如"本志愿组织做出的决定都能坚决地维护道德规范"等。冲突(conflict),指志愿组织内部愿意听取不同意见的程度,包含 3 个题项,如"本志愿组织的管理理念认为,部门之间以及个人之间的争辩有时会促进内部的交流和沟通"等。该问卷采用李克特 7 点评分法(1 = 完全不符,7 = 完全符合),计算平均分,得分越高表示志愿组织气氛越好。该问卷内部一致性信度为 0.80。

(3)志愿者心理资本问卷。采用笔者自编的志愿者心理资本问卷,该问卷包括 5 个维度的 20 个题项，详见第 4 章 4.2 的相关内容。本研究经过验证性因素分析发现结构效度拟合指标为：χ^2/df = 4.39，*NFI*、*IFI*、*TLI*、*CFI* 分别为 0.91、0.93、0.93、0.93，*RMSEA* = 0.06；内部一致性信度为 0.86，说明该问卷信效度良好。

（4）家庭关怀度指数问卷。本研究运用家庭关怀度指数问卷（Smilkstein et al.，1984）测量大学生志愿者的家庭关怀，该问卷由 5 个题项组成，分别测量：①适应度（addition），指家庭成员在遇到困难或危机时，能从家庭内部与外部获得哪些资源，能否帮助其解决问题。②合作度（partnership），指家庭成员间互相分担责任、解决问题和做决定的方式。③成长度（growth），指家庭成员在身心发展上得到其他成员的支持与引导的程度。④情感度（affection），指家庭成员间存在的相互关心、爱护的情感程度。⑤亲密度（resolve），指家庭成员间在时间、空间、金钱等方面的共享程度。问卷采用李克特 3 点评分法（1 = 从不，2 = 偶尔，3 = 经常），计算平均分，得分越低则表示家庭关怀较好。该问卷内部一致性信度为 0.82。

（5）志愿行为可持续问卷。本研究采用 Carlo（2005）编制的志愿行为问卷，该问卷包括 4 个题项，主要考察是否已参与或正在参与志愿活动，以及未来一年内主动或被邀请参与志愿活动的情况。问卷得分范围在 0～7 分之间，采用李克特评分法，计算出平均分，得分越高表明被试越倾向于发生志愿行为，该问卷在本研究中的内部一致性信度为 0.70。

6.3.1.3 数据统计与分析

本研究采用 SPSS 22.0 和 AMOS 21.0 对调查数据进行统计分析。采用 SPSS 22.0 对 945 份问卷进行描述性统计和相关分析，同时采用 SPSS 22.0 中的 Process 宏程序及该程序下的 Bootstrap 检验（Hayes，2014），揭示志愿者心理资本和家庭关怀在志愿组织诚信领导、志愿组织气氛影响志愿行为可持续关系中的作用。

6.3.2 横断研究结果

6.3.2.1 共同方法偏差检验

采用哈曼（Harman）单因子因素分析对以上 5 个因素的数据进行共同方法偏差检验（common method deviation analysis，CMDA），发现初始特征值（feature root value, FRV) 大于 1 的成分有 11 个，且第一个成分所解释的变异量为 31.07%，小于 40% 的临界值。这表明本研究的共同方法偏差不显著。

6.3.2.2 相关性分析

描述性统计与相关性分析结果见表 6-1。志愿组织诚信领导、志愿组织气氛与心理资本、志愿行为存在积极相关，家庭关怀度指数与志愿组织诚信领导、心理资本存在积极相关，相关系数均在 0.17 ~ 0.49 之间（$p<0.01$），表明有必要探索各要素之间的相互关系及内部作用机制。

表 6-1 大学生志愿者各因素描述性统计及相关性分析

因素	M	SD	1	2	3	4
1 志愿组织诚信领导	5.41	0.91	—			
2 志愿组织气氛	4.62	0.73	0.44**	—		
3 心理资本	4.91	0.69	0.49**	0.33**	—	
4 家庭关怀度指数	2.48	0.45	0.21**	0.04	0.22**	—
5 志愿行为可持续	1.27	0.40	0.23**	0.17**	0.23**	0.06

注：* 表示 $p<0.05$；** 表示 $p<0.01$。

6.3.2.3 假设检验

国内外研究表明，性别是影响志愿服务行为的重要因素（Debbie，2008），且普遍认为女性较男性更倾向于从事志愿行为（张冰，2018）。因此，本研究在分析时将性别作为控制变量，以增强数据分析的科学性和有效性。为避免变量间的多重共线性，对变量数据进行中心化处理。在此基础上，假设 1、假设 2 运用 Process 模型 4 进行验证。结果表明，志愿组织诚信领导（$\beta=0.07$，$t=4.28$，$p<0.001$）、志愿组织气氛（$\beta=0.06$，$t=3.15$，$p<0.01$）对志愿行为有积极影响，假设 1、假设 2 成立。

为了验证假设 3—假设 6，分别将大学生心理资本作为志愿组织诚信领导和组织气氛对志愿行为的中介因素进行验证。结果表明，志愿组织诚信领导对心理资本有显著预测作用（$\beta=0.37$，$t=9.50$，$p<0.01$），志愿组织诚信领导通过心理资本对志愿行为影响的间接积极效应显著（间接效应值为 0.03，Bootstrap 95% 的置信区间为 [0.02，0.05]）；志愿组织气氛对心理资本有显著预测作用（$\beta=0.31$，$t=6.12$，$p<0.01$），志愿组织气氛通过心理资本对志愿行为

的间接积极效应显著（间接效应值为0.04，Bootstrap 95%的置信区间为[0.02，0.05]），假设3—假设6成立。

假设7、假设8采用Process模型14进行验证，该模型假设调节变量对中介模型的后半段路径有调节作用，符合本研究的理论模型，并且对模型进行了Bootstrap检验，设置抽样数为5000次。对假设7的验证结果表明，志愿组织诚信领导对心理资本有积极影响（$\beta = 0.37$，$t = 9.50$，Bootstrap 95%的置信区间值为[0.30，0.45]，$p < 0.001$），心理资本对志愿行为有积极影响（$\beta = 0.10$，$t = 4.67$，Bootstrap 95%的置信区间值为[0.06，0.14]，$p < 0.001$），心理资本和家庭关怀度指数的乘积对志愿行为有积极影响（$\beta = 0.11$，$t = 3.57$，Bootstrap 95%的置信区间值为[0.05，0.17]，$p < 0.001$）（详见表6-2）。为了进一步确定该模型调节效应的显著性，采用Process中该模型调节效应的判定指标 $INDEX$ 进行评估，发现 $INDEX$ 为0.04，Bootstrap 95%的置信区间值为[0.02，0.07]（详见表6-3）。这表明家庭关怀度指数通过心理资本对志愿行为的间接积极影响调节了志愿组织诚信领导。为更好地揭示假设8中志愿者家庭关怀度指数在心理资本与志愿行为关系间的调节趋势，以中心化后家庭关怀度指数加减一个标准差为高低组，分析志愿组织诚信领导通过心理资本对志愿行为的间接积极影响的效应值在低水平、中等水平、高水平家庭关怀度指数时的变化。结果表明，在低水平家庭关怀度指数下，志愿组织诚信领导通过心理资本对志愿行为无间接影响；在中等水平、高水平家庭关怀度指数下，随着家庭关怀度指数水平的提高，间接效应值逐渐增大（详见表6-4）。

表6-2 有调节的中介效应分析

回归方程		整体拟合指数			回归系数显著性			
结果变量	预测变量	R	R^2	F	β	$LLCI$	$ULCI$	t
心理资本	整体	0.49	0.24	49.05***				
	性别				-0.01	-0.10	0.08	-0.16
	志愿组织诚信领导				0.37	0.30	0.45	9.50***

续表 6-2

回归方程		整体拟合指数			回归系数显著性			
结果变量	预测变量	R	R^2	F	β	$LLCI$	$ULCI$	t
志愿行为可持续	整体	0.29	0.08	19.33***				
	性别				0.03	-0.03	0.09	1.06
	志愿组织诚信领导				0.07	0.04	0.10	4.05***
	心理资本				0.10	0.06	0.14	4.67***
	家庭关怀度指数				-0.01	-0.07	0.04	-0.45
	心理资本×家庭关怀度指数				0.11	0.05	0.17	3.57***
心理资本	整体	0.33	0.11	19.50***				
	性别				0.01	-0.08	0.11	0.27
	志愿组织气氛				0.31	0.21	0.41	6.12***
志愿行为可持续	整体	0.27	0.08	17.44**				
	性别				0.03	-0.02	0.09	1.14
	志愿组织气氛				0.06	0.02	0.10	3.25**
	心理资本				0.12	0.08	0.16	6.19***
	家庭关怀度指数				0.01	-0.05	0.06	0.06
	心理资本×家庭关怀度指数				0.11	0.05	0.17	1.14***

注：*表示 $p<0.05$；**表示 $p<0.01$；***表示 $p<0.01$.

表 6-3 有调节的中介效应判定指标

因素	$INDEX$	SE	$LLCI$	$ULCI$
志愿组织诚信领导	0.04	0.01	0.02	0.07
志愿组织气氛	0.03	0.01	0.01	0.06

表6-4　家庭关怀度指数不同水平间接效应值

家庭关怀度指数水平		EFECT	SE	LLCI	ULCI
志愿组织诚信领导	M - SD	0.02	0.01	0.00	0.04
	M	0.04	0.01	0.02	0.05
	M + SD	0.05	0.01	0.04	0.08
志愿组织气氛	M - SD	0.02	0.01	0.01	0.04
	M	0.04	0.01	0.02	0.06
	M + SD	0.05	0.01	0.03	0.08

为了完整反映间接效应受调节变量（在本研究中是连续变量）影响的全貌，通过运行 Preacher（2007）提出的 SPSS 语法程序，利用其中自带的 Jonson-Neyman 方法，计算得到 95% 置信带和显著域的具体数值，并以图示的形式来更加清晰地展示在调节变量连续取值下的条件间接效应。图 6-2 中的直线代表志愿组织诚信领导对志愿行为影响的有调节的中介效应，它是调节变量的一个线性函数，虚线代表相应的置信带。由图 6-2 可以看出，当家庭关怀度指数的取值大于 2.05 时（3 分为满分），志愿组织诚信领导通过心理资本对志愿行为的间接效应都是显著的（远大于 0）。由此可知，假设 7 成立。

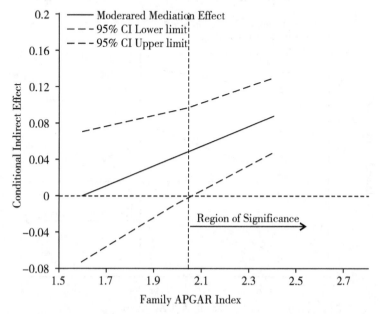

图 6-2　志愿组织诚信领导对志愿行为间接影响路径中家庭关怀度指数的调节效应

对假设 7 的验证结果表明，志愿组织气氛对心理资本有积极影响（$\beta = 0.31$，$t = 6.12$，Bootstrap 95% 的置信区间值为 [0.21, 0.41]，$p < 0.001$），心理资本对志愿行为有积极影响（$\beta = 0.12$，$t = 6.19$，Bootstrap 95% 的置信区间值为 [0.08, 0.16]，$p < 0.001$），心理资本和家庭关怀度指数的乘积对志愿行为可持续有积极影响（$\beta = 0.11$，$t = 3.65$，Bootstrap 95% 的置信区间值为 [0.05, 0.17]，$p < 0.001$）（详见表 6-2）。为了进一步确定该模型调节效应的显著性，采用 Process 中该模型调节效应的判定指标 *INDEX* 进行评估，发现 *INDEX* 为 0.03，Bootstrap 95% 的置信区间值为 [0.01, 0.06]（详见表 6-3）。表明家庭关怀度指数通过心理资本对志愿行为可持续的间接积极影响调节了志愿组织气氛。为更好地揭示假设 8 中志愿者家庭关怀度指数在心理资本与志愿行为可持续关系间的调节趋势，以中心化后家庭关怀度指数加减一个标准差为高低组，分析志愿组织气氛通过心理资本对志愿行为可持续的间接积极影响的效应值在低水平、中等水平、高水平家庭关怀度指数时的变化。结果表明，随着家庭关怀度指数水平的提高，间接效应值逐渐增大（详见表 6-4）。

同样采用 Jonson-Neyman 方法绘制调节效应图（如图 6-3 所示），图中的直线代表志愿组织气氛对志愿行为影响的有调节的中介效应，它是调节变量的一个线性函数，虚线代表相应的置信带。由图 6-3 可以看出，当家庭关怀度指数的取值大于 1.9 时（3 分为满分），志愿组织气氛通过心理资本对志愿行为可持续的间接效应都是显著的（远大于 0）。由此可知，假设 8 成立。

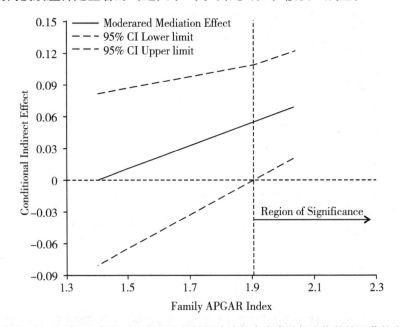

图 6-3 志愿组织气氛对志愿行为间接影响路径中家庭关怀度指数的调节效应

6.4 纵向研究

为进一步印证横断研究结果，揭示各变量间的因果关系，本部分对所调查的纵向数据展开交叉研究。

6.4.1 研究方法

6.4.1.1 被试和程序

本研究对北京体育大学、青岛滨海学院、山东水利职业学院3所高校的志愿组织进行了纵向追踪问卷调查。调查过程在3所高校的志愿组织领导同意后，对施测者进行培训，培训完成后由施测者携带纸质问卷现场随机发放，被试知情同意并进行实名回答。参与调查的被试的个人信息仅限研究者和施测者知悉，并承诺只用作研究分析，不作他用。调查分3个时间点进行，2019年9月，对3所学校大学生志愿者志愿组织诚信领导、志愿组织氛围、积极心理资本、家庭关怀指数、志愿行为进行基线水平调查，共发放问卷470份，回收有效问卷443份。2019年12月，对第一次回收的443份有效问卷进行大学生个人身份编号后，再次进行调查，共回收有效问卷400份。第三次调查由于受疫情影响，大学生推迟开学，经研究团队协商后，由纸质调查改为"问卷星"线上调查。2020年5月，对编号的400名大学生志愿者进行调查，共回收有效问卷276份，问卷回收有效率58.7%。参与施测的都是在学校志愿组织中过去参与过、正在参与或者将要参与志愿活动的大学生。受测者有82名男性（29.7%），194名女性（70.3%）；年龄在17岁以下的有14人（5.1%），18~25岁的有262人（94.9%）。

6.4.1.2 测量工具

与6.3横断研究调查工具一致。

6.4.1.3 数据统计与分析

本研究采用SPSS 22.0中的Process宏程序及该程序下的Bootstrap检验

(Hayes,2014),将基线水平的志愿组织诚信领导和志愿组织气氛作为自变量,将第二次的积极心理资本和家庭关怀度指数作为中介变量和调节变量,将第三次的志愿行为作为因变量,揭示志愿者积极心理资本和家庭关怀在志愿组织诚信领导、志愿组织气氛影响其志愿行为关系中的作用。

6.4.2 纵向研究结果

本研究在分析时将性别作为控制变量,以增强数据分析的科学性和有效性。运用 Process 模型 4 分别验证大学生志愿者积极心理资本在志愿组织诚信领导、志愿组织气氛对志愿行为影响的中介作用,并进行 Bootstrap 检验,设置抽样数为 5000 次。结果表明,大学生志愿组织诚信领导($\beta = 0.27$,$t = 5.82$,$p < 0.01$)、志愿组织气氛($\beta = 0.21$,$t = 3.54$,$p < 0.01$)对积极心理资本存在直接正向预测作用;大学生志愿者积极心理资本分别在志愿组织诚信领导($\beta = 0.12$,$t = 3.61$,$p < 0.01$)、志愿组织气氛($\beta = 0.12$,$t = 3.92$,$p < 0.01$)对志愿行为影响的路径中存在间接正向预测作用;大学生志愿组织诚信领导($\beta = 0.02$,$t = 0.91$,$p > 0.05$)、志愿组织气氛($\beta = 0.02$,$t = 0.60$,$p > 0.05$)对志愿行为不存在直接预测作用(详见表 6-5)。间接效应值检验结果表明,志愿组织诚信领导通过积极心理资本对志愿行为影响的间接积极效应显著(间接效应值为 0.03,Bootstrap 95% 的置信区间为 [0.01,0.06]);志愿组织气氛通过积极心理资本对志愿行为的间接积极效应显著(间接效应值为 0.03,Bootstrap 95% 的置信区间为 [0.01,0.05])。可见,大学生志愿者积极心理资本在志愿组织诚信领导、志愿组织气氛对其志愿行为的影响中存在完全正向中介作用。

表 6-5 中介效应分析

回归方程		整体拟合指数			回归系数显著性			
结果变量	预测变量	R	R^2	F	β	$LLCI$	$ULCI$	t
心理资本	整体	0.34	0.11	17.38**				
	性别				0.05	-0.11	0.21	0.61
	志愿组织诚信领导				0.27	0.18	0.36	5.82**

续表 6-5

回归方程		整体拟合指数			回归系数显著性			
结果变量	预测变量	R	R^2	F	β	$LLCI$	$ULCI$	t
志愿行为	整体	0.26	0.07	6.45**				
	性别				0.04	-0.05	0.12	0.90
	志愿组织诚信领导				0.02	-0.03	0.08	0.91
	心理资本				0.12	0.05	0.18	3.61**
心理资本	整体	0.23	0.05	6.68**				
	性别				0.07	-0.10	0.24	0.84
	志愿组织氛围				0.21	0.09	0.33	3.54**
志愿行为	整体	0.25	0.06	6.29**				
	性别				0.04	-0.05	0.13	0.93
	志愿组织氛围				0.02	-0.04	0.08	0.60
	心理资本				0.12	0.06	0.19	3.92**

注：** 表示 $p<0.01$。

采用 Process 模型 14 验证家庭关怀度指数的调节效应，该模型假设调节变量对中介模型的后半段路径有调节作用，符合本研究的理论模型，并且对模型进行 Bootstrap 检验，设置抽样数为 5000 次。检验结果表明，志愿组织诚信领导中介路径调节效应不显著（$\beta=0.05$，$t=0.94$，Bootstrap 95% 的置信区间值为 [-0.07, 0.16]，$p>0.05$；判定指标 $INDEX=0.01$，Bootstrap 95% 的置信区间值为 [-0.02, 0.04]）；志愿组织气氛中介路径调节效应不显著（$\beta=0.05$，$t=0.80$，Bootstrap 95% 的置信区间值为 [-0.07, 0.17]，$p>0.05$；判定指标 $INDEX=0.01$，Bootstrap 95% 的置信区间值为 [-0.01, 0.04]）。所以，家庭关怀在两条中介路径中的调节效应不显著。

6.5 分析与讨论

6.5.1 诚信领导、志愿组织气氛对志愿行为的影响分析

横断研究和纵向研究均表明，志愿组织诚信领导对志愿行为可持续产生积极影响，意味着志愿组织中的领导者拥有诚信领导的风格对志愿者产生志愿行为具有促进作用。诚信领导是一种将积极心理能力与组织道德情景相结合，并有助于领导者和下属的积极自我发展的领导模式（Luthans et al.，2003；Walumbwa et al.，2008）。诚信的领导者可以与他人建立真实的信任关系，更多地考虑服务他人，拥有诚信风格的志愿组织领导者可以将志愿服务的价值观和信念以真诚的方式传递给组织中的志愿者，使志愿者做出更多的志愿行为。同时，本研究还发现志愿组织气氛对志愿者志愿行为会产生积极影响，意味着志愿组织中拥有不慕名利而自愿服务于公共利益的气氛，有助于志愿者做出更多的志愿行为。气氛作为组织中持久形成的价值观，已内化为组织成员价值观的一部分，志愿组织中的志愿气氛即是作为这样一种价值观，指导着志愿者行事的。再者，志愿组织诚信领导和志愿组织气氛作为志愿组织中的情景性资源，为志愿者的志愿活动提供支持性的资源，从而可以有助于志愿者产生更多的志愿行为，促进其志愿行为可持续发展。

6.5.2 中介效应和调节效应分析

通过横断和纵向研究的中介效应分析发现，志愿者志愿组织诚信领导与志愿组织气氛都通过心理资本对其志愿行为产生间接的积极影响。这也表明了大学生志愿者心理资本对其志愿行为产生积极影响，这与以往研究中普通志愿者的结果相一致（李敏，2017；Cheng et al.，2018）。志愿者心理资本作为积极的内部心理资源，强调的是个体的积极主动性及其潜力，不仅可以使志愿者更好地完成自己的工作，而且更有可能帮助其他志愿者有效地完成志愿任务和相关任务（Larson & Luthans，2006；Kragh et al.，2016）。同时，志愿组织诚信领导

作为一种积极心理能力与组织道德情景相结合的领导风格,可以对志愿者心理资本产生积极影响（Woolley et al., 2011）；志愿组织气氛作为组织中的一种文化情景资源,同样能对志愿者心理资本产生积极影响。

通过横断研究中的调节效应分析发现,家庭关怀在志愿组织诚信领导与志愿组织气氛通过心理资本间接影响志愿行为的过程中起调节作用,具体表现为当家庭对志愿者的关怀度较高时,志愿组织诚信领导与志愿组织气氛通过心理资本对志愿行为产生间接积极影响的强度增强。家庭关怀是体现家庭系统健康良好的重要指标,志愿者参与志愿活动往往与家人的支持密不可分,也可能是从父母的榜样作用中习得而来（Rosenthal et al., 1998）。家庭成员对志愿者的关怀程度的提高可能加强其对志愿服务的认同度,从而有助于其志愿行为的发生。同时,家庭关怀也可能作为大学生志愿组织中的支持性资源,从而对其志愿行为的发生提供社会性资源。然而,纵向研究的调节效应不显著,这可能与调查数据的样本量有关。横断研究中样本量大,而在纵向研究中,由于样本的流失,回收数量与横断研究中的数量相比严重不足,这可能是导致结果差异的重要因素。

本研究的理论意义主要体现在三个方面。第一,以往有关志愿者的研究都是集中在来自特定组织的志愿者,且研究的志愿者均来自大学生、社会工作人员、社区团体等（Green & Chalip, 2004；Edwards, 2005；Fornyth, 2010；Dickson, 2013；Darcy, 2014；Dickson, 2015）。本研究以大学生志愿者这一特定群体为研究对象,更为集中地研究了影响这一志愿群体志愿行为的因素,且大学生是志愿者中相对年轻的群体,对未来志愿者群体的发展有重要意义；第二,本研究从大学生志愿组织、个体、社会探讨影响其志愿行为的因素及相互作用机制,提出了志愿组织诚信领导、志愿组织气氛、志愿者心理资本、家庭关怀对志愿者志愿行为的影响及相互作用机制,扩展了志愿者的研究领域,这对志愿组织行为领域的研究具有重要意义；第三,本研究从资源保存理论视角,把志愿组织诚信领导、志愿组织气氛、志愿者心理资本与家庭关怀作为促进大学生志愿行为的组织情景资源、个体资源、社会资源等支持性资源,是资源保存理论应用到志愿服务领域研究的新突破,进一步拓宽了资源保存理论的应用领域。

本研究的实践意义主要体现在三个方面。第一,本研究为大学生持续性志愿行为提供组织方面干预的方向,例如,在高校已经设立的志愿者社团或组织中选取富有诚信领导风格的负责人,以及加强对志愿服务政策、价值观、气氛等的建设和宣传力度；第二,本研究为大学生持续性志愿行为提供个体方面的干预方向，例如，大学生志愿组织团体在提高其成员志愿行为持续性时，可以从心理资本视角进行干预；第三，本研究为大学生持续性志愿行为提供社会方面的干预方向，例如，大学生志愿组织团体可以招募其成员的家庭成员一起做志愿者，以提高对其志愿者的家庭关怀程度。

本章小结

　　志愿者志愿组织诚信领导、志愿组织气氛分别通过心理资本对其志愿行为产生间接的积极影响。横断研究发现，家庭关怀在志愿组织诚信领导与志愿组织气氛通过心理资本间接影响志愿行为的过程中起调节作用，当家庭对志愿者的关怀度较高时，志愿组织诚信领导与志愿组织气氛通过心理资本对志愿行为产生间接积极影响的强度会增加。然而，本研究还存在一定的研究局限：首先，本研究采用的是自我报告的方法，虽然对共同方法偏差进行了检验，但还是会增加共同方法偏差的风险（Podsakoff et al., 2003）。其次，本研究采用横断研究和纵向研究交叉设计方法，这对因果推论具有重要参考价值。但是，由于纵向研究样本量还不够多，研究结论可能会产生一定的偏差，尤其是在横断研究中发现了家庭关怀的调节效应，而在纵向研究中并未发现家庭关怀的调节效应。因此，在未来的研究中，需要进一步增加样本量以展开深入探究。再次，本研究探讨的大学生志愿组织、个体、社会因素对志愿行为的影响还不够全面，未来的研究可以加以扩展，如组织中不同领导风格、个体因素（心理韧性）、社会因素（同伴关系）等。最后，本研究的研究对象是大学生志愿者，这是本研究的创新也是局限，意味着研究得出的结论是否具有推广性还有待商榷。在中国，大学生进行志愿活动可能是出于学分的要求，所以大学生是否出于自愿参加志愿活动也有待实证和调查。在未来的研究中，不仅要对志愿行为的自愿性进行调查分析，还需从志愿者扩展到志愿组织，以探讨在志愿组织中的组织因素、个体因素、社会因素对志愿者志愿行为的影响及相互机制。

第 7 章
研究总结与展望

志愿者作为一个奉献爱心、服务社会、不求回报的特殊群体，有其独特的心理资本，而心理资本作为一种积极的心理资源，不仅受到来自相关情境或社会因素的影响，而且在这些来自个体、社会和情境的各种资源的共同作用下，其对个体志愿行为的产生、发展和可持续具有促进作用。本文聚焦志愿者这一帮扶他人、服务社会、不求回报的特殊人群，从动态和静态互补的研究视角考察了心理资本的影响因素及其对志愿行为可持续的作用机制。为新时代加快推进社会建设和构建和谐社会，以及培育志愿者积极的心理品质，进而促进志愿行为的可持续发展具有重要的理论和现实意义。前几章已对研究结果分别进行了讨论，下面从总体的角度进行综合讨论。

7.1 综合模型

本部分通过对质性研究和量化研究的结果进行简要讨论并对其加以综合，进而构建综合模型。

7.1.1 综合讨论研究结果

7.1.1.1 志愿者心理资本的结构维度方面

志愿者心理资本，是指志愿者在开展志愿活动过程中所体现出的积极心理品质或心理状态，是促进其志愿行为可持续发展的原动力。本研究通过扎根理论研究方法，发现志愿者心理资本包括感恩感戴、责任使命、乐观希望、坚强韧性和自我效能 5 个维度，均符合 Luthans（2007）及其团队提出的"积极组织行为学（POB）标准"。而在第 4 章对志愿者心理资本的结构维度进行验证后，也发现志愿者心理资本包括感恩感戴、责任使命、乐观希望、坚强韧性和自我效能 5 个方面的内容。这与其他人群的心理资本有着相似之处，表现为涵盖了乐观希望、坚强韧性和自我效能等核心要素，其中乐观与希望被合并为一个维度。此外，还发现了志愿者独特的心理资本结构要素，即将感恩感戴、责任使命纳入了结构当中。乐观与希望合并为一个维度与中国文化背景下乐观、希望的内涵存在一定关系，乐观是指有信心并付出努力以获得成功，而希望是指有目标并选择为之努力的愿望，从某种意义上讲，乐观和希望都具有信心获得成功并为之努力的意蕴，因此，将乐观、希望作为一个维度更符合中国文化背景，以往的相关研究似乎也印证了这一点。例如，邝宏达等（2017）在对教练员心理资本的结构维度进行探索时，也将乐观、希望作为教练员心理资本的一个重要维度。

7.1.1.2 志愿者心理资本、志愿行为可持续与人口学变量的关系方面

本书在第 4 章揭示了志愿者心理资本、志愿行为与人口学变量（性别、年龄、职业性质、服务年限和服务频率）的关系，结果如下：一是不同性别的志愿者心理资本有显著差异，而在志愿行为可持续方面差异不明显，具体表现为男性志愿者比女性志愿者在自我效能维度的得分更高，但志愿者心理资本总分及其他维度则无此差异。二是随着年龄的增加，个人心理资本和志愿行为可持续水平也可能会增加，表现为 26 岁以上各年龄阶段的志愿者在志愿行为得分、心理资本及各维度的得分上均高于 25 岁以下各年龄阶段的志愿者。三是志愿者心理资本和志愿行为可持续在职业类型上存在显著差异，表现为大学生志愿者比其他职业类型志愿者的心理资本及自我效能、坚强韧性、乐观希望和责任使命水平更低；自由职业的志愿者比公务员、企事业单位和退休人员志愿者的自我效能水平更低；公务员志愿者比其他职业类型志愿者的坚强韧性水平更高；退休人员志愿者比其他职业类型志愿者的乐观希望水平更高；自由职业、企事业单位、退休人员志愿者比公务员和大学生志愿者的感恩感戴水平更高。此外，大学生志愿行为可持续与其他职业群体相比更差。四是服务时间更长的志愿者表现出更高的心理资本和志愿行为可持续水平，表现为服务年限为 1 年以下（短期）的志愿者心理资本和志愿行为可持续水平均低于 1 年以上的其他服务年限（长期）志愿者。五是志愿服务频率越高的个体，其心理资本和志愿行为可

持续水平越高，表现为经常参加和长期固定参加志愿活动的志愿者心理资本和志愿行为可持续水平高于偶尔参加和从不参加志愿活动的志愿者。

7.1.1.3　志愿者心理资本的影响因素方面

本书的第3章通过质性研究发现，领导行为（率先垂范、领导魅力、有领导号召力、关心下属和待人真诚等）、团队气氛（权责明确、关系融洽、分工协作和工作情绪高涨等）是影响和激发志愿者心理资本的重要因素。第6章中的横断研究和纵向研究揭示了志愿组织气氛和志愿组织诚信领导是志愿者心理资本的前因变量，同时还发现了志愿者志愿组织诚信领导、志愿组织气氛分别通过心理资本对志愿者志愿行为可持续产生间接积极影响。横断研究还发现了家庭关怀在志愿组织诚信领导与志愿组织气氛可通过志愿者心理资本间接影响志愿行为可持续中起调节作用。当家庭对志愿者的关怀度较高时，志愿组织诚信领导与志愿组织气氛通过心理资本对志愿行为产生间接积极影响的强度会随之增强。

7.1.1.4　志愿者心理资本对志愿行为可持续的影响机制

在本书的第3章中，质性研究的扎根理论所构建的志愿者心理资本影响因素及其对志愿行为可持续的机制模型显示，社会支持和志愿动机在心理资本与志愿行为可持续关系中起链式中介效应，以及角色认同在其关系中起调节效应。同时，在个案研究中也发现了志愿组织承诺、家庭关怀等要素在心理资本与志愿行为可持续关系中的作用。第4章中影响机制的实证研究发现，志愿者心理资本可以通过志愿动机的中介效应对志愿行为产生间接影响；领悟社会支持和志愿动机在志愿者心理资本影响志愿行为可持续中起链式中介效应。此外，还发现志愿者心理资本可以通过组织承诺的中介效应对志愿行为可持续产生间接影响。同时，组织承诺在志愿者心理资本与志愿行为可持续之间的中介效应会受到角色认同和领悟社会支持的联合调节，表现为低角色认同、低领悟社会支持，高角色认同、低领悟社会支持和低角色认同、高领悟社会支持的志愿者，其高水平心理资本较低水平心理资本而言对组织承诺的影响速度更快；而高角色认同、高领悟社会支持的志愿者，其低水平心理资本较高水平心理资本而言对组织承诺的影响速度更快。虽然以往相关研究揭示了个体因素、志愿动机、角色认同、领悟社会支持、组织承诺、积极心理品质与志愿行为可持续的相关关系（李敏，2017；Edwards，2005；Matsuba et al.，2007；Fornyth，2010；Dickson et al.，2013；Snyder et al.，2008；Darcy et al.，2014；Dickson et al.，

2015),但揭示心理资本对志愿行为可持续的影响机制的研究还未见报告。

7.1.2 综合模型构建

综合本研究中质性研究和量化研究的结果,构建了心理资本视角下志愿行为可持续性发展机制的综合模型(如图7-1所示)。其中,心理资本是潜藏在个体内一股永不衰竭的力量,是实现志愿行为可持续性发展的原动力,可认为是本模型的核心。志愿组织气氛、诚信领导是志愿者心理资本的前因,心理资本在组织气氛、诚信领导对志愿行为可持续性影响中发挥中介效应,家庭关怀在心理资本中介组织气氛、诚信领导对志愿行为可持续性影响中发挥调节效应;同时,除志愿行为可持续得分在性别上无显著差异外,志愿者心理资本、志愿行为可持续得分在其他人口学变量上均存在显著差异。此外,在志愿者心理资本对志愿行为可持续的影响机制中,组织承诺、志愿动机、领悟社会支持、角色认同发挥着中介、链式中介、调节、联合调节效应。

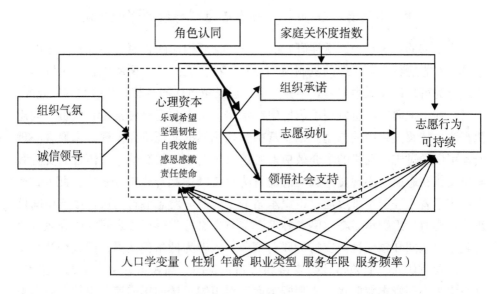

图7-1 综合模型

注:图中加粗实线表示存在调节或联合调节效应,实线表示在某类人口学变量上存在显著差异,虚线表示在某类人口学变量上差异不显著。

7.2 理论贡献

7.2.1 丰富了心理资本的理论研究

Luthans 等（2007）将心理资本界定为个体在成长和发展过程中表现出来的积极心理品质或状态，根据王雁飞和朱瑜（2007）的相关划分标准，心理资本可归为类状态，即可被开发、测量，并且通过培育和干预用来提高绩效的一种积极心理状态或心理特质，这符合积极组织行为学的纳入标准。同时，他们还列举了作为一般个体心理资本所包含的四个维度，分别是自信或效能、希望、乐观、韧性，之后的研究者根据不同的情境、从不同的学科视角对心理资本展开了研究，如从个体层面拓展到了组织层面（陈威燕 等，2015）或团队层面（徐礼平 等，2019）；从主要以企业员工、大学生、教师、科研创新人员为对象到以重大科研项目团队等为对象；等等。然而，以往关于志愿者心理资本的研究还鲜有报告。本研究以志愿者（包括普通居民志愿者和大学生志愿者）为对象，弥补了心理资本研究缺乏志愿者群体的研究不足。

此外，当前不断丰富的积极组织行为学研究和积极心理学的有关知识体系，提出了许多符合积极组织行为学标准的潜藏在不同群体间的优秀品质、优势和美德被认为是心理资本中极其重要的结构要素。比如范兴华等（2015）认为，宽容友善是留守儿童心理资本的一个重要维度；徐礼平等（2019）认为，团队使命是高校重大科研项目团队心理资本的核心要素；等等。事实上，不同人群由于工作性质、社会期待和生存境遇的差异，其心理资本的结构维度各有特点。志愿者作为奉献爱心、服务社会、不求回报的特殊群体，其心理资本的结构维度也同样表现出不同的特点。本文先是通过对扎根理论的探索，再根据调查数据对志愿者心理资本的结构维度进行探索性因子和验证性因子分析后，发现志愿者心理资本包括感恩感戴、责任使命、乐观希望、坚强韧性和自我效能五个维度，其中感恩感戴、责任使命是新发现的志愿者心理资本的独特维度。

本研究还发现了志愿者心理资本与志愿组织诚信领导、志愿组织气氛、志愿动机、领悟社会支持、组织承诺、角色认同、家庭关怀等因素之间的相关关系，并揭示了领悟社会支持和志愿动机在志愿者心理资本影响其志愿行为中起链式中介效应；揭示了志愿者心理资本可以通过组织承诺的中介效应对志愿行为产生间接影响；同时，组织承诺在志愿者心理资本与其志愿行为之间的中介效应受到角色认同和领悟社会支持的联合调节效应。此外，还揭示了志愿组织诚信领导和志愿组织气氛是志愿者心理资本的前因变量；志愿组织诚信领导、志愿组织气氛分别通过心理资本对志愿行为可持续产生间接积极影响；家庭关怀在志愿组织诚信领导与志愿组织气氛通过志愿者心理资本间接影响其志愿行为可持续中起调节作用。这些研究结果为下一步拓展志愿者心理资本的前因、后果研究提供了一定的理论依据。

7.2.2 拓展了志愿行为可持续发展的理论研究

7.2.2.1 拓展了志愿行为可持续发展研究的分析角度

以往关于志愿行为可持续发展的研究，主要从文化资本（Harflett，2015；刘凤芹 等，2015）、人力资本（Lindsay et al.，2016；王新松 等，2013；Choi et al.，2010）和社会资本（张勤 等，2012；Wang et al.，2008；Bailey et al.，2003）等视角展开，而从积极心理学尤其是心理资本视角探讨志愿服务行为可持续发展的研究未见报告，已有的文献也主要从心理学角度剖析其与志愿行为的关系（李敏 等，2017；杨秀木，2015；龙忆 等，2012；高志利，2011）。本研究从心理资本视角揭示了志愿行为可持续发展的影响机制，拓展了志愿行为可持续发展研究的分析角度，为我国志愿行为可持续性发展开辟了一个新的研究视角。

7.2.2.2 构建了志愿行为可持续发展的综合理论模型

以往关于志愿行为可持续发展影响因素的研究从个体因素（性别、年龄、教育水平、收入、人格等）（邓少婷，2018）、社会因素（社会保障、社会压力、社会支持）和情境因素（如社会情境、组织因素）（李林、石伟，2010）三个方面分别作了一些探讨，Matsuba 等（2007）还构建了综合理论模型。然而，以往研究比较分散，更倾向于对某个变量与志愿行为可持续相关因素的分析，鲜有揭示志愿行为可持续发展的影响机制。本研究从人口学变量（性别、年龄、职业性质、服务年限和服务频率）、个体因素（心理资本、角色认同、志愿动机、志愿组织承诺、领悟社会支持）、情境因素（组织诚信领导、志愿组织气氛）和社会因素（家庭关怀度指数）等方面构建了综合理论模型，不仅揭示了不同变量对志愿行为可持续发展的影响，还揭示了变量之间的作用关系如何影响志愿行为可持续发展；不仅从静态（问卷调查）还从动态（质性研究）、不仅从横向研究还从纵向研究的视角分析了志愿行为可持续发展。这不仅弥补了以往研究仅重视影响因素而未关注作用机制的问题，还弥补了志愿行为可持续发展综合性研究的不足。

7.2.3 发现了新特点及构念中的新因素

本研究发现，不同性别的志愿者在志愿行为可持续上的差异不明显，然而，以往的研究者如邓少婷（2018）、Einolf（2011）都认为女性较男性而言更乐意参与志愿服务；本研究还发现 26 岁以上各年龄阶段的志愿者在志愿行为得分、心理资本及其各维度的得分上均高于 25 岁以下各年龄阶段的志愿者；同时，大学生志愿行为可持续与其他职业群体相比更差；服务年限为 1 年以下（短期）的志愿者心理资本和志愿行为可持续水平均低于服务年限为 1 年以上（长期）的志愿者。这些研究结果有助于我们全面认识不同职业、年龄和性别的志愿者群体，为志愿组织对志愿者的招募、培训，以及组织内志愿者志愿行为的可持续发展提供了一定的理论支撑。

根据访谈、参与式观察等有关结果以及对志愿者群体的基本认知，本研究创造性地将角色认同、志愿动机、志愿组织承诺、领悟社会支持等要素纳入志愿者心理资本影响志愿行为可持续机制的构念当中，同时，还将心理资本、家庭关怀纳入志愿组织气氛、诚信领导对志愿行为可持续机制的构建之中，这在以往研究中未见报告。通过问卷调查和数据分析手段，发现了领悟社会支持和志愿动机在志愿者心理资本影响其志愿行为中起链式中介效应；同时，也发现志愿者心理资本还可以通过组织承诺的中介效应对其志愿行为产生间接影响，并且组织承诺在志愿者心理资本与其志愿行为之间的中介效应会受到角色认同和领悟社会支持的联合调节效应；此外，还发现了家庭关怀在志愿组织诚信领导与志愿组织气氛通过志愿者心理资本间接影响其志愿行为可持续中起调节作用。揭示了志愿者心理资本的影响因素及其对志愿行为可持续发展影响机制的"暗箱"，不仅探讨了志愿者心理资本"如何"影响其志愿行为可持续发展，还探讨了志愿者心理资本"何时"影响其志愿行为可持续发展的问题。

7.3 实践启示

志愿行为的产生和发展源于对国家和社会的责任使命，始于感恩感戴，是围绕目标、坚定信念、愈挫愈勇的过程，是积极组织情境、理性认知、积极认同、良好支持、合理动机、家庭关怀等共同作用的结果。因此，要进一步促进志愿行为的产生、发展和可持续，可从以下方面入手。

7.3.1 培育志愿者心理资本，强化志愿行为可持续的原动力

"心理资本是指个体在成长和发展过程中体现出的积极心理品质或心理状态，是潜藏在个体内部的一股永不衰竭的力量，是实现志愿行为可持续性发展的原动力。"[①] 本研究发现，志愿者心理资本包括责任使命、感恩感戴、乐观希望、坚强韧性和自我效能5个维度，因此，要培育志愿者心理资本，有必要从心理资本的维度着手予以加强。一是培育志愿者"为国谋发展、为民造福祉"的价值理念，赋予其更加崇高美丽的价值形象，增强其对志愿职业和志愿行为的认同感和使命感，形成心系国家和社会发展、以民族复兴为己任的家国情怀。二是培育志愿者积极乐观的心理预期和理性的归因方式，涵养强大的抗挫力和心理复原力，形成自信乐观、目标明晰的良性心理循环。韦纳（Weiner）将个体成败的原因归为3个维度（内外部、可控性和稳定性）、6个层面（能力、努力、工作难度、运气、身体状况和外界环境）[②]，能力和努力被认为是稳定的内部因素，把成功归为能力和努力是一种正向的归因方式。志愿者要对国家倡导的志愿服务活动积极响应、踊跃参加，要坚信通过努力可以把志愿活动开展得更好，同时，还要有"十年磨一剑"的心理预期，要将志愿服务活动视为一生的事业。三是引导志愿者在开展志愿活动过程中遇到困难时要正向思考、理性归因，不忘初心和使命，切实做到有信心、耐心、韧性和持久力，锲而不舍、

[①] Luthans F, Youssef C M, Avolio B J. Psychological capital: Developing the human competitive edge. Oxford: Oxford University Press, 2007.

[②] 参见戴维·谢弗《社会性与人格发展》，陈会昌等译，人民邮电出版社2012年版。

不屈不饶、愈挫愈勇、迎难而上，在困境中磨砺强大的抗挫力，在挫折中涵养快速复原的能力。

本研究还发现，男性志愿者比女性志愿者的自我效能水平更高；26岁以上各年龄阶段的志愿者在志愿行为得分、心理资本及各维度的得分上均高于25岁以下各年龄阶段的志愿者；大学生心理资本总分及各维度的得分和志愿行为可持续与其他职业群体相比更差；服务年限为1年以下（短期）的志愿者心理资本和志愿行为可持续水平均低于服务年限为1年以上（长期）的志愿者。这些研究结果提示我们，在培育志愿者心理资本时，需要有的放矢、因人制宜、精准施测。例如，对志愿者尤其是女性志愿者可以开展增强自我效能方面的培训工作，通过观察和学习优秀志愿者的成功经验，强化志愿者工作胜任力和服务水平，引导志愿者树立积极的心理情绪和心理状态，对志愿者的进步表现、积极心理等予以及时的强化和肯定，等等。班杜拉（1997）认为，影响自我效能的因素包括观察别人所得到的替代性经验；他人的评价和劝说，如果个体被认为对某些工作胜任，那么个体会加倍努力，自我效能感会相应提高，反之，会降低；个体的情绪和心理状态；等等。再如，志愿组织机构应采取多样化的教育、引导、培训和干预手段，重点对大学生以及服务年限为1年以下（短期）的志愿者予以心理资本强化。另外，这也从另一侧面提示志愿服务机构在组织实施关乎重点、重大事件的志愿服务工作上应综合考虑志愿者的性别、年龄、服务年限和职业，同时，还应考虑志愿者性格、专业、特长等与服务岗位的匹配程度等，切实招募一些服务年限长、工作胜任力强、心理品质好的居民志愿者，组建数支专业化、职业化的有梯队的志愿服务队伍。

7.3.2 重视志愿者合理的需要动机，促进个人与组织间的情感联结

"需要是个体内部的一种不平衡状态，它表现为个体对内部环境或外部生活条件的一种稳定的需求，是个体活动的基本动力，是个体行为动力的重要源泉。"[1] 需要是产生动机的基础性条件，当需要没有得到满足时，便会推动个体去探寻满足需要的对象，从而产生行为的动机。志愿者参与志愿服务工作的需要动机体现在诸多方面，如 Omoto 等（1995）提出，个人发展、增强自尊、表达价值、理解和社会关心等都是志愿者参与志愿活动的动机；Clary 等（1998）

---

[1] 彭聃龄：《普通心理学（修订版）》，北京师范大学出版社2004年版。

认为，价值表达、学习理解、社会交往、职业发展、自我保护、自我增强是个体参与志愿服务的动机；而宋利国等（2012）认为，自我成长动机、利他动机、理想实现动机、自我实现动机以及环境动机是个体参与志愿服务工作的动因。本研究通过扎根理论发现，志愿者的志愿动机主要体现在价值表达、知识获取和社会交际等方面。McClelland（1953）认为，具有强烈理性动机的个体往往能取得较高的成就。而强烈理性的志愿动机是完成志愿行为的精神动力，是"自他两利，造福社会"的关键。要想培育志愿者强烈理性的需要动机，就需要志愿者坚守自利利他的初心和使命，凸显自我价值和社会价值的和谐统一，发扬精益求精、耐心雕琢的"工匠精神"，真正做到从心底热爱所参与的志愿组织，执着并痴迷于所从事的志愿服务事业。

本研究还发现，领悟社会支持和志愿动机在志愿者心理资本影响志愿行为中起链式中介效应；同时，也发现志愿者心理资本还可以通过组织承诺的中介效应对志愿行为产生间接影响。事实上，在以往的诸多研究中还发现，动机对组织承诺具有显著的正向预测作用（Saadat et al., 2014；鲍璐，2015）。因此，重视志愿者合理的需要动机，就是要充分认识到志愿服务行为不等于免费服务，其服务活动也是创造社会价值的过程。因此，除对志愿者自尊、名誉等精神方面的激励外（吴玉芳、徐礼平，2016），还应满足志愿者适当的乘车补助、餐费补贴、安全保险等方面的需要，对在志愿服务活动中表现优秀的志愿者应给予一定的物质补偿。如果仅凭着志愿者的一腔热血来开展志愿服务，而组织和社会对其基本需求不给予足够的重视，往往会导致志愿者"乘兴而来，败兴而归"，进而会导致志愿者流失率高、志愿行为可持续性差的状况。因此，在志愿服务过程中，切实重视志愿者的心理需求和物质需求，让志愿者真正体验到来自组织和社会的关怀和温暖，这不仅有助于加强志愿者对志愿组织的心理依附和情感联结，还有助于促进志愿者对志愿服务的角色认同，增强其对组织价值的认同和忠诚度，进而实现志愿行为的可持续发展。

7.3.3 优化志愿组织情境，增强志愿行为可持续的外推力

"组织情境是由组织中的组织系统、组织文化以及管理流程等多种因素形成的一个体系。"[1] 组织情境包括两个层面：一种是相对静态的系统和环境，包括组织的物质、制度、流程、人员结构等；一种是感知到的动态氛围，包括领导支持、组织文化、心理氛围和任务挑战等（Xu et al., 2011）。"人们的行为通常是通过与外界的直接接触和互动来决定的。个体行为会受组织情境的影响，组织情境的动态性、不确定性、复杂性、职权分配和资源的可利用程度都可能对组织成员的行为产生影响。"[2] 因此，对于志愿组织而言，优化其组织情境，对于个体志愿行为可持续发展具有重要意义。那么，该如何优化志愿组织情境？对此，可从静态和动态两个层面进行思考。

就静态的系统和环境而言，就是要完善志愿组织制度、优化志愿组织结构、明晰志愿组织流程、实现高效管理等。志愿组织不同于一般的工作组织，它是由一群纯粹出于爱心和责任的志愿者组成的。由于志愿者自身背景及工作任务的差异，不可避免地会产生一些分歧，这就要求志愿组织充分了解每一位志愿者的基本特征，并根据其需求、兴趣、专长等组建服务小组，规范志愿服务流程，完善有关制度（如培训制度、激励制度、服务规范等），以平衡志愿组织内部的各种关系。此外，可通过搭建志愿服务智能化管理平台以"实现志愿者注册、招募、服务项目发布、考勤及服务时间统计、在线培训、经验交流、督导等动态管理功能，从而实现志愿服务的智能化和高效化，实现志愿者队伍和志愿者的线上便捷管理"[3]。

本研究发现，志愿组织气氛、诚信领导是志愿者心理资本的前因，其通过志愿者心理资本对其志愿行为可持续有间接影响。因此，就动态的氛围而言，有必要从营造融洽的团队气氛和改善领导行为两个方面来优化志愿组织情境。

---

[1] Jensen R, Szulanski G. "Stickiness and the Adaptation of Organizational Practices in Cross-border Knowledge Transfers". *Journal of International Business Studies*, 2004, 35 (6): 508 – 523.

[2] Engwall M. "No Project Is an Island: Linking Projects to History and Context". *Research Policy*, 2003, 32 (5): 789 – 808.

[3] 贾娴娜、徐礼平：《志愿者专业化发展中"内生模式"与"外控模式"的协同效应》，载《当代青年研究》2017 年第 6 期，第 29 – 34 页。

具体而言：一是可通过构建志愿者自主学习平台营造组织气氛。这一平台可设置自主学习区（以学习志愿者的精神、礼仪、文件等基础知识以及针对服务内容的专业知识为主）、小组交流区（以国内外不同机构志愿者互动、学习和探讨为主）、资源共享区（以上传和下载志愿服务的活动照片、视频及各种志愿服务方面的学习资料为主）[①]，以满足不同志愿者的成长、发展和交流等方面的需求，有助于营造志愿组织积极向上、和谐融洽、拼搏进取、互帮互助的氛围，形成趋同或一致性默契集约的积极心理或文化品格，促进志愿者高水平心理资本的产生，进而推进志愿行为的可持续发展。二是作为志愿组织的领导，更应注重把自身积极的心理能力与高度发展的组织情境结合起来，不断激发志愿者采取更多的自我认知、调节和监控的积极行为，促进自我成长，进而实现志愿组织健康发展；同时，应注重民主型领导风格的形成，切实了解组织成员的基本情况，采用多种方式排解志愿者的心理压力，协助志愿者采用澄清、反馈等技巧来了解志愿服务目标，为志愿组织成员提供必要的心理或社会资源；此外，还应对志愿组织成员的工作做出客观评价；等等。

7.3.4 构建完备的社会支持系统，形成志愿行为可持续的协同力

Bronfenbrenner（1979）认为，个体的成长和发展离不开微系统、中系统、外系统和宏系统等生态系统的共同给养。因此，志愿者的成长和发展、志愿行为的可持续同样离不开志愿者家庭、组织、社会和国家等生态系统的给养。一是对志愿者家庭要给予更多情感上的关心、支持、理解和帮助，用实际行动来支持和肯定家庭成员的志愿服务工作，切实为其志愿行为的可持续发展"松开手脚"。二是志愿组织在完善必要的培训、保障、激励、运行及动态管理机制的同时，还应满足志愿者基本的物质（用餐、交通费）、安全（医疗保险、意外保险）和精神需要（自尊、荣誉），增强志愿者的体验感、扬长避短、因才适用，切实为志愿行为可持续发展提供必要的组织支持。三是国家和社会应更加关注志愿者群体，积极为其营造和谐、融洽的志愿服务氛围，努力完善志愿行为的法律法规，为志愿者提供必要的政策支持。当前，我国已经出台了《志愿服务条例》，这对推进志愿服务事业、保障志愿者合法权益提供了一定的依据，

---

① 参见贾婀娜、徐礼平《志愿者专业化发展中"内生模式"与"外控模式"的协同效应》，载《当代青年研究》2017年第6期，第29-34页。

然而，国家层面针对志愿者的专门立法依然缺位。我国实名注册的志愿者人数已达1.69亿人，志愿组织团体达110多万个，这迫切需要一部专门的法律法规来规范志愿组织的运行和发展。在政策支持方面，应参照发达城市的经验，如《北京市2020年普通高等学校招生报名通知》指出，"5A级志愿者属于符合政策资格照顾考生"；因此，可根据5A级志愿者的志愿服务年限、效果等，在研究生升学、公务员招录、事业单位招考、应征入伍、评优评奖等方面予以优先考虑，或给予相应的优惠政策，这将极大地激发志愿者开展志愿服务工作的热情，推动志愿行为可持续发展。此外，通过各种政策和措施，切实搭建大学生志愿者与社会普通公民志愿者之间的桥梁，完善从大学生志愿者到社会普通公民志愿者的服务体系，如采用"互联网+"和组织介绍等线上、线下方式保证志愿服务工作的延续性，避免大学生因毕业、流动等原因中断志愿服务工作。

众所周知，推进志愿行为的可持续发展是一项系统工程，单纯地从志愿者自身、志愿者的家庭、社会和国家某一方面入手，都无法真正实现个体志愿行为的可持续发展，这需要个体、家庭、社会和国家的共同努力，从而构建完备的社会支持系统。具体而言，志愿者个体要不断激发其志愿行为可持续发展的内在心理资本；家庭要给予志愿者更多心理和情感上的关心和帮助，用实际行动来支持家庭成员的志愿行为；志愿组织应做到有的放矢、因人制宜、精准施测，切实为志愿行为可持续发展提供必要的组织支持；国家和社会应为志愿者提供必要的人力资本和社会资本，真正做到对志愿者"高看一眼""厚爱一分"，切实为全面助力志愿行为的形成、稳定和可持续发展，进而为实现"志愿者事业要同'两个一百年'奋斗目标、同建设社会主义现代化国家同行"提供有力保障。唯有如此，才有可能真正实现志愿行为的可持续发展。

7.4 研究局限与展望

从样本上看，第一批调查数据既包括普通居民志愿者又包括大学生志愿者，涉及面广且样本量大，并发现了志愿者心理资本影响其志愿行为可持续的内在机制，这是本研究的一大优势。然而，第二批调查数据虽然样本量也很大，但均来自高校，对象都为大学生志愿者。虽然本研究通过对第二批调查数据的分析，发现志愿者心理资本的前因对其志愿行为可持续的影响机制，但普通居民志愿者与大学生志愿者存在较大差异，在本文第4章的量化研究结果中已经印证了这一点。因此，其能否推广到普通居民志愿者还待更深入的探究。

从研究方法上看，虽然本研究采用纵向研究揭示了志愿者心理资本的前因对其志愿行为可持续的影响机制，但这些研究对象均为大学生志愿者，加上新冠肺炎疫情的因素，研究对象的流失率较高，其研究结论的推广性可能存在一定的缺失。再者，在志愿者心理资本影响其志愿行为可持续性机制中，主要采用了横断研究进行考察，横断研究可能难以反映出因果关系。因此，在未来的研究中，有必要采用实验研究或纵向研究的方法，以进一步揭示志愿者心理资本的影响因素及其对志愿行为可持续影响机制的延时效应，并探究两者的因果关系。

从研究内容上看，一方面，本研究采用志愿行为倾向性问卷考察志愿行为可持续，虽然从理论上得到了认证，但在实际研究中发现志愿行为倾向性问卷虽然符合统计学的基本要求，但信度并不太高，这也提示在未来的研究中有必要进一步分析、厘清志愿行为可持续的内涵，切实丰富志愿行为可持续的研究工具，为更加准确地把握志愿行为可持续提供有力的参考；另一方面，在志愿者心理资本影响志愿行为可持续机制中，其中介变量或调节变量可能较多。在第 5 章的研究中我们发现，通过访谈和观察发现的变量在志愿者心理资本与其志愿行为可持续关系中的中介效应值并不高，这也提示其关系中可能存在其他变量的中介或调节效应。因此，在未来的研究中，有必要对多个不同类别的志愿者或志愿组织中的典型个案采用深度访谈和参与式观察等方式，揭示其可能存在的中介变量，从而为后续实证研究服务，进而助力于准确、全面地了解心理资本视角下志愿行为的可持续性发展机制。

结　　论

本书采用了质性研究和量化研究相结合的设计方法。以志愿者群体为研究对象，采用质性研究探讨了志愿者心理资本维度、影响因素及其与志愿行为可持续性的关系，并在量化研究的基础上创新性地构建了志愿者心理资本维度、影响因素及其对志愿行为可持续性影响机制模型，实现了前后呼应。并在此基础上提出了有关建议，为进一步提高志愿者心理资本水平，进而促进志愿行为的可持续性发展提供了一定的理论和实践依据。

主要结论如下：

（1）志愿者作为一个特殊群体，其心理资本具有新的特点，包括感恩感戴、责任使命、乐观希望、坚强韧性和自我效能 5 个维度。志愿者心理资本无论是在质性研究还是在量化研究中均对其志愿行为可持续具有正向预测作用。

(2) 志愿者人口学变量对其心理资本、志愿行为可持续具有重要影响，主要表现为：不同性别的志愿者心理资本有显著差异，而其志愿行为可持续方面的差异不明显；随着年龄的增加，个人心理资本和志愿行为可持续水平也可能会增加；志愿者心理资本和志愿行为可持续在职业类型上存在显著差异，即大学生志愿者比其他职业类型志愿者的心理资本及志愿行为可持续水平更低；公务员志愿者比其他职业类型志愿者的坚强韧性水平更高；退休人员志愿者比其他职业类型志愿者的乐观希望水平更高；自由职业、企事业单位、退休人员志愿者比公务员和大学生志愿者的感恩感戴水平更高；服务时间更长的志愿者表现出更高的心理资本和志愿行为可持续水平；志愿服务频率越高的个体，其心理资本和志愿行为可持续水平越高。

(3) 志愿者心理资本可以通过志愿动机的中介效应对其志愿行为可持续产生间接影响；领悟社会支持和志愿动机在志愿者心理资本影响志愿行为可持续中起链式中介效应。此外，志愿者心理资本还可以通过组织承诺的中介效应对其志愿行为可持续产生间接影响；同时，组织承诺在志愿者心理资本与志愿行为可持续之间的中介效应会受到角色认同和领悟社会支持的联合调节，具体表现为低角色认同、低领悟社会支持，高角色认同、低领悟社会支持和低角色认同、高领悟社会支持的志愿者，其高水平心理资本较低水平心理资本而言对组织承诺的影响速度更快；而高角色认同、高领悟社会支持的志愿者，其低水平心理资本较高水平心理资本对组织承诺的影响速度更快。

(4) 诚信领导、组织气氛分别通过志愿者心理资本对其志愿行为可持续产生间接的积极影响；横断研究还发现，家庭关怀在诚信领导与组织气氛通过志愿者心理资本间接影响其志愿行为可持续中起调节作用。具体表现为当家庭对志愿者的关怀度较高时，诚信领导与组织气氛通过心理资本对其志愿行为可持续产生的间接积极影响的强度会不断增强。

总体而言，在中国文化背景下志愿者心理资本具有新的结构要素，增强其心理资本能有效预测志愿者的志愿行为可持续；志愿者心理资本和志愿行为可持续受年龄阶段、职业性质、服务年限和频率的影响；改善领导行为、营造组织气氛有助于提升志愿者的心理资本水平，从而使个体能较好地感知到来自他人的支持和帮助，有助于激发个体的志愿动机，进而实现志愿行为的可持续发展。此外，强化志愿者的角色认同、家庭关怀，有助于提高心理资本视角下志愿行为可持续发展的强度。

参 考 文 献

[1] 鲍璐. 员工工作动机与工作投入的关系研究：工作意义的中介作用[D]. 天津：天津师范大学, 2015.

[2] 宝家怡, 吴倩影, 张蕾, 等. 上海市高危青少年心理健康状况及相关影响因素分析[J]. 精神医学杂志, 2017, 30（5）：321-325.

[3] 曹花蕊, 崔勋. 领导风格对员工组织承诺的影响研究[J]. 山西财经大学学报, 2007（9）：74-79.

[4] 车文博. 当代西方心理学新词典[M]. 长春：吉林人民出版社, 2001.

[5] 陈笃升, 王重鸣. 组织变革背景下员工角色超载的影响作用：一个有调节的中介模型[J]. 浙江大学学报（人文社会科学版）, 2015, 45（3）：143-147.

[6] 陈建文, 王滔. 自尊与自我效能关系的辨析[J]. 心理科学进展, 2007, 15（4）, 623-630.

[7] 陈妮娅, 吉臣明, 柯锦墩, 等. 高中生自立人格、心理资本和网络利他行为的关系研究[J]. 沧州师范学院学报, 2018, 34（01）：63-67.

[8] 陈向明. 质的研究方法与社会科学研究[M]. 北京：教育科学出版社, 2015.

[9] 程利娜, 黄存良, 郑林科. 生活应激源对大学生抑郁的影响：心理资本和应对方式的链式中介[J]. 中国卫生事业管理, 2019, 36（4）：289-292.

[10] 程利娜. 家庭社会经济地位对学习投入的影响：领悟社会支持的中介作用[J]. 教育发展研究, 2016, 36（4）：39-45.

[11] 崔冠宇, 胡云君, 胡庆忠, 等. 领悟社会支持对青年男性服刑人员焦虑情绪的影响[J]. 现代预防医学, 2010, 37（21）：4092-4093.

[12] 崔勋. 员工个人特性对组织承诺与离职意愿的影响研究[J]. 南开管理评论, 2003, 6（4）：4-11.

[13] 戴安娜·帕帕拉，莎莉·奥尔兹. 发展心理学：从成年早期到老年期 [M]. 北京：人民邮电出版社，2003.

[14] 戴维·迈尔斯. 社会心理学 [M]. 8版. 北京：人民邮电出版社，2006.

[15] 党秀云. 论志愿服务可持续发展的价值与基础 [J]. 中国行政管理，2019 (11)：118-123.

[16] 邓欢，马静，纪婷婷，等. 流动儿童社会支持与歧视知觉关系：角色认同的调节作用 [J]. 内蒙古师范大学学报（教育科学版），2012，25 (2)：39-42.

[17] 诺曼·K. 邓津. 定性研究：第3卷：经验资料收集与分析的方法 [M]. 重庆：重庆大学出版社，2007.

[18] 邓少婷. 志愿者服务行为持续性的影响因素研究 [D]. 广州：暨南大学，2018.

[19] 邓晓宇. 诚信领导理论的新探索 [J]. 领导科学，2012 (32)：57-58.

[20] 丁道韧. 组织地位感知对创新性前摄行为的作用：基于心理资本的中介作用与变革型领导的调节作用 [J]. 系统管理学报，2020，29 (2)：326-334.

[21] 丁元竹，江汛清. 志愿活动研究：类型、评价与管理 [M]. 天津：天津人民出版社，2001.

[22] 董雅楠，韩旭，杨博，等. 心理资本对个体创新绩效作用机制的个案研究：以钱学森的生平事迹为例 [J]. 管理案例研究与评论，2014，7 (3)：233-247.

[23] 段文婷，江光荣. 计划行为理论述评 [J]. 心理科学进展，2008，16 (2)：315-320.

[24] 樊耘，阎亮，季峰. 基于权力动机的组织文化对员工组织情感承诺的影响 [J]. 西安交通大学学报：社会科学版，2010，30 (4)：37-43.

[25] 范兴华，范志宇. 亲子关系与农村留守儿童幸福感：心理资本的中介与零花钱的调节 [J]. 中国临床心理学杂志，2020 (3)：624-627+632.

[26] 范兴华，余思，彭佳，等. 留守儿童生活压力与孤独感、幸福感的关系：心理资本的中介与调节作用 [J]. 心理科学，2017，40 (2)：388-394.

[27] 范兴华，方晓义，陈锋菊，等. 农村留守儿童心理资本问卷的编制 [J]. 中国临床心理学杂志，2015，23 (1)：1-6.

[28] 范玉川. 网络成瘾对大学生身体活动的影响：领悟社会支持的调节 [J]. 天津体育学院学报，2020，35 (4)：423-427+459.

[29] 方必基. 青少年学生心理资本结构、特点、相关因素及团体干预研究 [D]. 福州：福建师范大学，2012.

[30] 方志斌. 组织气氛会影响员工建言行为吗？ [J]. 经济管理，2015，37 (5)：160-170.

[31] 风笑天. 社会学研究方法 [M]. 中国人民大学出版社，2009.

[32] 付雅琦，彭先桃，刘海燕，等. 心理资本在幼儿教师职业使命感和工作投入间的中介作用 [J]. 中国职业医学，2019，46 (5)：599-603.

[33] 傅俏俏. 贫困大学生心理资本与亲社会行为的关系：感恩的中介作用 [J]. 莆田学院学报，2018，25 (6)：39-44.

[34] 淦未宇. 公平感知、情感承诺与新生代农民工离职意愿：基于组织支持视角的实证研究 [J]. 暨南学报（哲学社会科学版），2017，39 (5)：79-88.

[35] 高建丽，闫敏. 组织支持感对科技人员离岗创业激情的影响研究：心理资本的中介效应 [J]. 技术经济与管理研究，2018 (7)：33-37.

[36] 高建丽，张同全. 个体—组织文化契合对敬业度的作用路径研究：以心理资本为中介变量 [J]. 中国软科学，2015 (5)：101-109.

[37] 高翔，温兴祥. 城市老年人志愿服务参与对其健康的影响 [J]. 人口与经济，2019 (4)：107-121.

[38] 葛高琪，高玉霞. 社会支持与家庭关怀度对河南省某县初中生健康危险行为的影响 [J]. 实用预防医学，2020，27 (1)：61-64.

[39] 郭成，杨玉洁，李振兴，等. 教师自主对教师心理健康的影响：领悟社会支持的调节作用 [J]. 西南大学学报（自然科学版），2017，39 (6)：141-147.

[40] 郭骁. 创业中的变革型领导对组织公民行为的影响：组织承诺的中介作用 [J]. 首都经济贸易大学学报，2011，13 (3)：51-61.

[41] 郭骁. 组织承诺对外部创新网络与成长绩效关系的作用研究 [J]. 中国人力资源开发，2011 (10)：10-14.

[42] 韩翼，杨百寅. 真实型领导：理论、测量与最新研究进展 [J]. 科学学与科学技术管理，2009，30 (2)：170-175.

[43] 韩翼. 组织承诺对雇员工作绩效的影响研究 [J]. 中南财经政法大学学报，2007 (3)：53-58.

[44] 何菁. 关于大学生青年志愿者参与动机的因子分析 [J]. 才智，2009 (33)：257-258.

[45] 何欣欣. 志愿动机对持续志愿意愿的影响过程研究 [D]. 成都：电子科技大学，2020.

[46] 侯二秀，陈树文，长青. 企业知识员工心理资本、内在动机及创新绩效关系研究 [J]. 大连理工大学学报（社会科学版），2012（2）：65-70.

[47] 侯忠建，陈海艳. 高校组织气氛对教师心理健康的影响 [J]. 江西社会科学，2014，34（4）：252-256.

[48] 胡艳华，曹雪梅. 小学教师情绪劳动与心理健康的关系：领悟社会支持的调节作用 [J]. 内蒙古师范大学学报（教育科学版），2013，26（12）：56-59，135.

[49] 花慧，宋国萍，李力. 大学生心理资本在心理压力与学业绩效关系中的中介作用 [J]. 中国心理卫生杂志，2016，30（4）：306-310.

[50] 黄慧敏，杨秀木，陈永侠. 三级医院护士志愿动机和组织认同对工作绩效的影响 [J]. 蚌埠医学院学报，2017，42（1）：23-26.

[51] 黄丽，姜乾金. 应对方式，社会支持与癌症病人心身症状的相关性研究 [J]. 中国心理卫生杂志，1996，10（4）：160-161.

[52] 黄希庭. 简明心理学辞典 [M]. 合肥：安徽人民出版社，2004：196.

[53] 黄志靖，陈薇薇，周鑫，等. 医学生心理资本与归因风格和心理求助态度的相关性调查研究 [J]. 中国预防医学杂志，2019，20（12）：1140-1144.

[54] 惠青山. 中国职工心理资本内容结构及其与态度行为变量关系实证研究 [D]. 广州：暨南大学，2009.

[55] 贾春增. 外国社会学史 [M]. 修订本. 北京：中国人民大学出版社，1989.

[56] 贾婀娜，徐礼平. 志愿者专业化发展中"内生模式"与"外控模式"的协同效应 [J]. 当代青年研究，2017（6）：29-34.

[57] 贾文华. 农村中小学教师角色认同、工作投入及其关系研究 [J]. 教育研究与实验，2012（3）：83-86.

[58] Jhony Choon Yeong Ng，赵斯琪，谭清美. 大学生志愿者志愿行为可持续性研究 [J]. 当代青年研究，2019（6）：33-39.

[59] 江若尘，徐冬莉，石泽. 论销售控制体系通过组织承诺对销售绩效的影响 [J]. 现代财经（天津财经大学学报），2012，32（3）：109-118.

[60] 金桂春，王有智. 童年期心理虐待对攻击行为的影响：领悟社会支持和人格特征的多重中介作用 [J]. 中国临床心理学杂志，2017，25（4）：691-696.

[61] 金欢欢. 贵州省高校辅导员核心自我评价、组织气氛与主观幸福感的关系研究 [J]. 高教探索, 2017 (S1)：145–146+148.

[62] 景璐石, 辜慧, 徐科, 等. 犯罪青少年家庭教养方式及家庭关怀度分析 [J]. 中国学校卫生, 2011 (12)：1451–1453.

[63] 柯江林, 孙健敏, 李永瑞. 心理资本：本土量表的开发及中西比较 [J]. 心理学报, 2009, 41 (9)：875–888.

[64] 柯江林, 孙健敏, 石金涛, 等. 人力资本、社会资本与心理资本对工作绩效的影响：总效应、效应差异及调节因素 [J]. 管理工程学报, 2010, 24 (4)：29–35+47.

[65] 柯江林, 孙健敏. 心理资本对工作满意度、组织承诺与离职倾向的影响 [J]. 经济与管理研究, 2014 (1)：121–128.

[66] 柯江林, 吴丹, 孙健敏. 心理资本对工作投入、主观幸福感与沉默行为的影响：交互效应与效应比较 [J]. 心理与行为研究, 2015, 13 (6)：804–810+845.

[67] 孔德议, 张向前. 基于组织承诺的知识型人才绩效管理研究 [J]. 华东经济管理, 2013, 27 (1)：126–129.

[68] 邝宏达, 徐礼平, 李林英. 教练员心理资本对工作绩效影响的质性研究 [J]. 中国体育科技, 2018 (1)：57–63.

[69] 郎爽, 路晓琳, 刘倩倩, 等. 血液透析护士工作家庭冲突与工作投入及心理资本的相关性 [J]. 护理学杂志, 2019, 34 (6)：84–87.

[70] 李春梅. 心理资本对公众参与认知、态度和行为的影响研究 [J]. 学术论坛, 2018, 41 (2)：155–162.

[71] 李海, 张勉, 杨百寅. 绩效评价对组织公民行为的影响：组织承诺的中介作用 [J]. 管理工程学报, 2010, 24 (1)：146–151+145.

[72] 李翰飞, 周细兰, 江琦. 流动儿童城市人角色认同对学校适应的影响：自尊的中介作用 [J]. 西南师范大学学报（自然科学版）, 2012, 37 (8)：151–158.

[73] 李红梅. 义务馆员志愿服务持续开展的探索与实践：以黑龙江科技大学图书馆为例 [J]. 情报探索, 2014 (2)：106–110.

[74] 李洁, 梁巧转, 张真真. 谦卑领导行为与下属离职倾向：第一阶段被调节的中介效应 [J]. 软科学, 2018, 32 (1)：83–86+91.

[75] 李景平, 张鹏飞, 王鑫. 沉静型领导、组织承诺对工作绩效的影响研究 [J]. 湖南社会科学, 2016 (1)：110–115.

[76] 李磊, 尚玉钒, 席酉民, 等. 变革型领导与下属工作绩效及组织承诺: 心理资本的中介作用 [J]. 管理学报, 2012, 9 (5): 685-691.

[77] 李林, 石伟. 西方志愿者行为研究述评 [J]. 心理科学进展, 2010, 18 (10): 1653-1659.

[78] 李林英, 徐礼平. 重大科研项目团队心理资本维度及与创新绩效的关系 [J]. 科技进步与对策, 2017 (20): 132-138.

[79] 李林英, 李健. 心理资本研究的兴起及其内容、视角 [J]. 科技管理研究, 2011, 31 (22): 147-151.

[80] 李玫. 非营利组织管理学 [M]. 北京: 高等教育出版社, 2016: 211.

[81] 李敏, 周明洁. 志愿者心理资本与利他行为: 角色认同的中介 [J]. 应用心理学, 2017, 23 (3): 248-257.

[82] 李若璇, 曹仕涛, 朱文龙, 等. 父母规范和同伴规范对志愿投入的影响: 角色认同的中介作用 [J]. 中国特殊教育, 2018 (6): 84-90.

[83] 李霞, 张伶, 谢晋宇. 组织文化的影响: 心理资本的中介作用 [J]. 华南师范大学学报 (社会科学版), 2011 (6): 120-126.

[84] 李晓艳, 周二华. 顾客言语侵犯对服务人员离职意愿的影响研究: 心理资本的调节作用 [J]. 南开管理评论, 2012, 15 (2): 39-47+69.

[85] 李筱颖, 顾建平, 全胜男. 领导灵性资本与外在奖酬对员工创新行为的影响: 创新角色认同的有中介的调节作用 [J]. 企业经济, 2018, 37 (3): 110-117.

[86] 李心怡. 志愿动机、个人背景与组织承诺关系研究 [D]. 南京: 南京理工大学, 2014.

[87] 李欣, 刘冯铂. 残疾人领悟社会支持对其生活满意度的影响: 自尊的中介作用及沟通的调节作用 [J]. 心理与行为研究, 2018, 16 (3): 427-432.

[88] 李志宏, 朱桃, 罗芳. 组织气氛对知识共享行为的影响路径研究: 基于华南地区 IT 企业的实证研究与启示 [J]. 科学学研究, 2010, 28 (6): 894-901.

[89] 李宗波, 代远菊, 韩雪亮, 等. 挑战性-阻碍性科研压力对知识分享行为的影响: 科研角色认同的中介作用 [J]. 中国临床心理学杂志, 2018, 26 (2): 363-366.

[90] 凌文辁, 陈龙, 王登. CPM 领导行为评价量表的建构 [J]. 心理学报, 1987 (2): 199-207.

[91] 凌文辁, 张治灿, 方俐洛. 中国职工组织承诺研究 [J]. 中国社会科学, 2001 (2): 90 - 102 + 206.

[92] 刘慧. 初中生家庭亲密度、希望及亲社会行为的相关研究 [D]. 天津: 天津师范大学, 2012.

[93] 刘凤芹, 卢玮静, 张秀兰. 中国城市居民的文化资本与志愿行为: 基于中国 27 个城市微观数据的经验研究 [J]. 清华大学学报（哲学社会科学版）, 2015, 30 (2): 37 - 47 + 187.

[94] 刘建岭. 感戴研究进展 [J]. 首都师范大学学报（社会科学版）, 2010 (2): 80 - 84.

[95] 刘璞, 井润田. 领导行为、组织承诺对组织公民权行为影响机制的研究 [J]. 管理工程学报, 2007 (3): 137 - 140 + 158.

[96] 刘小平, 王重鸣. 组织承诺及其形成过程研究 [J]. 南开管理评论, 2001, 4 (6): 58 - 62.

[97] 刘小平. 员工组织承诺的形成过程: 内部机制和外部影响——基于社会交换理论的实证研究 [J]. 管理世界, 2011 (11): 92 - 104.

[98] 刘小平. 组织承诺影响因素比较研究 [J]. 管理科学, 2003, 16 (4): 7 - 12.

[98] 刘洋, 代莹莹. "90 后" 支教研究生组织支持感与工作投入关系研究: 基于志愿服务动机的中介作用 [J]. 高校共青团研究, 2019 (4): 97 - 104.

[100] 刘志侃, 程利娜. 家庭经济地位、领悟社会支持对主观幸福感的影响 [J]. 统计与决策, 2019, 35 (17): 96 - 100.

[101] 柳士双. 我国公务员心理资本探析 [J]. 晋阳学刊, 2012 (2): 37 - 40.

[102] 龙忆, 吴明蔚, 龙建. 大学生志愿行为和领悟社会支持的关系研究 [J]. 中国健康心理学杂志, 2012, 20 (2): 286 - 288.

[103] 罗东霞, 关培兰. 国外诚信领导研究前沿探析 [J]. 外国经济与管理, 2008, 30 (11): 27 - 34.

[104] 马君, 赵红丹. 任务意义与奖励对创造力的影响: 创造力角色认同的中介作用与心理框架的调节作用 [J]. 南开管理评论, 2015, 18 (6): 46 - 59.

[105] 马赛尔·德吕勒. 健康与社会: 健康问题的社会塑造 [M]. 南京: 译林出版社, 2009.

[106] 马爽, 王晨曦, 胡婧, 等. 地税基层公务员工作压力与工作满意度、离职意向的关系: 心理资本的调节作用 [J]. 中国临床心理学杂志, 2015,

23（2）：326-329+335.

[107] 马瑶. 领悟社会支持对西班牙汉语志愿者教师效能感的影响研究［D］. 北京：北京外国语大学，2019.

[108] 毛晋平，唐晨. 诚信型领导与中小学教师职业倦怠的关系：心理资本的中介作用［J］. 中国临床心理学杂志，2016，24（4）：730-733.

[109] 毛晋平，唐晨. 教师团队心理资本与成员组织公民行为的关系：工作满意度的中介作用［J］. 中国临床心理学杂志，2015，23（4）：736-740.

[110] 倪超. 中国顶级科研人员的心理资本与创新绩效的关系研究［J］. 科技管理研究，2014（22）：119-123.

[111] 彭聃龄. 普通心理学［M］. 修订版. 北京：北京师范大学出版社，2004.

[112] 冉苒，蒋超. 在苏藏族初中生性别角色认同与学业成绩的关系［J］. 贵州民族研究，2015，36（7）：216-220.

[113] 任皓，陈启山，温忠麟，等. 领导职业支持对组织公民行为的影响：心理资本的作用［J］. 心理科学，2014，37（2）：433-437.

[114] 任皓，温忠麟，陈启山，等. 工作团队领导心理资本对成员组织公民行为的影响机制：多层次模型［J］. 心理学报，2013，45（1）：82-93.

[115] 邵洁，胡军生. 社会支持对利他行为的影响：心理资本的中介作用［J］. 中国健康心理学杂志，2018，26（1）：89-92.

[116] 沈蕾，张瑞高，俞林. 真诚型领导对员工工作繁盛的影响研究：组织支持感和心理资本的多重中介作用［J］. 软科学，2018，32（4）：90-94.

[117] 石学云. 学习障碍学生社会支持、学习动机与学业成绩的关系研究［J］. 中国特殊教育，2005，（9）：55-59.

[118] 时蓉华. 现代社会心理学［M］. 2版. 上海：华东师范大学出版社，2007.

[119] 史烽，安迪，蔡翔. 授权型领导对员工创新行为的影响研究：心理资本和情绪智力的作用［J］. 领导科学，2018（26）：37-40.

[120] 宋利国，张亚娜. 西安世园会大学生志愿者参与动机与激励机制研究［J］. 陕西青年职业学院学报，2012（01）：52-57+73.

[121] 宋亚非，师展，冯殊伦. 组织承诺、知识共享和个体创新行为的关系研究［J］. 财经问题研究，2014（12）：137-143.

[122] 隋杨，王辉，岳旖旎，Fred Luthans. 变革型领导对员工绩效和满意度的影响：心理资本的中介作用及程序公平的调节作用［J］. 心理学报，2012，44（9）：1217-1230.

[123] 唐杰. 北京公众参与志愿服务动机研究 [J]. 北京社会科学, 2008 (3): 57-63.

[124] 陶倩. 志愿动机的层次分析 [J]. 思想理论教育, 2010 (11): 81-86.

[125] 田喜洲, 谢晋宇. 组织支持感对员工工作行为的影响: 心理资本中介作用的实证研究 [J]. 南开管理评论, 2010 (1): 25-31.

[126] 汪韵迪. 大学生心理资本、心理契约情境与内隐利他行为的关系研究 [D]. 天津: 天津职业技术师范大学, 2017.

[127] 王本贤. 试析认知信息加工理论 [J]. 教育探索, 2009 (5): 7-8.

[128] 王刚. 组织气氛对公务员胜任力水平影响的实证研究 [D]. 大连: 大连理工大学, 2005.

[129] 王国峰, 吕建敏, 李秀凤, 等. 支持就会得到相应的认同和承诺吗?: 基于双案例比较研究 [J]. 中国人力资源开发, 2016, (10): 57-64.

[130] 王国猛, 郑全全, 赵曙明. 团队心理授权的维度结构与测量研究 [J]. 南开管理评论, 2012, 15 (2): 48-58.

[131] 王晶晶. 家庭关怀度对学龄期儿童自尊及攻击性行为的影响研究 [D]. 沈阳: 吉林大学, 2018.

[132] 王俊秀. 社会心态: 转型社会的社会心理研究 [J]. 社会学研究, 2014, 29 (1): 104-124.

[133] 王淑红, 郑佩. 领导者情绪智力与员工的组织公民行为和任务绩效的关系: 以组织气氛为中介变量 [J]. 技术经济, 2015, 34 (3): 33-37.

[134] 王天骄. 大学生志愿动机、道德情绪与志愿行为的关系研究 [D]. 北京: 中国地质大学, 2013.

[135] 王薇, 罗淑译, 吴晓蕾. 应急志愿组织可持续发展研究 [J]. 科学社会主义, 2020 (21): 130-137。

[136] 王玺, 赵玉芳, 方蕊, 等. 大学生志愿者的角色认同与压力应对研究 [J]. 西南师范大学学报（自然科学版）, 2012, 37 (12): 146-151.

[137] 王新松, 赵小平. 中国城市居民的志愿行为研究: 人力资本的视角 [J]. 北京师范大学学报（社会科学版）, 2013 (3): 104-112.

[138] 王妍. 大学生自立人格、心理资本与亲社会行为的关系研究 [D]. 成都: 四川师范大学, 2015.

[139] 王雁飞, 梅洁, 朱瑜. 心理资本对员工创新行为的影响: 组织支持感和心理安全感的作用 [J]. 商业经济与管理, 2017 (10): 24-34.

[140] 王雁飞, 周良海, 朱瑜. 领导心理资本影响变革导向行为的机理研究

[J]. 科研管理, 2019, 40 (6): 265-275.

[141] 王雁飞, 周良海, 朱瑜. 组织支持感知对变革支持行为的影响机理研究 [J]. 商业经济与管理, 2018 (8): 26-35.

[142] 王雁飞, 朱瑜. 心理资本理论与相关研究进展 [J]. 外国经济与管理, 2007 (5): 32-39.

[143] 王月琴, 夏从亚. 战略性创新人才心理资本探析与培育 [J]. 科技管理研究, 2019 (4): 106-113.

[144] 魏建国, 卿菁, 胡仕勇. 社会研究方法 [M]. 北京: 清华大学出版社, 2016.

[145] 魏丽萍, 陈德棉, 谢胜强. 从真实型领导到真实型追随: 一个跨层次双元中介模型 [J]. 科学学与科学技术管理, 2018, 39 (9): 149-164

[146] 温磊, 七十三, 张玉柱. 心理资本问卷的初步修订 [J]. 中国临床心理学杂志, 2009, 17 (2): 148-150.

[147] 吴翠萍, 尚鹤睿. 大学生助人行为的社会心理学因素分析 [J]. 中国卫生事业管理, 2012, 29 (10): 788-791.

[148] 吴海文. 志愿服务的社会价值 [N]. 光明日报, 2012-12-15 (11).

[149] 吴俊峰, 宋继文. 大学生志愿服务动机维度构成实证研究 [J]. 上海管理科学, 2010, 32 (3): 44-47.

[150] 吴伟炯, 刘毅, 路红, 等. 本土心理资本与职业幸福感的关系 [J]. 心理学报, 2012, 44 (10): 1349-1370.

[151] 吴文华. 组织承诺与创新行为的关系: 基于高科技企业知识型员工的实证研究 [J]. 管理现代化, 2011 (6): 50-52.

[152] 吴旭飞, 孙卫江, 郑家青, 等. 企业员工组织承诺和工作绩效的相关研究 [J]. 华东经济管理, 2008 (9): 132-135+125.

[153] 吴玉芳. 志愿者心理资本、志愿动机与志愿行为的关系研究 [D]. 北京: 北京理工大学, 2016.

[154] 习近平. 决胜全面建成小康社会夺取新时代中国特色社会主义伟大胜利: 在中国共产党第十九次全国代表大会上的报告 [M]. 北京: 人民出版社, 2017.

[155] 习近平. 稳扎稳打勇于担当敢于创新善作善成, 推动京津冀协同发展取得新的更大进展 [N]. 人民日报, 2019-01-19 (01).

[156] 向琦祺, 李祚山, 方力维, 等. 老年人心理资本与生活质量的关系 [J]. 中国心理卫生杂志 2017 (9): 60-64.

[157] 肖水源, 杨德森. 社会支持对身心健康的影响 [J]. 中国心理卫生杂志, 1987 (4): 183-187.

[158] 肖水源. 《社会支持评定量表》的理论基础与研究应用 [J]. 临床精神医学杂志, 1994 (2): 98-100.

[159] 肖雯, 李林英. 大学生心理资本问卷的初步编制 [J]. 中国临床心理学杂志, 2010, 18 (6): 691-694.

[160] 谢弗, 陈会昌. 社会性与人格发展 [M]. 5版. 人民邮电出版社, 2012.

[161] 谢衡晓. 诚信领导的内容结构及其相关研究 [D]. 广州: 暨南大学, 2007.

[162] 徐礼平, 韩一. 青年志愿者心理资本对志愿行为影响的分析研究 [J]. 当代青年研究, 2020 (3): 26-32.

[163] 徐礼平, 李林英. 高校重大科研项目团队心理资本对创新绩效的影响 [J]. 高校教育管理, 2019, 13 (1): 55-64.

[164] 徐礼平, 李林英. 中国诺贝尔奖获得者心理资本与创新绩效关系 [J]. 科技进步与对策, 2016, 33 (7): 1-6.

[164] 徐礼平. 志愿者心理资本与志愿行为可持续性发展 [J]. 佳木斯大学社会科学学报, 2017, 35 (1): 86-90.

[165] 徐礼平. 高校重大科研项目团队心理资本对创新绩效的影响机制 [D]. 北京: 北京理工大学, 2019.

[167] 徐飒, 张奕琳, 单岩, 等. 血液透析患者家庭关怀度与自我管理行为的关系 [J]. 广东医学, 2016, 37 (17): 2642-2645.

[168] 徐涛, 毛志雄. 大学新生的心理资本与拖延行为的关系 [J]. 西北师范大学学报 (社会科学版), 2016, 53 (4): 110-116.

[169] 许绍康, 卢光莉. 高校教师组织承诺与工作绩效的关系研究 [J]. 心理科学, 2008 (4): 987-988+991.

[170] 闫艳玲, 周二华, 刘婷. 职场排斥与反生产行为: 状态自控和心理资本的作用 [J]. 科研管理, 2014, 35 (3): 82-90.

[171] 阎亮, 张治河. 组织创新气氛对员工创新行为的混合影响机制 [J]. 科研管理, 2017, 38 (9): 97-10

[172] 颜志强, 苏金龙, 苏彦捷. 共情与同情: 词源、概念和测量 [J]. 心理与行为研究, 2018 (4): 433-440.

[173] 杨小娇, 汪凤兰, 张小丽, 等. 家庭关怀度和社会支持对老年人健康促进行为影响 [J]. 中国公共卫生, 2018, 34 (9): 1266-1269.

[174] 杨秀木,高恒,齐玉龙,等. 大学生志愿功能动机与志愿行为:感恩品质的中介作用 [J]. 心理与行为研究,2015,13(3):354-360.

[175] 杨芷英,韩小娟. 北京地区师范生心理资本水平及差异实证研究 [J]. 中国青年政治学院学报2017,(6):102-113.

[176] 姚抒予,张雯,罗媛慧,等. 志愿组织对失独老人心理行为问题的促进作用评价 [J]. 中国老年学杂志,2016,36(20):5196-5198

[177] 叶宝娟,方小婷,廖雅琼,等. 心理资本对少数民族预科生主观幸福感的影响:有调节的中介效应 [J]. 中国临床心理学杂志,2017,25(5):967-969+966.

[178] 叶宝娟,符皓皓,杨强,等. 教师关怀行为对青少年网络成瘾的影响:领悟社会支持与学业自我效能感的链式中介效应 [J]. 中国临床心理学杂志,2017,25(6):1168-1170+1174.

[179] 叶宝娟,胡笑羽,杨强,等. 领悟社会支持、应对效能和压力性生活事件对青少年学业成就的影响机制 [J]. 心理科学,2014,37(2):342-348.

[180] 叶宝娟,朱黎君,方小婷. 心理资本对少数民族预科生主流文化适应的影响:有调节的中介模型 [J]. 中国临床心理学杂志,2019,27(3):595-598.

[181] 叶俊杰. 大学生领悟社会支持的影响因素研究 [J]. 心理科学,2005(6):190-193.

[182] 尹奎,孙健敏,邢璐,等. 研究生科研角色认同对科研创造力的影响:导师包容性领导、师门差错管理气氛的作用 [J]. 心理发展与教育,2016,32(5):557-564.

[183] 于米. 人力资本、社会资本对女性农民工体面劳动的影响:心理资本的调节作用 [J]. 人口学刊,2017,39(3):97-105.

[184] 余顺坤,张欧. 诚信领导与员工关联绩效 [J]. 商业研究,2014,56(11):138-146.

[185] 虞晓东,刘望秀,李玉明. 大学生志愿行为倾向、领悟社会支持对幸福感的影响 [J]. 河北大学成人教育学院学报,2016,18(2):109-113.

[186] 詹延遵,凌文辁,方俐洛. 领导学研究的新发展:诚信领导理论 [J]. 心理科学进展,2006,14(5):710-715.

[187] 张冰,朱小磊. 大学生持续性志愿服务行为影响因素 [J]. 当代青年研究,2018,356(5):63-69.

[188] 张高华, 张展辉, 赖嘉豪, 等. 某高校大学生志愿者领悟社会支持与生命意义状况及相关性研究 [J]. 预防医学论坛, 2017, 23 (1): 20-23.

[189] 张华威, 刘洪广. 领悟社会支持对犯罪被害人攻击行为的影响 [J]. 中国人民公安大学学报 (社会科学版), 2019, 35 (3): 12-20.

[190] 张剑, 张建兵, 李跃, 等. 促进工作动机的有效路径: 自我决定理论的观点 [J]. 心理科学进展, 2010 (5): 752-759.

[191] 张洁, 郑一宁. 护士长诚信领导、护理组织文化与护士工作投入的关系研究 [J]. 中华护理杂志, 2016, 51 (9): 1054-1058.

[192] 张阔, 卢广新, 王敬欣. 工作压力与工作倦怠关系中心理资本作用的路径模型 [J]. 心理与行为研究, 2014, 12 (1): 91-96.

[193] 张阔, 张赛, 董颖红. 心理资本: 测量及其与心理健康的关系 [J]. 心理与行为研究, 2010, 8 (1): 58-64.

[194] 张铭, 胡祖光. 管理学中的心理资本效应研究: 回顾与展望 [J]. 商业经济与管理, 2015 (4): 32-42.

[195] 张欧. 中国企业诚信领导及其对员工关联绩效影响研究 [D]. 北京: 华北电力大学, 2015.

[196] 张勤. 现代社会治理中志愿服务可持续发展的路径选择 [J]. 学习论坛, 2014, 30 (3): 51-53.

[197] 张勤. 志愿者培育与可持续发展研究 [M]. 北京: 中国社会科学出版社, 2016.

[198] 张勤, 武志芳. 社会建设视阈中我国志愿服务可持续发展的路径探析: 基于江苏志愿服务的实证调研 [J]. 国家行政学院学报, 2012 (4): 94-99.

[199] 张文宏, 张君安. 社会资本对老年心理健康的影响 [J]. 河北学刊, 2020, 40 (1): 183-189.

[200] 张妍, 谭小宏, 黄素蓉, 等. 领悟社会支持在灾区大学生抑郁焦虑与心理控制源间的中介效应 [J]. 中国学校卫生, 2014, 35 (5): 679-681+684.

[201] 张永超. 志愿者参与动机、组织承诺与生活满意度关系研究 [D]. 南京: 南京理工大学, 2018.

[202] 张玉琴. 大学生领悟社会支持对生涯适应力的影响: 一般自我效能感的中介作用 [J]. 黑龙江高教研究, 2019 (9): 84-88.

[203] 章宝丹, 许亮文, 翁嘉, 等. 领悟社会支持对初产妇产后抑郁症的影响

研究 [J]. 中国预防医学杂志, 2018, 19 (4): 241-245.

[204] 赵晨, 高中华. 员工政治自我效能对组织公民行为的影响研究: 心理资本的调节作用 [J]. 心理科学, 2014, 37 (3): 729-734.

[205] 赵富强, 黄颢宇, 陈耘, 等. 工作—家庭平衡型人力资源管理实践对工作绩效的影响: 工作—家庭关系的中介作用与心理资本的调节作用 [J]. 中国人力资源开发, 2018, 35 (11): 124-140.

[206] 赵简, 孙健敏, 张西超. 工作要求—资源、心理资本对工作家庭关系的影响 [J]. 心理科学, 2013, 36 (1): 170-174.

[207] 赵简, 张西超. 工作压力与工作倦怠的关系: 心理资本的调节作用 [J]. 河南师范大学学报 (自然科学版), 2010, 38 (3): 139-143.

[208] 赵静波, 许诗琪, 尹绍雅. 领悟社会支持在患者攻击性与医患信任间的中介作用 [J]. 中华行为医学与脑科学杂志, 2017, 26 (4): 365-369.

[209] 郑碧强. 志愿服务参与对企业肢残员工心理健康影响研究: 以福建"同人心桥"心理咨询热线志愿者为例 [J]. 东南学术, 2011 (3): 191-202.

[210] 郑爽, 张骊凡, 曹仕涛, 等. 志愿服务动机与志愿服务持续性的关系: 亲社会人格的调节作用 [J]. 中国临床心理学杂志, 2020, 28 (1): 157-162.

[211] 郑显亮, 赵薇. 中学生网络利他行为与希望的关系: 自我效能感与自尊的中介作用 [J]. 心理发展与教育, 2015, 31 (4): 428-436.

[212] 郑显亮. 乐观人格、焦虑、网络社会支持与网络利他行为关系的结构模型 [J]. 中国特殊教育, 2012 (11): 84-95.

[213] 仲理峰, 王震, 李梅, 等. 变革型领导、心理资本对员工工作绩效的影响研究 [J]. 管理学报, 2013, 10 (4): 536-544.

[214] 仲理峰. 心理资本对员工的工作绩效、组织承诺及组织公民行为的影响 [J]. 心理学报, 2007 (2): 328-334.

[215] 周蕾蕾. 企业诚信领导对员工组织公民行为影响研究 [D]. 武汉: 武汉大学, 2010.

[216] 周天梅, 周开济. 中国教师心理资本性别差异的元分析 [J]. 四川师范大学学报 (社会科学版), 2017 (6): 104-115.

[217] 周文斌, 金霞, 谭士百. 我国劳务派遣员工的组织公平感与工作倦怠: 以心理资本为中介的影响研究 [J]. 经济管理, 2014, 36 (10):

88-96.

[218] 周文波. 民办高校组织承诺、组织气氛与教师绩效的关系研究 [J]. 国家教育行政学院学报, 2010 (12): 23-27.

[219] 周永康. 大学生角色认同实证研究 [D]. 重庆: 西南大学, 2018.

[220] 朱蕾, 卓美红. 积极归因与大学生感戴: 领悟社会支持的中介作用 [J]. 中国特殊教育, 2015 (11): 79-82.

[221] 朱胜强, 王志中, 杨婷, 等. 志愿者志愿动机特点及与组织承诺关系的研究 [J]. 校园心理, 2017, 15 (3): 167-169.

[222] 朱胜强. 志愿者志愿动机特点及相关因素研究 [D]. 太原: 山西医科大学, 2017.

[223] 朱瑜, 周青. 领导心理资本对组织公民行为作用机制与整合框架研究 [J]. 软科学, 2013, 27 (1): 86-90.

[224] Abbas M, Raja V, Darr W, et al. Combined effects of perceived politics and psychological capital on job satisfaction, turnover intentions, and Performance [J]. Journal of Management, 2014, 40 (7): 1813-1830.

[225] Adamis D, Petmeza I, Mccarthy G, et al. Psychometric evaluation of the Greek version of Mc Master Family Assessment Device (FAD) [J]. European Psychiatry, 2016, 33: S236-S236.

[226] Aliyev R, Tunc E. Self-efficacy in counseling: The role of organizational psychological capital, job satisfaction, and burnout [J]. Procedia-Social and Behavioral Sciences, 2015 (1): 97-105.

[227] Allen N J, Meyer J P. The measurement and antecedents of affective, continuance and normative commitment to the organization [J]. Journal of Occupational Psychology, 1990, 63 (1): 1-18.

[228] Amunkete S, Rothmann S. Authentic leadership, psychological capital, job satisfaction and intention to leave in state-owned enterprises [J]. Journal of Psychology in Africa, 2015, 25 (4).

[229] Anderson N R, West M A. Measuring climate for work group innovation: Development and validation of the team climate inventory [J]. Journal of Organizational Behavior, 1998, 19 (3): 235-258.

[230] Avey J B, Luthans F, Smith R M, et al. Impact of positive psychological capital on employee well-being over time [J]. Journal of Occupational Health Psychology, 2010, 15 (1): 17.

[231] Avey J B, Patera J L, West B J. The implications of positive psychological capital on employee absenteeism [J]. Journal of Leadership & Organizational Studies, 2006, 13 (13): 42 – 60.

[232] Avey J B. The left side of psychological capital: New evidence on the antecedents of PsyCap [J]. Journal of Leadership & Organizational Studies, 2014, 21 (2): 141 – 149.

[233] Avolio B J, Garder W L, Walumbwa F O. Unlocking the mask: A look at the process by which authentic leaders' impact follower attitudes and behaviors [J]. Leadership Quarterly, 2004, 15 (6): 801 – 823.

[234] Avolio B J, Luthans F. High impact leader: Moments matter in accelerating authentic leadership development [M]. New York: McGraw-Hill, 2006.

[235] Avoliot B J, Gardner W L. Authentic leadership development: Getting to the root of positive forms of leadership [J]. Leadership Quarterly, 2005, 16 (3): 315 – 338.

[236] Bagci S C. Does everyone benefit equally from self-efficacy beliefs? The moderating role of perceived social support on motivation [J]. Journal of Early Adolescence, 2018, 38 (2): 204 – 219.

[237] Bandura A. Social cognitive theory of social referencing [M]. New York: Social Referencing and the Social Construction of Reality in Infancy, 1992.

[238] Barrera M. Distinctions between social support concepts, measures, and models [J]. American Journal of Community Psychology, 1986, 14 (4): 413 – 445.

[239] Becker H S. Notes on the concept of commitment [J]. American Journal of Sociology, 1960, 66 (1): 32 – 34.

[240] Bekkers R H. Participation in voluntary associations: Relations with resources, personality, and political values [J]. Political Psychology, 2010, 26 (3): 439 – 454.

[241] Blumenthal J A, Burg M M, Barefoot J, et al. Social support, type a behavior, and coronary artery disease. Psychosomatic Medicine, 1987, 49 (4): 331 – 340.

[242] Bogler R, Somech A. Psychological capital, team resources and organizational citizenship behavior [J]. The Journal of Psychology Interdisciplinary and Applied, 2019 (2): 1 – 19.

[243] Brian L, Cohen S. Social support theory and measurement [J]. Social Support Measurement and Intervention, 2000 (2): 29-52..

[244] Brissette I, Scheier M F, Carver C S. The role of optimism in social network development, coping, and psychological adjustment during a life transition [J]. Journal of Personality & Social Psychology, 2002, 82 (1): 102-111.

[245] Broderick, Anne J. Role theory, role management and service performance [J]. Journal of Services Marketing, 1998, 12 (5): 348-361.

[246] Buchanan B II. Building organizational commitment: The socialization of managers in work organizations [J]. Administrative Science Quarterly, 1974, 19 (4): 533-546.

[247] Burke P J. Identity processes and social stress [J]. American Sociological Review, 1991, 56 (6): 836-849.

[248] Burke P J, Tully J C. The measurement of role identity [J]. Social Forces, 1977, 55 (4): 881-897.

[249] Callero P L, Piliavin H J A. Helping behavior as role behavior: Disclosing social structure and history in the analysis of prosocial action [J]. Social Psychology Quarterly, 1987, 50 (3): 247-256.

[250] Callero P. Role-identity salience [J]. Social Psychology Quarterly, 1985, 48 (3): 203-215.

[251] Campbell J J, Dunnette M D, Lawler E E, et al. Managerial behavior, performance and effectiveness [M]. NewYork: McGraw-Hill, 1970.

[252] Carlo G, Okun M A, Knight G P, et al. The interplay of traits and motives on volunteering: Agreeableness, extraversion and prosocial value motivation [J]. Personality and Individual Differences, 2005, 38 (6): 1293-1305.

[253] Chacón, Fernando, Vecina, et al. The three-stage model of volunteers: Duration of service [J]. Social Behavior & Personality An International Journal, 2007, 35 (5): 627-642.

[254] Charng H W, Callero P P L. Role identity and reasoned action in the prediction of repeated behavior [J]. Social Psychology Quarterly, 1988, 51 (4): 303-317.

[255] Cheng T M, Hong C Y, Yang B C. Examining the moderating effects of service climate on psychological capital, work engagement, and service behavior

among flight attendants [J]. Journal of Air Transport Management, 2018, 67 (5), 94 – 102.

[256] Cheung C K, Lo T W, Liu S C. Relationships between volunteerism and social responsibility in young volunteers [J]. VOLUNTAS: International Journal of Voluntary and Nonprofit Organizations, 2015, 26 (3): 872 – 889.

[257] Cheung C K, Lo T W, Liu S C. Sustaining social trust and volunteer role identity reciprocally over time in pre-adult, adult, and older volunteers [J]. Journal of Social Service Research, 2015, 42 (1): 1 – 14.

[258] Choi N G, Dinitto D M. Internet use among older adults: Association with health needs, psychological capital, and social capital [J]. Journal of Medical Internet Research, 2013, 15 (5): 97.

[259] Churchill G A, Ford N M, Walker O C. Organizational climate and job satisfaction in the salesforce [J]. Journal of Marketing Research, 1976, 13 (4): 323 – 332.

[260] ChyiLu Jang. The linkage between psychological capital and public service motivation: Evidence from Taiwan [J]. The Journal of Positive Psychology, 2016, 20 (7): 112 – 118.

[261] Clary E G, Snyder M, Ridge R D, et al. Understanding and assessing the motivations of volunteers: A functional approach [J]. Journal of Personality & Social Psychology, 1998, 74 (6): 1516 – 1530.

[262] Clay S D, Mutran E J, Reitzes D C. Friendship and social support: The importance of role identity to aging adults [J]. Social Work, 1999 (6): 522 – 533.

[263] Cnaan R A, Goldberg-Glen R S. Measuring motivation to volunteer in human services [J]. Journal of Applied Behavioral Science, 1991, 27: 269 – 284.

[264] Cole K. Well being, psychological capital, and unemployment: An integrated theory [R]. Paper presented at the joint annual conference of the International Association for Research in Economic Psychology (IAREP) and the Society for the Advancement of Behavioral Economics (SABE), Paris, France, 2006.

[265] Coleman J S. Social capital in the creation of human capital [J]. Knowledge and Social Capital, 2000 (94): 17 – 41.

[266] Compton R J, Wirtz D, Pajoumand G, et al. Association between positive

affect and attentional shifting [J]. Cognitive Therapy & Research, 2004, 28 (6): 733 – 744.

[267] Conn Z, Fernandez S. Students' volunteering and social action in the UK: History and policies [J]. Student Hub Publisher, 2004 (1): 8 – 9.

[268] Cook J, Wall T. New work attitude measures of trust, organizational commitment and personal need non-fulfilment [J]. Journal of Occupational & Organizational Psychology, 1980, 53 (1): 39 – 52.

[269] Cooper C D, Scandura T A, Schriesheim C A. Looking forward but learning from our past: Potential challenges to developing authentic leadership theory and authentic leaders [J]. Leadership Quarterly, 2005, 16 (3): 475 – 493.

[270] Cooper-Hakim A, Viswesvaran C. The construct of work commitment: Testing an integrative framework [J]. Psychological Bulletin, 2005, 131 (2): 241 – 259.

[271] Daniel Sherman J, Olsen E A. Stages in the project life cycle in R&D organizations and the differing relationships between organizational climate and performance [J]. Journal of High Technology Management Research, 1996, 7 (1): 79 – 90.

[272] Darcy S, Dickson T T, Denson A M, et al. London 2012 Olympic and Paralympic Games: Including volunteers with disabilities—a podium performance? [J]. Event Management, 2014 (4): 431 – 446.

[273] Datu J A D, Valdez J P M, King R B. Perseverance counts but consistency does not! Validating the short grit scale in a collectivist setting [J]. Current Psychology, 2016, 35 (1): 121 – 130.

[274] Datu J A D, King R B, Valdez J P M. Psychological capital bolsters motivation, engagement, and achievement: Cross-sectional and longitudinal studies [J]. The Journal of Positive Psychology, 2016 (3): 1 – 11.

[275] Haski-Leventhal D, Cnaan R A, Handy F, et al. Students' vocational choices and voluntary action: A12-nation study [J]. International Journal of Voluntary and Nonprofit Organizations, 2008 (19): 1 – 21.

[276] Deci E L, Ryan R M. Intrinsic motivation and self-determination in human behavior [M]. New York: Plenum, 1985.

[277] Dickson T J, Darcy S, Edwards D, et al. Sport mega-event volunteers' moti-

vations and postevent intention to volunteer: The Sydney World Masters Games, 2009 [J]. Event Management, 2015, 19 (2): 227-245.

[278] Dickson T J, Benson A M, Blackman D A, et al. It's all about the games! 2010 Vancouver Olympic and Paralympic winter games volunteers [J]. Event Management, 2013, 17 (1): 77-92.

[279] Dwyer P C, Bono J E, Snyder M, et al. Sources of volunteer motivation: Transformational leadership and personal motives influence volunteer outcomes [J]. Nonprofit Management & Leadership, 2013, 24 (2): 181-205.

[280] Edwards D. It's mostly about me: Reasons why volunteers contribute their time to museums and art museums [J]. Tourism Review International, 2005, 9 (1): 21-31.

[281] Edwards D. Leisure-seeking volunteers: Ethical implications [J]. Voluntary Action. 2007, 8 (3): 19-39.

[282] Einolf C J. Gender differences in the correlates of volunteering and charitable giving [J]. Nonprofit & Voluntary Sector Quarterly, 2011, 40 (6): 1092-1112.

[283] Ekvall G, Arvonen J, Waldenström-Lindblad I. Creative organizational climate: Constructions and validation of a measuring instrument [M]. Stockholm: FA-rådet-The Swedish Council for Management and Organizational Behavior. 1983.

[284] Erez A, Mario M, Ijzendoorn M H, et al. Attachment, personality, and volunteering, placing volunteerism in an attachment-theoretical framework [J]. Personality and Individual Differences, 2008 (44): 64-74.

[285] Feingold A. Gender differences in personality: A meta-analysis [J]. Psychological Bulletin, 1994, 116 (3): 429.

[286] Finkelstein M A, Penner L A, Brannick M T. Motive, role identity, and prosocial personality as predictors of volunteer activity [J]. Social Behavior & Personality an International Journal, 2005, 33 (4): 403-418.

[287] Finkelstein, Marcia A. Predictors of volunteer time: The changing contributions of motive fulfillment and role identity [J]. Social Behavior & Personality an International Journal, 2008, 36 (10): 1353-1363.

[288] Fitch R T. Characteristics and motivations of college students volunteering for community service [J]. Journal of College Student Personnel, 1987, 28:

424 – 431.

[289] Fornyth R. Influence of blood pressure on patterns of voluntary behavior [J]. Psychophysiology, 2010, 2 (2): 98 – 102.

[290] Francesco A M, Chen Z X. Collectivism in action its moderating effects on the relationship between organizational commitment and employee performance in China [J]. Group & Organization Management an International Journal, 2004, 29 (4): 425 – 441.

[291] Frisch M B, Gerrard M. Natural helping systems: A survey of red cross volunteers [J]. American Journal of Community Psychology, 1981, 9 (5): 567 – 579.

[292] Gardner W L, Cogliser C C, Davis K M, et al. Authentic leadership: A review of the literature and research agenda [J]. Leadership Quarterly, 2011, 22 (6): 1120 – 1145.

[293] Gholampour F, Fakhry M K. The comparison of emotion regulation, psychological capital and altruism in patients with coronary heart disease and without [C] //Second National Conference on Psychology and Educational Sciences of Iran, 2017.

[294] Gibson J J. The ecological approach to visual perception [M]. New York: Houghton Mifflin, 1986.

[295] Goffee R, Jones G. Managing authenticity: The paradox of great leadership [J]. Harvard Business Review, 2005, 83 (12): 86 – 94, 153.

[296] Goldsmith A H, Veum J R, Darity W. The impact of psychological and human capital on wages [J]. Economic Inquiry, 1997, 35: 815 – 829.

[297] Gong Z, Li T. Relationship between feedback environment established by mentor and nurses' career adaptability: A cross-sectional study [J]. Journal of nursing management, 2019, 27 (7): 1568 – 1575.

[298] Gorgievski M J, Hobfoll S E. Work can burn us out or fire us up: Conservation of resources in burnout and engagement [M]. New York: Nova Science Pubishers, 2008.

[299] Green C, Chalip L. Paths to volunteer commitment: Lessons from the Sydney Olympic Games [M]. Wallingford: CABI International Publisher, 2004.

[300] Griffin A E, Colella A, Goparaju S. Newcomer and organizational socialization tactics: An interactionist perspective [J]. Human Resource Management Re-

view, 2000, 10 (4): 453 – 474.

[301] Grube J A, Piliavin J A. Role identity, organizational experiences, and volunteer performance [J]. Personality & Social Psychology Bulletin, 2016, 26 (9): 1108 – 1119.

[302] Grusky O. Career mobility and organizational commitment [J]. Administrative Science Quarterly, 1966, 10 (4): 488 – 503.

[303] Gupta M, Shaheen M, Reddy P K, et al. Impact of psychological capital on organizational citizenship behavior: Mediation by work engagement [J]. Journal of Management Development, 2017, 36 (7): 973 – 983.

[304] Gurbin, Tracey. Enlivening the machinist perspective: Humanising the information processing theory with social and cultural influences [J]. Procedia Social and Behavioral Sciences, 2015, 197: 2331 – 2338.

[305] Halpin A W. Theory and research in administration [M]. New York: MacMillan, 1966.

[306] Hannah S T, Walumbwa F O. Relationships between authentic leadership, moral courage, and ethical and pro-social behaviors [J]. Business Ethics Quarterly, 2011, 21 (4): 555 – 578.

[307] Harms P D, Luthans F. Measuring implicit psychological constructs in organizational behavior: An example using psychological capital [J]. Journal of Organizational Behavior, 2012, 33 (4): 589 – 594.

[308] Hart D, Thomas M, Atkins Y R. High school community service as a predictor of adult voting and volunteering [J]. American Educational Research Journal, 2007, 44 (1): 197 – 219.

[309] Haski-Leventhal D, Cnaan C A, Handy F, et al. Students' vocational choices and voluntary action: A 12-nation study [J]. Voluntas, 2008, 19: 1 – 21.

[310] Hayes A F. Introduction to mediation, moderation, and conditional process analysis [J]. Journal of Educational Measurement, 2013, 51 (3): 335 – 337.

[311] Hobfoll S E, Halbesleben J, Neveu J P, et al. Conservation of resources in the organizational context: The reality of resources and their consequences [J]. Annual Review of Organizational Psychology and Organizational Behavior, 2018, 5 (1): 103 – 128.

[312] Hobfoll S E. Conservation of resource caravans and engaged settings [J].

journal of occupational & organizational psychology, 2011, 84 (1): 116 – 122.

[313] Hobfoll, Stevan E. Conservation of resources: A new attempt at conceptualizing stress [J]. American Psychologist, 1989, 44 (3): 513.

[314] Hobfoll S E, London P. The relationship of self-concept and social support to emotional distress among women during war [J]. Journal of Social and Clinical Psychology, 1986, 4 (2): 189 – 203.

[315] Hobfoll S E. The influence of culture, community, and the nested-self in the stress process: Advancing conservation of resources theory [J]. Applied Psychology: An International Review, 2001, 50 (3): 337 – 421.

[316] Horowitz L M, Krasnoperova E N, Tatar D G, et al. The way to console may depend on the goal: Experimental studies of social support [J]. Journal of Experimental Social Psychology, 2001, 37 (1): 49 – 61.

[317] Hosen R, Solovey-Hosen D, Stern L. Education and capital development: Capital as durable personal, social, economic and political influences on the happiness of individuals [J]. Education, 2003, 123 (3): 496 – 513.

[318] Huang, Chiungjung. Gender differences in academic self-efficacy: A meta-analysis [J]. European Journal of Psychology of Education, 2013, 28 (1): 1 – 35.

[319] Hustinx L, Cnaan R A, Handy F, et al. Navigating theories of volunteering: A hybrid map for a complex phenomenon [J]. Journal for the Theory of Social behavior, 2010, 40 (4): 410 – 434.

[320] Ilies R, Morgeson F P, Nahrgang J D. Authentic leadership and eudemonic well-being: Understanding leader-follower outcomes [J]. Leadership Quarterly, 2005, 16 (3): 373 – 394.

[321] Ittelson W H, Proshansky H M, Rivlin L G. A study of bedroom use of two psychiatric wards [J]. Hospital & Community Psychiatry, 1970, 21 (6): 177 – 81.

[322] Jeffrey T. Polzer. Role theory [M]. New York: Wiley Encyclopedia of Management, 2015.

[323] Jensen S M, Luthans F. Relationship between entrepreneurs' psychological capital and their authentic leadership [J]. Journal of Managerial Issues, 2006, 18 (2): 254 – 273.

[324] Jensen S M. Entrepreneurs as leaders: Impact of psychological capital and perceptions of authenticity on venture performance [D]. Nebraska: The University of Nebraska – Lincoln, 2003.

[325] Jiankun W, Jian C, Xiujuan H, et al. Effect of learning burnout on life satisfaction: Mediating effect of psychological capital and perceived social support in college students [J]. Chinese Mental Health Journal, 2018.

[326] Johnson R E, Jackson E M. Appeal of organizational values is in the eye of the beholder: The moderating role of employee identity [J]. Journal of Occupational and Organizational Psychology, 2009, 82 (4): 915 – 933.

[327] Glass J C, Hastings J L. Stress and burnout: Concerns for the hospice volunteer [J]. Educational Gerontology, 1992, 18 (7): 715 – 731.

[328] Robert S, Wyer J R, Thomas K. Handbook of social cognition, second edition [M]. New Jersey: Lawrence Erlbaum associates publishers, 1994.

[329] Judge T A, Bono J E, Erez A, et al. Core self-evaluations and job and life satisfaction: The role of self-concordance and goal attainment [J]. Journal of Applied Psychology, 2005, 90 (2): 257 – 268.

[330] Jung H S, Yoon H H. The impact of employees' positive psychological capital on job satisfaction and organizational citizenship behaviors in the hotel [J]. International Journal of Contemporary Hospitality Management, 2015, 27 (6): 1135 – 1156.

[331] Karrarsch A I. Antecedents and consequences of organizational commitment [J]. Military Psychology, 2003, 15 (3): 225 – 236.

[332] Kim H J, Hopkins K M. Child welfare workers' personal safety concerns and organizational commitment: The moderating role of social support [J]. Human Service Organizations Management, Leadership & Governance, 2015, 39 (2): 101 – 115.

[333] Klassen M M. Effects on teachers' self-efficacy and job satisfaction: Teacher gender, years of experience, and job stress [J]. Journal of Educational Psychology, 2010, 102 (3): 741 – 756.

[334] Kopelamn, Brief, Guzzo. The impact of human resource management and work climate on organizational performance [J]. Personnel Psychology, 1990, 56 (4): 784 – 798.

[335] Kragh G, Stafford R, Curtin S, et al. Environmental volunteer well-being:

Managers' perception and actual well-being of volunteers [J]. F1000 Research, 2016, 16 (5): 2679 – 2707.

[336] Kramer M W. Uncertainty reduction during job transitions an exploratory study of the communication experiences of newcomers and transferees [J]. Management Communication Quarterly, 1994, 7 (4): 384 – 412.

[337] Kulik L. Explaining responses to volunteering: An ecological model [J]. Nonprofit Voluntary Sector Quarterly, 2007, 36 (2): 239 – 255.

[338] Kumar S, Calvo R, Avendano M, et al. Social support, volunteering and health around the world: Cross-national evidence from 139 countries [J]. Social Science & Medicine, 2012, 74 (5): 696 – 706.

[339] Kwok Y, Chui W, Wong L. Need satisfaction mechanism linking volunteer motivation and life satisfaction: A mediation study of volunteers subjective well-being [J]. Social Indicators Research, 2013, 114 (3): 1315 – 1329.

[340] Lakey B, Cassady P B. Cognitive-processes in perceived social support [J]. Journal of Personality & Social Psychology, 1990, 59 (2): 337 – 343.

[341] Lakey B, Drew J B. A social-cognitive processes in perceived social support [M]. New York: Plenum Press, 1997.

[342] Larson M, Luthans F. Potential added value of psychological capital in predicting work attitudes [J]. Journal of Leadership & Organizational Studies, 2006, 13 (2): 45 – 62.

[343] Larson M D, Luthans F. Beyond human and social capital: The additive value of psychological capital on employee attitudes [R]. Working Paper, Gallup Leadership Institute, University of Nebraska-Lincoln, 2004.

[344] Larson G S. Identification, Organizational [M]. New York: John Wiley & Sons, Inc. 2017.

[345] Law B M F, Shek D T L, Ma C M S. Exploration of the factorial structure of the revised personal functions of the volunteerism scale for Chinese adolescents [J]. Social Indicators Research, 2005, 71 (1 – 3): 1 – 21.

[346] Lee C K, Reisinger Y, Kim M J, et al. The influence of volunteer motivation on satisfaction, attitudes, and support for a mega-event [J]. International Journal of Hospitality Management, 2014, 40: 37 – 48.

[347] Lee R T, Ashforth B E. A meta-analytic examination of the correlates of the three dimensions of job burnout [J]. Journal of Applied Psychology, 1996,

81 (2): 123-33.

[348] Leroy H, Anseel F, Gardner W L, et al. Authentic leadership, authentic followership, basic need satisfaction, and work role performance: A cross-level study [J]. Journal of Management, 2012, 41 (6): 3-4.

[349] Letcher L, Niehoff B. Psychological capital and wages: A behavioral economic approach [R]. Minneapolis: Midwest Academy of Management, 2004.

[350] Levendosky A A, Huth-Bocks A, Semel M A. Adolescent peer relationships and mental health functioning in families with domestic violence [J]. Journal of Clinical Child & Adolescent Psychology, 2002, 31 (2): 206-218.

[351] Lewin K, Lippitt R, White R K. Patterns of aggressive behavior in experimentally created "social climates" [J]. Journal of Social Psychology, 1939, 10 (2): 269-299.

[352] Li C, Wu Y, Kee Y H. Validation of the volunteer motivation scale and its relations with work climate and intention among Chinese volunteers [J]. Asian Journal of Social Psychology, 2016, 19 (2): 124-133.

[353] Li C, Wu Y, Ying H K. Validation of the volunteer motivation scale and its relations with work climate and intention among Chinese volunteers [J]. Asian Journal of Social Psychology, 2016, 47 (3): 371-382.

[354] Li L, Zheng Z G, Liao X M, et al. University teachers' professional psychological capital and job performance: Mediating effect of social support [J]. Studies of Psychology & Behavior, 2016, 14 (16): 802-810.

[355] Litwin G H, Stringer R A. Motivation and organizational climate [J]. American Journal of Sociology, 1968, 82 (4): 1220-1235.

[356] Lucidi F, Grano C, Leone L, et al. Determinants of the intention to use doping substances: An empirical contribution in a sample of Italian adolescents [J]. International Journal of Sport Psychology, 2004, 35 (2): 133-148.

[357] Lum T Y. The effects of volunteering on the physical and mental health of older people [J]. Research on Aging, 2005, 27 (1): 31-55.

[358] Luthans F, Avolio B J, Avey J B, et al. Positive psychological capital: Measurement and relationship with performance and satisfaction positive psychological capital: Measurement and relationship with [J]. Personnel Psychology, 2007, 60 (3): 541-572.

[359] Luthans F, Avolio B J, Walumbwa F O, et al. The psychological capital of

Chinese workers: Exploring the relationship with performance [J]. Management & Organization Review, 2005, 1 (2): 249 – 271.

[360] Luthans F. Psychological capital: Implications for HRD, retrospective analysis, and future directions [J]. Human Resource Development Quarterly, 2012, 23 (1): 1 – 8.

[361] Luthans F. The need for and meaning of positive organizational behavior [J]. Journal of Organizational Behavior, 2002, 23 (6): 695 – 706.

[362] Luthans F, Steven M, Bruce J, et al. The mediating role of psychological capital in the supportive organizational climate: Employee performance relationship [J]. Journal of Organizational Behavior, 2008, 29 (2): 282 – 294.

[363] Luthans F, Avey J B, Avolio B J, et al. Psychological capital development: Toward a micro-intervention [J]. Journal of Organizational Behavior, 2006, 27 (3): 387 – 393.

[364] Luthans F, Avolio B J, Walumbwa F O, et al. The psychological capital of Chinese workers: Exploring the relationship with performance [J]. Management and Organization Review, 2005, 1: 247 – 271.

[365] Luthans F, Luthans K W, Luthans B C. Positive psychological capital: Beyond human and social capital [J]. Business Horizons, 2004, 47 (1): 35 – 50.

[366] Luthans F, Youssef C M, Avolio B J. Psychological capital: Developing the human competitive edge [J]. Journal of Asian Economics, 2007, 8 (2): 315 – 332.

[367] Luthans F, Youssef C M. Emerging positive organizational behavior [J]. Journal Manage, 2007, 33 (3): 321 – 349.

[368] Luthans F, Youssef C M, Avolio B J. Psychological capital: Developing the human competitive edge [M]. Oxford: Oxford University Press, 2007.

[369] Luthans F, Youssef C M. Human, social and now positive psychological capital management: Investing in people for competitive advantage [J]. Organizational Dynamics, 2004, 33 (2): 143 – 160.

[370] Luthans F. Authentic Leader Development [J]. Positive organizational scholarship, 2003: 241 – 258.

[371] Luthans F. Positive psychological capital: Beyond human and social capital

[J]. Business Horizons, 2004.

[372] Luthans F. The need for and meaning of positive organizational behavior [J]. Journal of Organizational Behavior, 2002, 23: 695-706.

[373] Luthans F, Luthans K W, Luthans B C. Positive psychological capital: Beyond human and social capital [J]. Business Horizons, 2004, 47 (1): 45-50.

[374] Luthans F, Avolio B J, Cameron K S, et al. Authentic leadership: A positive developmental approach [M]. San Francisco: Barrett-Koehler, 2003.

[375] Luthans F, Youssef C M, Avolio B J. Psychological capital: Developing the human competitive edge [J]. Journal of Asian Economics, 2007, 8 (2): 315-332.

[376] Matsuba M K, Hart D, Atkins R. Psychological and social-structural influences on commitment to volunteering [J]. Journal of Research in Personality, 2007, 41 (4): 889-907.

[377] May D R, Chan A Y L, Hodges T D, et al. Developing the Moral Component of Authentic Leadership [J]. Organizational Dynamics, 2003, 32 (3): 247-260.

[378] McCall G J, Simmons J L. Identities and Interactions [M]. New York: Free Press, 1978.

[379] Mccullough M E, Kilpatrick S D, Emmons R A, et al. Is gratitude a moral affect? [J]. Psychological Bulletin, 2001, 127 (2): 249-266.

[380] Mcmurray A J, Pirola-Merlo, A, Sarros J C, et al. Leadership, climate, psychological capital, commitment, and wellbeing in a non-profit organization [J]. Leadership & Organization Development Journal, 2010, 31 (5): 436-457.

[381] Hyde M K, Dunn J, Wust N, et al. Satisfaction, organizational commitment and future action in charity sport event volunteers [J]. International Journal of Nonprofit and Voluntary Sector Marketing, 2016, 21 (3): 148-167.

[382] Meryer J P, Allen N J, Smith C A. Commitment to organization and occupations: Extension and test of a three component conceptualization [J]. Journal of Applied Psychology, 1993, 78 (4): 538-551.

[383] Metz E C, Youniss J. Longitudinal gains in civic development through school-based required service [J]. 2005, 26 (3): 413-437.

[384] Meyer J P, Allen N J. Testing the "side bets theory" of organizational commitment: Some methodological considerations [J]. Journal of Applied Psychology, 1984, 69 (3): 372–378.

[385] Meyer, John, Natalie, et al. Commitment to organizations and occupations: Extension and test of a three-component conceptualization [J]. Journal of Applied Psychology, 1993, 78 (4): 538–551.

[386] Miskel C, Mcdonald D, Bloom S. Structural and expectancy linkages within schools and organizational effectiveness [J]. Educational Administration Quarterly, 1983, 19 (1): 49–82.

[387] Moore E W, Warta S, Erichsen K. College students' volunteering: Factors related to current volunteering, volunteer settings, and motives for volunteering [J]. College Student Journal, 2014, 48: 386–396.

[388] Morrow-Howell N, Mui A. Elderly volunteers: Reasons for initiating and terminating service [J]. Journal of Gerontological Social Work, 1989, 13 (3–4): 21–34.

[389] Morrow-Howell N, Kinnevy S, Mann M. The perceived benefits of participating in volunteer and educational activities [J]. Journal of Gerontological Social Work, 1999, 32 (2): 65–80.

[390] Muller R, Turner R, Andersen E S, et al. Ethics, trust, and governance in temporary organizations [J]. Project Management Journal, 2014, 45 (4): 39–54.

[391] Sarache R M, Rival L. Governing the provision of ecosystem services [J]. American Journal of Orthopsychiatry, 2012, 82 (4): 585–593.

[392] Musick M A, Wilson J. Volunteering and depression: The role of psychological and social resources in different age groups [J]. Social Science & Medicine, 2003, 56 (2): 259–269.

[393] Myers D G. Social psychology [M]. Beijing: Post & Telecom Press, 2012: 455–456.

[394] Nelson C W, Tagiuri R, Litwin G H. Organizational climate: Explorations of a concept [J]. American Sociological Review, 1970, 35 (1): 166–175.

[395] Okun M A, O'Rourke, Holly P, et al. Value-expressive volunteer motivation and volunteering by older adults: Relationships with religiosity and spirituality [J]. The Journals of Gerontology Series B: Psychological Sciences and Social

Sciences, 2015, 70 (6): 860-870.

[396] Oman D, Thoresen C E, Mcmahon K. Volunteerism and Mortality among the Community-dwelling Elderly [J]. Journal of Health Psychology, 1999, 4 (3): 301.

[397] Omoto A M, Snyder M. Sustained helping without obligation: Motivation, longevity of service, and perceived attitude change among AIDS volunteers [J]. J Pers Soc Psychol, 1995, 68 (4): 671-686.

[398] Page L F, Bonohue R. Positive psychological capital: A preliminary exploration of the construct [R]. Melbourne: Working Paper of department of management of Monash University, 2004.

[399] Penner L A. Dispositional and organizational influence sustained volunteerism: An interactionist perspective [J]. Journal of Social Issues, 2002 (3): 447-467.

[400] Peterson S J, Balthazard P A, Waldman D A, et al. Neuroscientific implications of psychological capital: Are the brains of optimistic, hopeful, confident, and resilient leaders different? [J]. Organizational Dynamics, 2008, 37 (4): 342-353.

[401] Peterson S J, Walumbwa F O, Avolio B J, et al. Retraction notice to: "The relationship between authentic leadership and follower job performance: The mediating role of follower positivity in extreme contexts" [J]. Leadership Quarterly, 2014, 25 (3): 1183-1184.

[402] Piliavin J A. Health benefits of volunteering in the Wisconsin longitudinal study [J]. Journal of Health & Social Behavior, 2007, 48: 450-464.

[403] Piliavin J A, Callero P L. Giving blood: The development of an altruistic identity [M]. Baltimore: Johns Hopkins University Press. 1991.

[404] Podsakoff P M, Mackenzie S B, Lee J Y, et al. Common method biases in behavioral research: A critical review of the literature and recommended remedies [J]. Journal of Applied Psychology, 2003, 88 (5): 879-903.

[405] Pradhan R K, Jena L K, Bhattacharya P, et al. Impact of psychological capital on organizational citizenship behavior: Moderating role of emotional intelligence [J]. Cogent Business & Management, 2016, 3 (1): 1-16.

[406] Preacher K J, Rucker D D, Hayes A F. Addressing moderated mediation hypotheses: Theory, methods, and prescriptions [J]. Multivariate Behavioral

Research, 2007, 42 (1): 185 – 227.

[407] Pritchard R D, Karasick B W. The effects of organizational climate on managerial job performance and job satisfaction [J]. Organizational Behavior & Human Performance, 1973, 9 (1): 126 – 146.

[408] Rego A, Sousa F, Marques C, et al. Authentic leadership promoting employees' psychological capital and creativity [J]. Journal of Business Research, 2012, 65 (3): 429 – 437.

[409] Rentsch, Joan R. Climate and culture: Interaction and qualitative differences in organizational meaning [J]. Journal of Applied Psychology, 1990, 75 (6): 668 – 681.

[410] Rezaei A, Keshvari M, Paki S. The relationship between family functioning and academic achievement in female high school students of Isfahan, Iran, in 2013 – 2014 [J]. Iranian Journal of Nursing & Midwifery Research, 2018, 23 (3): 183 – 187.

[411] Riley A L, Burke P J. Identities and self-verification in the small group [J]. Social Psychology Quarterly, 1995, 58 (2): 61 – 75.

[412] Rn C A W. Authentic leadership, performance, and job satisfaction: The mediating role of empowerment [J]. Journal of Advanced Nursing, 2013, 69 (4): 947 – 959.

[413] Rn M M R, Msn F R R, Rambod M, et al. Perceived social support and quality of life in Iranian hemodialysis patients [J]. Journal of Nursing Scholarship an Official Publication of Sigma Theta Tau International Honor Society of Nursing, 2010, 42 (3): 242 – 249.

[414] Roberts S J, Scherer L L, Bowyer C J. Job stress and incivility: What role does psychological capital play? [J]. journal of leadership & organizational studies, 2011, 18 (4): 449 – 458.

[415] Roch S G, Shannon C E, Martin J J, et al. Role of employee felt obligation and endorsement of the just world hypothesis: A social exchange theory investigation in an organizational justice context [J]. Journal of Applied Social Psychology, 2019, 49 (4): 213 – 225.

[416] Rosenthal S, Feiring C, Lewis M. Political volunteering from late adolescence to young adulthood: Patterns and predictors [J]. 1998, 54 (3): 477 – 493.

[417] Ryan R M, Deci E L. Self-determination theory and the facilitation of intrinsic

motivation, social development, and well-being [J]. American Psychologist, 2000, 55 (1): 68 – 78.

[418] Ryan R M, Deci E L. An overview of self-determination theory: an organismic – dialectical perspective [M]. New York: The University of Rochester Press, 2002.

[419] Ryan R M, Deci E L. Self-determination theory and the facilitation of intrinsic motivation, social development and wellbeing [J]. American Psychologist, 2000, 55 (1): 68 – 78.

[420] Saadat M, Bashir M, Cheema K U R, et al. The role of power distance in the relationship between employee motivation and organizational commitment: A study on education sector of Pakistan [J]. IOSR Journal of Business and Management, 2014, 16 (1): 9 – 18.

[421] Salancik G R, Pfeffer J. A social information processing approach to job attitudes and task design. Administrative Science Quarterly, 1978, 23 (2): 224 – 253.

[422] Saleh S D, Hosek J. Job involvement: concepts and measurements [J]. Academy of Management Journal, 1976, 2 (6): 213 – 224

[423] Scheuthle H, Carabias-Hütter V, Kaiser F G. The motivational and instantaneous behavior effects of contexts: Steps towards a theory of goal-directed behavior [J]. Journal of Applied Social Psychology, 2010, 35 (10): 2076 – 2093.

[424] Seligman. Positive psychology: An introduction [J]. American Psychologist, 2000, 55: 5 – 14.

[425] Sendjaya S, Pekerti A, Härtel C, et al. Are authentic leaders always moral? The role of Machiavellianism in the relationship between authentic leadership and morality [J]. Journal of Business Ethics, 2016, 133 (1): 1 – 15.

[426] Shahnawaz M G, Jafri M H. Psychological capital as predictors of organizational commitment and organizational citizenship behavior [J]. Journal of the Indian Academy of Applied Psychology, 2009, 35 (Special Issue): 78 – 84.

[427] Shaik Z, Buitendach J H. The relationship between work locus of control and psychological capital amongst middle managers in the recruitment industry of South Africa [J]. Sa Journal of Human Resource Management, 2015, 13 (1): 1 – 12.

[428] Shankar A, Ansari M A, Saxena S. Organizational context and ingratiatory behavior in organizations [J]. Journal of Social Psychology, 1994, 134 (5): 641 –647.

[429] Shi J, Wang L, Yao Y, et al. Family function and self-esteem among Chinese university students with and without grand parenting experience: Moderating effect of social support [J]. Frontiers in Psychology, 2017, 8: 886 –890.

[430] Shipway R, Hallmann K, Harms G. Determinants of volunteer motivation and their impact on future voluntary engagement [J]. International Journal of Event & Festival Management, 2012, 3 (3): 272 –291.

[431] Showers C J. Integration and compartmentalization: A model of self-structure and self-change [M]. New York: Guilford Press, 2002: 271 –291.

[432] Shye S. The motivation to volunteer: A systemic quality of life theory [J]. Social Indicators Research, 2010, 98 (2): 183 –200.

[433] Siu O L, Bakker A B, Jiang X. Psychological capital among university students: relationships with study engagement and intrinsic motivation [J]. Journal of Happiness Studies, 2014, 15 (4): 979 –994.

[434] Smilkstein, Gabriel. The physician and family function assessment [J]. Family Systems Medicine, 1984, 2 (3): 263 –278.

[435] Smith D H. Altruism, volunteers, and volunteerism [J]. Geriatrics, 1975, 10 (1): 21 –36.

[436] Smith D H. Altruism, volunteers and volunteerism [J]. Nonprofit and Voluntary Sector Quarterly, 1981, 10 (1): 21 –36.

[437] Snyder M, Omoto A M, Lindsay J J. Sacrificing time and effort for the good of others: the benefits and costs of volunteerism [M] //Miller A G. The social psychology of good and evil. New York: Guilford Press, 2004.

[438] Snyder M, Omoto A M. Volunteerism: social issues perspectives and social policy implications [J]. Social Issues & Policy Review, 2008, 2 (1): 1 –36.

[439] Soyoung L, Lee Y K. Effects of positive psychological capital and voluntary satisfaction on volunteer sustainability of college students.: Focus on volunteers for the 2018 Pyeongchang Winter Olympics [J]. Asia-pacific Journal of Multimedia Services Convergent with Art, Humanities, and Sociology, 2019, 9 (9): 257 –269.

[440] Stazyk E C, Davis R S. Taking the "high road": Does public service motiva-

tion alter ethical decision making processes? [J]. Public Administration, 2015, 93 (3): 627 -645.

[441] Stets J E. Role identities and person identities: gender identity, mastery identity, and controlling one's partner [J]. Sociological Perspectives, 1995, 38 (2): 129 -150.

[442] Stryker S. Symbolic interactionism: A social structural version [M]. Menlo Park: Benjamin Cummings. 1980.

[443] Stryker S. Identity theory: Developments and extensions [J]. K. yardley & T. honess self & Identity Psychosocial Perspectives, 1987: 89 -103.

[444] Stryker S, Burke P J. The past, present, and future of an identity theory [J]. Social Psychology Quarterly, 2000, 63 (4): 284 -297.

[445] Stryker S, Staham A. Symbolic interaction and role theory [M]. Hillsdale: Eribaum 1985: 311 -378.

[446] Sundeen R A, Raskoff S A. Volunteering among teenagers in the United States [J]. Nonprofit and Voluntary Sector Quarterly, 1994, 23 (4): 383 -403.

[447] Tak J, Seo J, Roh T. The influence of authentic leadership on authentic followership, positive psychological capital, and project performance: Testing for the mediation effects [J]. Sustainability, 2019, 11.

[448] Tett R P, Guterman H A. Situation trait relevance, trait expression, and cross-situational consistency: Testing a principle of trait activation [J]. Journal of Research in Personality, 2000, 34 (4): 397 -423.

[449] Tett R P, Burnett D D. A personality trait - based interactionist model of job performance. Journal of Applied Psychology, 2003, 88 (3): 500 -517.

[450] Tezci E, Sezer F, Gurgan U, et al. A study on social support and motivation [J]. Anthropologist, 2015, 22 (2): 284 -292.

[451] Thoits P A, Hewitt L N. Volunteer work and well-being [J]. Journal of Health & Social Behavior, 2001, 42 (2): 115 -131.

[452] Totawar A K, Nambudiri R. How does organizational justice influence job satisfaction and organizational commitment? explaining with psychological capital [J]. Vikalpa, 2014, 39 (2): 83 -98.

[453] Van D H M, Cramm J M, Nieboer A P. The experiences of neighbor, volunteer and professional support-givers in supporting community dwelling older people [J]. Health Social Care in the Community, 2013, 21 (2):

150 – 158.

[454] Vartia M. The sources of bullying-psychological work environment and organizational climate [J]. European Journal of Work & Organizational Psychology, 1996, 5 (2): 203 – 214.

[455] Wallace C, Chen G. A multilevel integration of personality, climate, self-regulation, and performance [J]. Personnel Psychology, 2006, 59 (3): 529 – 557.

[456] Wallach E J. Individuals and organizations: the cultural match [J]. Training & Development Journal, 1983, 37 (2): 28 – 36.

[457] Walumbwa F O, Luthans F, Avey J B, et al. Authentically leading groups: the mediating role of collective psychological capital and trust [J]. Journal of organizational behavior, 2011, 32 (1): 4 – 24.

[458] Walumbwa F O, Avolio B J, Gardner W L, et al. Authentic leadership: development and validation of a theory-based measure [J]. Journal of Management, 2008, 34 (1): 89 – 126.

[459] Wang A C, Cheng B S. When does benevolent leadership lead to creativity? The moderating role of creative role identity and job autonomy [J]. Journal of Organizational Behavior, 2010, 31 (1): 106 – 121.

[460] Wang H, Sui Y, Luthans F, et al. Impact of authentic leadership on performance: role of followers' positive psychological capital and relational processes [J]. Journal of organizational behavior, 2014, 35 (1): 5 – 21.

[461] Wentzel, Kathryn R. Relations of social goal pursuit to social acceptance, classroom behavior, and perceived social support [J]. Journal of Educational Psychology, 1994, 86 (2): 173 – 182.

[462] West M A, Farr J. Innovation at work: Psychological perspectives [J]. Social Behavior, 1989, 4: 15 – 30.

[463] Willigen M V. Differential benefits of volunteering across the life course [J]. The Journals of Gerontology Series B Psychological Sciences and Social Sciences, 2000, 55 (5): 308 – 318.

[464] Wilson J. Volunteering [J]. Annual Review of Sociology, 2000, 26 (26): 215 – 240.

[465] Wilson J, Musick M A. Who cares? towards an integrated theory of volunteer work [J]. American Sociological Review, 1977, 62 (5): 694 – 713.

[466] Wilson K S, Sin H P, Conlon D E. What about the leader in leader-member exchange? the impact of resource exchanges and substitutability on the leader [J]. The Academy of Management Review, 2010, 35 (3): 358 –372.

[467] Wilson J. Volunteering [J]. Annual Review ofSociolog, 2000 (1): 215 –240.

[468] Wood D, Roberts B W. Cross-sectional and longitudinal tests of the personality and role identity structural model [J]. Journal of Personality, 2010, 74 (3): 779 –809.

[469] Woolley L, Caza A, Levy L. Authentic leadership and follower development: psychological capital, positive work climate, and gender [J]. Journal of Leadership & Organizational Studies, 2011, 18 (4): 438 –448.

[470] Wright B E, Hassan S, Park J. Does a public service ethic encourage ethical behaviour? public service motivation, ethical leadership and the willingness to report ethical problems [J]. Public Administration. 2016, 94 (3): 647 –663.

[471] Wu T, Serper M R. Social support and psychopathology in homeless patients presenting for emergency psychiatric [J]. Journal of Clinical Psychology, 1999, 55 (19): 1127 –1133.

[472] Xu L P. The influence of volunteers' psychological capital: Mediating role of organizational commitment, and joint moderating effect of role identification and perceived social support [J]. Front Psychol. 2020 (11): 673.

[473] Zaabi M S, Kamarul Z A, Hossan C. Authentic leadership, work engagement and organizational citizenship behaviors in petroleum company [J]. International Journal of Productivity and Performance Management, 2016, 65 (6): 811 –830.

[474] Zhu Y, Wang Y F. The relationship between entrepreneur psychological capital and employee's innovative behavior: The strategic role of transformational leadership and knowledge sharing [J]. Advanced Materials Research, 2011, 282 –283: 691 –696.

附　　录

附录1

访谈提纲（志愿者个人）

被访者编号：　　　　　　访谈日期：
访谈时间：　　　　　　　访谈地点：
年龄：　　　　　　性别：　　　　　　教育程度：
职务：　　　　　　服务年限：
组织类别：社会组织（已注册）；企事业单位；民间组织；高校
志愿服务的类型：

1. 能否谈谈您做志愿服务的初衷？通过志愿活动是否实现了您的初衷？请结合自身的志愿经历谈一谈。

2. 通过开展志愿活动取得了成绩，您觉得是因为您的努力、能力还是其他原因？

3. 谈谈您之前做过的志愿活动，在参与这些志愿活动之前，您是否有信心将它做好？做好这些志愿活动您觉得自己有哪些优势？

4. 您认为是什么使得您持续地参与志愿服务？通过志愿活动的开展，您认为自己是个有潜力的人吗？请结合自身志愿经历谈一谈。

5. 当您在志愿活动中面临着重大任务，遇到困难和阻力时，您是如何应对和设法解决的？请结合自身志愿经历或案例谈一谈。

6. 您怎么看待志愿者和志愿服务？您觉得社会上对志愿者及其服务是如何评价和看待的？对此您有何感想？

7. 您的家人是否支持您的志愿工作？请结合自身志愿经历谈一谈。

8. 志愿服务的过程离不开组织/团队成员、团队与其他团队间的协同合作，请问您所在的组织/团队与其他团队或组织有过协同合作吗？您觉得这种协作必要吗？请结合自己志愿经历谈谈。

9. 您能谈谈志愿工作、家庭、身心健康和奉献之间的关系吗？在平衡这些关系，尤其是平衡奉献与身心健康的关系当中，采取了哪些措施？

10. 您觉得影响志愿者个人持续参与志愿服务的因素有哪些？您从志愿者的角度，对志愿服务的可持续性发展有何建议？

再次感谢您的支持！

知情同意书

尊敬的先生/女士：

我将邀请您参加志愿者心理资本的有关研究。在您决定是否参加这项研究之前，请尽可能仔细了解以下内容。如果您愿意，您也可以和您的团队成员一起讨论共同参与此项研究。如有任何疑问请您及时提出。

一、研究介绍

心理资本及团队心理资本是近十年来组织行为学研究中的新领域，也是组织和团队管理研究的崭新方向。党的十八大报告强调，引导社会组织健康有序发展，充分发挥群众参与社会管理的基础作用，在"大众创业、万众创新"以及把创新管理上升到国家发展战略层面的大背景下，探索中国文化背景下非政府组织及其成员心理资本的基本特点，分析其心理资本及相关因素对非政府组织的影响，对于我国非政府组织创新管理及可持续性发展具有十分重要的意义。

参加这个研究完全是自愿的，您可以在任何时候选择退出这个研究。您选择参加或者不参加本研究的决定不会对您的医疗及生活产生任何影响。同时您的身份和您在访谈中的谈话内容会被严格保密，您个人的访谈回答和研究资料不会被反馈给任何个人或组织，在研究结果中出现的仅仅是匿名的一组资料。您的名字也仅仅只会出现在知情同意书上，知情同意书会与访谈资料分开保存，任何可能透露个人身份的信息都将被隐去。

二、声明

我已经了解上述有关本研究的介绍，而且有机会就此项研究与研究者讨论并提出问题。我提出的所有问题都得到了满意的答复。我自愿参加这项研究。我确认已有充足时间对此进行考虑，而且明白我可以随时退出本研究，且不会受到任何不良影响。我清楚所有的信息将会被研究者严格保密。我可以随时向研究者咨询更多的信息。我将获得一份经过签名并注明日期的知情同意书副本。

签字：

年　　　月　　　日

附录 2

国家社科基金青年项目问卷调查（I）

尊敬的女士/先生： 　　　　　　　　　　　编号（调查员填写）：_____

您好！首先我们对您在百忙中抽时间接受调查表示诚挚的谢意！

这是一份学术研究问卷，目的在于了解志愿者心理资本、志愿行为、角色认同等要素的基本状况。您所填答的各项资料仅供学术研究之用，所选题项无对错之分，您的真实想法就是对我们研究的莫大帮助。完成问卷约需 20 分钟。

如果您对研究结果感兴趣，请留下您的联系方式_____
_____，我们会在第一时间与您分享研究结果。

请尽量详尽地回答每个问题，再次感谢您的合作！

国家社科基金项目课题组

2019 年 3 月 28 日

您的基本信息（填表说明：调查问卷均为选择项，请根据您的实际情况在相关选项上打"√"）

1. 您的年龄：①17 岁以下；②18～25 岁；③26～40 岁；④41～60 岁；⑤61 岁以上
2. 您的性别：①男；②女
3. 您的教育程度：①高中及以下；②专科；③本科；④硕士及以上
4. 您的学科背景：①文科；②理工科；③医科；④管理；⑤艺术；⑥其他
5. 您的职业性质：①学生；②公务员；③企事业单位工作者；④自由职业者；⑤退休人员
6. 所在志愿组织类别：①社会组织；②企事业单位；③民间组织；④高校；⑤其他
7. 从事志愿服务年限：①1 年以下；②1～3 年；③3～5 年；④5 年以上
8. 服务类型（可多选）：①互助和自助型；②慈善和为他人服务型；③参与型；④倡导与运动型
9. 你参加志愿活动的频率：①偶尔；②经常参加；③长期固定参加；④从不参加
10. 从首次参与志愿服务至今，您的服务时间：①1 年以下；②1～5 年；

③6~10年；④11年以上
11. 婚姻现状：①未婚；②已婚；③再婚；④离婚；⑤丧偶
12. 您所参加的志愿服务效果如何：①效果显著，超额完成目标；②效果一般，完成目标；③效果很差，无法完成目标

第I部分　积极心理资本

	下列的一些题目用来考察您自己日常生活方面的一些情况，答案没有对错之分，无须花费太多时间考虑，凭第一感觉回答即可。请判断每一句陈述和您自身情况的符合程度，并在该句话后面相应的数字上打"√"。	完全不符合	不符合	有点不符合	说不清	有点符合	比较符合	完全符合
1	不少人欣赏我的才干	1	2	3	4	5	6	7
2	我不爱生气	1	2	3	4	5	6	7
3	我的见解和能力超过一般人	1	2	3	4	5	6	7
4	遇到挫折时，我能很快地恢复过来	1	2	3	4	5	6	7
5	我对自己的能力很有信心	1	2	3	4	5	6	7
6	我很少在意生活中的不愉快	1	2	3	4	5	6	7
7	我总是能出色地完成任务	1	2	3	4	5	6	7
8	糟糕的经历会让我郁闷很久	1	2	3	4	5	6	7
9	面对困难时，我会很冷静地寻求解决的方法	1	2	3	4	5	6	7
10	我觉得自己活得很累	1	2	3	4	5	6	7
11	我乐于承担困难和有挑战性的工作	1	2	3	4	5	6	7
12	不顺心的时候，我容易垂头丧气	1	2	3	4	5	6	7
13	身处逆境时，我会积极尝试不同的策略	1	2	3	4	5	6	7
14	压力大的时候，我会吃不好、睡不香	1	2	3	4	5	6	7
15	我积极地学习和工作，以实现自己的理想	1	2	3	4	5	6	7
16	情况不确定时，我总是预期会有很好的结果	1	2	3	4	5	6	7
17	我正在为实现自己的目标而努力	1	2	3	4	5	6	7
18	我总是看到事物好的一面	1	2	3	4	5	6	7
19	我充满信心地追求自己的目标	1	2	3	4	5	6	7

续表

	下列的一些题目用来考察您自己日常生活方面的一些情况，答案没有对错之分，无须花费太多时间考虑，凭第一感觉回答即可。请判断每一句陈述和您自身情况的符合程度，并在该句话后面相应的数字上打"√"。	完全不符合	不符合	有点不符合	说不清	有点符合	比较符合	完全符合
20	我觉得社会上好人还是占绝大多数	1	2	3	4	5	6	7
21	对自己的学习和生活，我有一定的规划	1	2	3	4	5	6	7
22	大多数的时候，我都是意气风发的	1	2	3	4	5	6	7
23	我很清楚自己想要什么样的生活	1	2	3	4	5	6	7
24	我觉得生活是美好的	1	2	3	4	5	6	7
25	我也不知道自己的生活目标是什么	1	2	3	4	5	6	7
26	我觉得前途充满希望	1	2	3	4	5	6	7
27	我们义不容辞地对弱势群体展开力所能及的帮扶	1	2	3	4	5	6	7
28	我们有义务做好每一件有益于国家和社会发展的事	1	2	3	4	5	6	7
29	我很清楚活着不仅是为了自己，还为了他人、社会和国家	1	2	3	4	5	6	7
30	只要国家和社会需要，即便从事不喜欢的职业我也乐意	1	2	3	4	5	6	7

第Ⅱ部分 道德情绪

	请判断每一句陈述和您自身情况的符合程度，并在该句话后面相应的数字上打"√"。	完全不符合	不符合	有点不符合	说不清	有点符合	比较符合	完全符合
1	朋友对我的情绪影响很大	1	2	3	4	5	6	7
2	和情绪忧伤的朋友一起时经常感到忧伤	1	2	3	4	5	6	7
3	当朋友取得优异成绩时我能体会他的喜悦	1	2	3	4	5	6	7
4	看到恐怖的镜头时我会感到害怕	1	2	3	4	5	6	7
5	我很容易受别人情绪的感染	1	2	3	4	5	6	7
6	朋友受到惊吓时，我很容易觉察到	1	2	3	4	5	6	7

续表

	请判断每一句陈述和您自身情况的符合程度,并在该句话后面相应的数字上打"√"。	完全不符合	不符合	有点不符合	说不清	有点符合	比较符合	完全符合
7	朋友高兴时,我能觉察到	1	2	3	4	5	6	7
8	看到有人哭泣时,我会难过	1	2	3	4	5	6	7
9	他人的情绪会对我产生较大干扰	1	2	3	4	5	6	7
10	他人的帮助会使我感激不尽,总想日后给予回报	1	2	3	4	5	6	7
11	一想到现在所拥有的一切,我内心充满了感激之情	1	2	3	4	5	6	7
12	每天都会有很多使我感激的事情发生	1	2	3	4	5	6	7
13	我感激生活赐予我的许多美好的东西	1	2	3	4	5	6	7
14	我拥有珍贵的亲情、友情和恋情,对此我表示感激	1	2	3	4	5	6	7
15	和一般人比,我是一个更加容易感动的人	1	2	3	4	5	6	7
16	如果要我列出所有令我感激的事情,会是一张长长的清单	1	2	3	4	5	6	7
17	受人滴水之恩,应当涌泉相报	1	2	3	4	5	6	7

第Ⅲ部分 志愿组织承诺

	请判断每一句陈述和您自身情况的符合程度,并在该句话后面相应的数字上打"√"。	完全不符合	不符合	说不清	符合	完全符合
1	我对所在的志愿组织有强烈的归属感	1	2	3	4	5
2	我觉得我的价值观与本志愿组织相同	1	2	3	4	5
3	我认为志愿组织是很值得加入的组织	1	2	3	4	5
4	我觉得本志愿组织举办的活动很有意义	1	2	3	4	5
5	我所在的志愿组织对我而言有很多个人意义	1	2	3	4	5
6	我觉得自己是本志愿组织大家庭中的一员	1	2	3	4	5
7	我愿意尽力配合志愿组织中各项制度措施	1	2	3	4	5
8	我愿意为所在志愿组织争取各种荣誉	1	2	3	4	5

续表

	请判断每一句陈述和您自身情况的符合程度,并在该句话后面相应的数字上打"√"。	完全不符合	不符合	说不清	符合	完全符合
9	即使服务中有困难,我仍会尽心尽责地完成任务	1	2	3	4	5
10	我会主动帮助本组织其他成员解决工作问题	1	2	3	4	5
11	我非常感激本志愿组织	1	2	3	4	5
12	本志愿组织值得我忠诚对待	1	2	3	4	5
13	我会继续并长期待在本志愿组织进行活动	1	2	3	4	5
14	如果离开本志愿组织我会有失落感	1	2	3	4	5
15	即便因特殊情况离开了志愿组织,我也会同组织保持联络	1	2	3	4	5
16	即便别的组织条件比较好,我也不会离开本志愿组织	1	2	3	4	5
17	现在离开本志愿组织,我的生活很大程度会被打乱	1	2	3	4	5
18	离开本志愿组织后,我相信很难再找到如此好的组织	1	2	3	4	5

第 IV 部分 角色认同

	请判断每一句陈述和您自身情况的符合程度,并在该句话后面相应的数字上打"√"。	完全不符合	不符合	说不清	符合	完全符合
1	现有的志愿者角色扮演的好坏对于我来说非常重要	1	2	3	4	5
2	如果我不能胜任我现有的志愿者角色,我会有不好的感受	1	2	3	4	5
3	对于现有的志愿者角色,我是非常投入的	1	2	3	4	5
4	如果我能胜任现有的志愿者工作角色,我会感到非常快乐	1	2	3	4	5

第 V 部分　志愿行为

	请判断每一句陈述和您自身情况的符合程度，并在该句话后面相应的数字上打"√"。	选项
1	你过去参与过志愿活动吗	0 = 否　　　　1 = 是
2	你目前是否正在参与志愿活动	0 = 否　　　　1 = 是
3	未来一年内，你有参与志愿活动的打算吗	0 = 否　　　　1 = 是
4	未来一年内，你将开展志愿活动的可能性有多大	0 = 完全没有；1 = 可能没有；2 = 也许会；3 = 很可能会；4 = 肯定会

第 VI 部分　志愿动机

	下列 30 条原因，对你参加志愿者活动而言，分别有多重要/贴切（用数字"1"到"7"表示重要/贴切的程度）。请在相应的数字上画"√"，数字越大，表示越重要/贴切，数字越小，表示越不重要/贴切。	完全不贴切	不贴切	有点不贴切	不清楚	有点贴切	贴切	完全贴切
1	志愿者活动的经历可以为我从事喜欢的工作迈出第一步	1	2	3	4	5	6	7
2	我的朋友中有一些志愿者	1	2	3	4	5	6	7
3	我关心那些没有我幸运的人	1	2	3	4	5	6	7
4	和我关系近的人想要我成为志愿者	1	2	3	4	5	6	7
5	志愿者活动让我感到自己很重要	1	2	3	4	5	6	7
6	我所认识的人都和我一样对社区服务感兴趣。	1	2	3	4	5	6	7
7	不论我感到多糟糕，志愿者活动总能帮助我忘却这些不愉快	1	2	3	4	5	6	7
8	我从心底里关注自己为之服务的群体	1	2	3	4	5	6	7
9	参加志愿者活动后，我不再动不动就感到孤单	1	2	3	4	5	6	7
10	我可以因为我的事业或生意接触到更多的人	1	2	3	4	5	6	7

续表

	下列 30 条原因，对你参加志愿者活动而言，分别有多重要/贴切（用数字"1"到"7"表示重要/贴切的程度）。请在相应的数字上画"√"，数字越大，表示越重要/贴切，数字越小，表示越不重要/贴切。	完全不贴切	不贴切	有点不贴切	不清楚	有点贴切	贴切	完全贴切
11	因自己比别人幸运而感到内疚，志愿者活动可帮我克服这感觉	1	2	3	4	5	6	7
12	我可以更加了解我所从事的志愿服务事业	1	2	3	4	5	6	7
13	志愿者活动提升了我的自尊	1	2	3	4	5	6	7
14	志愿者活动让我从新的角度看待事情	1	2	3	4	5	6	7
15	志愿者活动为我提供了探索不同职业的机会	1	2	3	4	5	6	7
16	我同情那些需要帮助的人们	1	2	3	4	5	6	7
17	和我关系近的人对参与志愿服务的评价很高	1	2	3	4	5	6	7
18	志愿者活动帮助我直接通过第一手经验学到东西	1	2	3	4	5	6	7
19	我感到帮助别人很重要	1	2	3	4	5	6	7
20	志愿者活动可以帮助我解决一些自身的问题	1	2	3	4	5	6	7
21	志愿者活动会帮助我在已经（或将要）从事的职业中获得成功	1	2	3	4	5	6	7
22	我能够为自己觉得重要的事情付出	1	2	3	4	5	6	7
23	在我最熟悉的人之中，做志愿者是他们重要的活动之一	1	2	3	4	5	6	7
24	志愿者活动可以让我逃避烦恼	1	2	3	4	5	6	7
25	我可以学会如何和各种各样的人打交道	1	2	3	4	5	6	7
26	志愿者活动让我觉得别人需要我	1	2	3	4	5	6	7
27	志愿者活动让我对自己的感觉更好了	1	2	3	4	5	6	7
28	志愿者活动的经历会让我的简历增色	1	2	3	4	5	6	7
29	志愿者活动是一种结交新朋友的方式	1	2	3	4	5	6	7
30	我可以发掘自己的优点	1	2	3	4	5	6	7

第 VII 部分　领悟社会支持

	下列的一些题目用来考察你自己日常生活方面的一些情况，答案没有对错之分，无须花费太多时间考虑，凭第一感觉回答即可。请判断每一句陈述和您自身情况的符合程度，并在该句话后面相应的数字上打"√"。	完全不符合	不符合	有点不符合	说不清	有点符合	比较符合	完全符合
1	在我遇到问题时会有亲朋好友出现在我的身旁	1	2	3	4	5	6	7
2	我能够与亲朋好友共享快乐与忧伤	1	2	3	4	5	6	7
3	我的家庭能够切实具体地给我帮助	1	2	3	4	5	6	7
4	在需要时我能够从家庭获得感情上的帮助和支持	1	2	3	4	5	6	7
5	当我有困难时有些亲朋好友是安慰我的真正源泉	1	2	3	4	5	6	7
6	我的朋友们能真正地帮助我	1	2	3	4	5	6	7
7	在发生困难时我可以依靠我的朋友们	1	2	3	4	5	6	7
8	我能与自己的家庭谈论我的难题	1	2	3	4	5	6	7
9	我的朋友们能与我分享快乐和忧伤	1	2	3	4	5	6	7
10	在我的生活中有亲朋好友关心着我的感情	1	2	3	4	5	6	7
11	我的家庭能心甘情愿地协助我做出各种决定	1	2	3	4	5	6	7
12	我能与朋友们讨论自己的难题	1	2	3	4	5	6	7

附录 3

国家社科基金青年项目问卷调查（Ⅱ）

尊敬的女士/先生： 编号（调查员填写）：_____

您好！首先我们对您在百忙中抽时间接受调查表示诚挚的谢意！

这是一份学术研究问卷，目的在于了解志愿者心理资本、志愿行为等要素的基本状况。您所填答的各项资料仅供学术研究之用，所选题项无对错之分，您的真实想法就是对我们研究的莫大帮助。完成问卷约需 15 分钟。

如果您对研究结果感兴趣，请留下您的联系方式_____
_____，我们会在第一时间与您分享研究结果。

请尽量详尽地回答每个问题，再次感谢您的合作！

国家社科基金项目课题组

2019 年 9 月 28 日

您的基本信息（填表说明：调查问卷均为选择项，请根据您的实际情况在相关选项上打"√"）

1. 您的年龄：①17 岁以下；②18～25 岁；③26～40 岁；④41～60 岁；⑤61 岁以上
2. 您的性别：①男；②女
3. 您的教育程度：①高中及以下；②专科；③本科；④硕士及以上
4. 您的学科背景：①文科；②理工科；③医科；④管理；⑤艺术；⑥其他
5. 您的职业性质：①学生；②公务员；③企事业单位工作者；④自由职业者；⑤退休
6. 所在志愿组织类别：①社会组织；②企事业单位；③民间组织；④高校⑤其他
7. 从事志愿服务年限：①1 年以下；②1～3 年；③3～5 年；④5 年以上
8. 服务类型（可多选）：①互助和自助型；②慈善和为他人服务型；③参与型；④倡导与运动型
9. 您参加志愿活动的频率：①偶尔；②经常参加；③长期固定参加；④从不参加
10. 从首次参与志愿服务至今，您的服务时间：①1 年以下；②1～5 年；

③6～10年；④11年以上
11. 婚姻现状：①未婚；②已婚；③再婚；④离婚；⑤丧偶

第Ⅰ部分　角色认同

	请判断每一句陈述和您自身情况的符合程度，并在该句话后面相应的数字上打"√"。	完全不符合	不符合	说不清	符合	完全符合
1	现有的志愿者角色扮演的好坏对于我来说非常重要	1	2	3	4	5
2	如果我不能胜任我现有的志愿者角色，我会感觉不好	1	2	3	4	5
3	对于现有的志愿者角色，我是非常投入的	1	2	3	4	5
4	如果我能胜任现有的志愿者工作角色，我会觉得非常快乐	1	2	3	4	5

第Ⅱ部分　志愿者心理资本（修订后）

	下列的一些题目用来考察您自己日常生活方面的一些情况，答案没有对错之分，无须花费太多时间考虑，凭第一感觉回答即可。请判断每一句陈述和您自身情况的符合程度，并在该句话后面相应的数字上打"√"。	完全不符	不符合	有点不符	说不清	有点符合	比较符合	完全符合
1	不少人欣赏我的才干	1	2	3	4	5	6	7
2	我的见解和能力超过一般人	1	2	3	4	5	6	7
3	遇到挫折时，我能很快地恢复过来	1	2	3	4	5	6	7
4	我对自己的能力很有信心	1	2	3	4	5	6	7
5	糟糕的经历会让我郁闷很久	1	2	3	4	5	6	7
6	我觉得自己活得很累	1	2	3	4	5	6	7
7	不顺心的时候，我容易垂头丧气	1	2	3	4	5	6	7
8	压力大的时候，我会吃不好、睡不香	1	2	3	4	5	6	7
9	情况不确定时，我总是预期会有很好的结果	1	2	3	4	5	6	7
10	我总是看到事物好的一面	1	2	3	4	5	6	7
11	我觉得生活是美好的	1	2	3	4	5	6	7

续表

	下列的一些题目用来考察您自己日常生活方面的一些情况，答案没有对错之分，无须花费太多时间考虑，凭第一感觉回答即可。请判断每一句陈述和您自身情况的符合程度，并在该句话后面相应的数字上打"√"。	完全不符	不符合	有点不符	说不清	有点符合	比较符合	完全符合
12	我觉得前途充满希望	1	2	3	4	5	6	7
13	我们义不容辞地对弱势群体展开力所能及的帮扶	1	2	3	4	5	6	7
14	我们有义务做好每一件有益于国家和社会发展的事情	1	2	3	4	5	6	7
15	我很清楚活着不仅是为了自己，还为了他人、社会和国家	1	2	3	4	5	6	7
16	只要国家和社会需要，即便从事不喜欢的职业我也乐意	1	2	3	4	5	6	7
17	一想到现在所拥有的一切，我内心充满了感激之情	1	2	3	4	5	6	7
18	我感激生活赐予我的许多美好的东西	1	2	3	4	5	6	7
19	和一般人比，我是一个更加容易感动的人	1	2	3	4	5	6	7
20	如要我列出所有令我感激的事情，会是一张长长的清单	1	2	3	4	5	6	7

第Ⅳ部分 家庭关怀指数

	请判断每一句陈述和您自身情况的符合程度，并在该句话后面相应的数字上打"√"。	从不	偶尔	经常
1	当我遇到问题时，可以从家人那里得到满意的帮助	1	2	3
2	我很满意家人与我讨论各种事情以及分担问题的方式	1	2	3
3	当我希望从事新的活动或发展时，家人都能接受且给予支持	1	2	3
4	我很满意家人对我的情绪（喜、怒、哀、乐）表示关心和爱护的方式	1	2	3
5	我很满意家人与我共度时光的方式	1	2	3

第Ⅲ部分　志愿行为可持续

	请判断每一句陈述和您自身情况的符合程度，并在该句话后面相应的数字上打"√"。	选项
1	您过去参与过志愿活动吗	0 = 否　　　　1 = 是
2	您目前是否正在参与志愿活动	0 = 否　　　　1 = 是
3	未来一年内，您有参与志愿活动的打算吗	0 = 否　　　　1 = 是
4	未来一年内，您将开展志愿活动的可能性有多大	0 = 完全没有；1 = 可能没有；2 = 也许会；3 = 很可能会；4 = 肯定会

第Ⅴ部分　志愿组织诚信领导

	请您按平时感觉，在最符合志愿组织情况的数字上打"√"。以志愿服务项目负责人为志愿组织领导。	完全不符	不符合	有点不符	说不清	有点符合	比较符合	完全符合
1	志愿组织领导能如实评价下属的贡献	1	2	3	4	5	6	7
2	志愿组织领导尊重下属	1	2	3	4	5	6	7
3	志愿组织领导不离间下属	1	2	3	4	5	6	7
4	志愿组织领导对下属坦诚	1	2	3	4	5	6	7
5	志愿组织领导说话算数，能兑现自己的诺言	1	2	3	4	5	6	7
6	志愿组织领导遵守社会公德	1	2	3	4	5	6	7
7	志愿组织领导恪守自己的信念	1	2	3	4	5	6	7
8	志愿组织领导遵纪守法	1	2	3	4	5	6	7
9	志愿组织领导以身作则，自觉遵守组织的规章制度	1	2	3	4	5	6	7
10	志愿组织领导坚持原则	1	2	3	4	5	6	7
11	志愿组织领导有远见	1	2	3	4	5	6	7
12	志愿组织领导有激情	1	2	3	4	5	6	7
13	志愿组织领导敢于创新	1	2	3	4	5	6	7
14	志愿组织领导有亲和力	1	2	3	4	5	6	7

续表

	请您按平时感觉，在最符合志愿组织情况的数字上打"√"。以志愿服务项目负责人为志愿组织领导。	完全不符	不符合	有点不符	说不清	有点符合	比较符合	完全符合
15	志愿组织领导有魅力	1	2	3	4	5	6	7
16	志愿组织领导不发布虚假信息	1	2	3	4	5	6	7
17	志愿组织领导不弄虚作假	1	2	3	4	5	6	7
18	志愿组织领导说一套做一套	1	2	3	4	5	6	7
19	志愿组织领导口是心非	1	2	3	4	5	6	7
20	志愿组织领导真诚对待下属	1	2	3	4	5	6	7
21	志愿组织领导做事公平公正	1	2	3	4	5	6	7
22	志愿组织领导对上对下的态度一致	1	2	3	4	5	6	7
23	志愿组织领导不会为了个人私利而损害他人利益	1	2	3	4	5	6	7

第Ⅵ部分 志愿组织承诺

	请判断每一句陈述和您自身情况的符合程度，并在该句话后面相应的数字上打"√"。	完全不符合	不符合	说不清	符合	完全符合
1	我对所在的志愿组织有强烈的归属感	1	2	3	4	5
2	我觉得我的价值观与本志愿组织相同	1	2	3	4	5
3	我认为志愿组织是很值得加入的组织	1	2	3	4	5
4	我觉得本组织举办的活动很有意义	1	2	3	4	5
5	我所在的志愿组织对我而言有很多个人意义	1	2	3	4	5
6	我觉得自己是本志愿组织大家庭中的一员	1	2	3	4	5
7	我愿意尽力配合志愿组织中各项制度措施	1	2	3	4	5
8	我愿意为所在志愿组织争取各种荣誉	1	2	3	4	5
9	即使服务中有困难，我仍会尽心尽责地完成任务	1	2	3	4	5
10	我会主动帮助本志愿组织其他成员解决工作问题	1	2	3	4	5
11	我非常感激本志愿组织	1	2	3	4	5

续表

请判断每一句陈述和您自身情况的符合程度，并在该句话后面相应的数字上打"√"。	完全不符合	不符合	说不清	符合	完全符合
12	本志愿组织值得我忠诚对待	1	2	3	4	5
13	我会继续并长期待在本志愿组织进行活动	1	2	3	4	5
14	如果离开本志愿组织我会有失落感	1	2	3	4	5
15	即便因特殊情况离开了志愿组织，我也会同组织保持联络	1	2	3	4	5
16	即便别的组织条件比较好，我也不会离开本志愿组织	1	2	3	4	5
17	现在离开本志愿组织，我的生活很大程度会被打乱	1	2	3	4	5
18	离开本志愿组织后，我相信很难再找到如此好的组织	1	2	3	4	5

第 VII 部分　志愿组织气氛

	请您按平时感觉，在最符合志愿组织情况的数字上打"√"。以志愿服务项目负责人为志愿组织领导。	完全不符	不符合	有点不符	说不清	有点符合	比较符合	完全符合
1	在本志愿组织，由于复杂的规定和琐碎的程序使得有创意的观点会很难被考虑	1	2	3	4	5	6	7
2	本志愿组织的工作效率经常因为缺少良好的计划和组织而受到影响	1	2	3	4	5	6	7
3	本志愿组织大力支持和鼓励在工作上的新尝试	1	2	3	4	5	6	7
4	本志愿组织的管理者重视成员的工作感受，管理中强调人的因素	1	2	3	4	5	6	7
5	本志愿组织上下级间的关系比较融洽	1	2	3	4	5	6	7
6	本志愿组织几乎每一件事都需要经过上级批准，不怎么需要本人的判断	1	2	3	4	5	6	7
7	在这里，不管谁做错了事情，总是尽量找借口推托	1	2	3	4	5	6	7
8	在本志愿组织中，大家经常相互推诿该承担的责任	1	2	3	4	5	6	7
9	在工作中，严格遵守组织章程和做事程序是很重要的	1	2	3	4	5	6	7

续表

	请您按平时感觉，在最符合志愿组织情况的数字上打"√"。以志愿服务项目负责人为志愿组织领导。	完全不符	不符合	有点不符	说不清	有点符合	比较符合	完全符合
10	本志愿组织做出的决定都能坚决地维护职业道德规范	1	2	3	4	5	6	7
11	本志愿组织的管理理念认为，部门之间以及个人之间的争辩有时会促进内部的交流和沟通	1	2	3	4	5	6	7
12	本志愿组织鼓励大家敢于提出自己的意见和建议，即使与上级领导意见不一致也没关系	1	2	3	4	5	6	7
13	本志愿组织经常使用批评与自我批评的方式解决工作中的冲突和问题	1	2	3	4	5	6	7

第 VIII 部分　心理安全感

	请根据您自己的真实反应情况，在相应的数字上划"√"。	非常符合	基本符合	中性或不确定	基本不符合	根本不符合
1	我从来不敢主动说出自己的看法	1	2	3	4	5
2	我感到生活总是充满不确定性和不可预测性	1	2	3	4	5
3	我习惯于放弃自己的愿望和要求	1	2	3	4	5
4	我总是担心会发生什么不测	1	2	3	4	5
5	我从不敢拒绝朋友的请求	1	2	3	4	5
6	遇到不开心的事，我总是独自生闷气或者痛哭	1	2	3	4	5
7	我一直觉得自己挺倒霉的	1	2	3	4	5
8	人们说我是一个害羞、退缩的人	1	2	3	4	5
9	我总是担心太好的朋友关系以后会变坏	1	2	3	4	5
10	对领导我一般是敬而远之	1	2	3	4	5
11	我常常担心自己的思维或情感会失去控制	1	2	3	4	5

续表

请根据您自己的真实反应情况,在相应的数字上划"√"。	非常符合	基本符合	中性或不确定	基本不符合	根本不符合
12 我总是"万事不求人"	1	2	3	4	5
13 我总是担心自己的生活会变得一团糟	1	2	3	4	5
14 我感到自己无力应对和处理生活中突如其来的危险	1	2	3	4	5
15 我害怕与他人建立并保持亲近关系	1	2	3	4	5
16 无论别人怎么说,我都觉得自己很没用	1	2	3	4	5

后　　记

但凡对作家路遥有些了解的人都知道，他前后用了将近十年的时间完成了长篇小说《平凡的世界》，而后不久就撒手人寰，时年不到50岁。他在创作这篇巨著的过程中，可谓历尽了艰辛、寂寞和病痛的折磨。是的！写作并不只是简简单单的靠脑力，写作是一项体力活；写作既烧脑又伤身，需要经得起诱惑、耐得住寂寞！

从攻读博士学位到完成国家社科基金项目这几年间，对于我而言，尤为辛苦，写作基本只能靠自己，所能依靠的外界辅助很少。"板凳甘坐十年冷，文章不写一句空"，这一境界是真正的学者毕生的追求！依然清晰地记得攻读博士学位期间同窗常说的一句话，"不要那么拼！能顺利毕业就行了，身体很重要！"那时候，我也经常对自己说，"读完博士，回家了一定好好休息、调养身体！"然而，回到遵义医科大学（珠海校区）之后，依旧难改往日习惯，甚至有过之而无不及。这两年，我基本没有周末、没有假期，一间房、一个人、一台电脑，从早上8点到晚上9点，笔耕不辍。诚然，与我同样状态的人也不在少数。做研究如此辛苦，为什么还有这么多的学者乐此不疲呢？我想大概有三个方面的原因：一是想通过做研究把自己所思所想与同行分享，并得到他们的指正，进而不断提升自己；二是本身喜欢做研究，乐于思考问题，并将其付诸笔端、形成文字；三是希望通过学术研究有所得（名或利）。事实上，真正沉下心做研究的人，尤其是在思考研究问题并付诸笔端的过程中，他们是很少考虑外在因素的，而更多的是基于一种对学术的热情和追求。

本研究系国家社科基金青年项目"心理资本视角下志愿行为可持续性发展机制研究"（项目号：17CGL039），是本人在遵义医科大学工作期间完成的成果，成果所有权属于遵义医科大学。该研究从立项到初稿完成历经三年多的时间，经国家社科工作规划办组织专家鉴定，顺利结项（结项证书编号为20211518）。该研究由本人主持，且研究设计、研究内容的统稿、撰写和修正基本由本人完成。除第 3 章个案研究中的部分内容由课题组成员吴玉芳执笔、第 6 章部分内容由项目组成员吴玉珅执笔外（本人在原稿件的基础上进行了较大幅度的增加、删减和调整），其余书稿内容均由本人独立撰写和完成（个人实际撰写 25.6 万字）。此外，课题组成员方倩在资料收集和数据资料分析方面做了大量工作；课题组其他成员庞杜海、廖金宝、邝宏达和陈剑在问卷调查和资料收集方面做了一些工作。再者，在访谈、问卷调查、资料整理、数据录入等过程中，遵义医科大学珠海校区的多位本科生，珠海市团委及遵义市文明办的相关工作人员，我的同学、师姐、师弟、师妹以及我的研究生们都做了诸多工作，在此不一一列举。对各位为本研究的付出表示最诚挚的谢意和最衷心的感谢！

本研究从心理资本的视角出发，探讨了志愿行为可持续性发展的心理机制，拓展了志愿行为可持续发展机制研究的分析角度，为我国志愿行为可持续性发展开辟了一个新的研究视角。通过探讨志愿者心理资本、相关因素及对其志愿行为可持续的作用机制模型，弥补了心理资本研究缺乏志愿者群体的研究不足，同时也解决了以往仅重视影响因素而未关注作用机制的问题。此外，本研究交叉综合运用了多种方法，不仅采用了访谈和参与式观察等方式从动态角度分析志愿行为可持续发展的变化过程，还采用了量化研究揭示志愿者心理资本、影响因素及其对志愿行为可持续发展的影响机制，从而实现了质性研究与量化研究前后呼应。即便如此，本研究仍存在一些显而易见的不足，研究局限和展望中已有论及，在此也不多作赘述。众所周知，推进志愿行为的可持续发展是一项系统工程，单纯地从志愿者自身、志愿者的家庭、社会和国家某一方面入手，或单纯地从人力资本、社会资本、经济资本和心理资本某一视角入手，都无法真正实现个体志愿行为可持续发展，这需要个体、家庭、社会和国家共同努力，构建完备的社会支持系统。为此，期待有更多的研究者从"多维资本"整合的视角出发，利用新技术、新方法、新手段和新模式，推进志愿行为可持续性发展的整体或系统性研究，以更好地实现志愿者及志愿服务事业与"下一个百年"奋斗目标同向同行。

由于个人时间和精力所限，本研究不免会出现一些纰漏。期待各位读者朋友提出宝贵建议和意见，同时也期待各位同行专家和学者不吝赐教！

徐礼平
于遵义医科大学珠海校区
2021 年 5 月 15 日